全球对话主义与
人文科学的未来

——金惠敏全球化理论讨论集

从新强　主编

中国社会科学出版社

图书在版编目（CIP）数据

全球对话主义与人文科学的未来：金惠敏全球化理论讨论集／丛新强主编．
—北京：中国社会科学出版社，2016.7
ISBN 978 - 7 - 5161 - 8478 - 3

Ⅰ.①全…　Ⅱ.①丛…　Ⅲ.①全球化—文集　Ⅳ.①C913 - 53

中国版本图书馆 CIP 数据核字（2016）第 146142 号

出 版 人　赵剑英
责任编辑　刘志兵
特约编辑　张翠萍等
责任校对　芦　苇
责任印制　李寡寡

出　　　版　中国社会科学出版社
社　　　址　北京鼓楼西大街甲 158 号
邮　　　编　100720
网　　　址　http://www.csspw.cn
发 行 部　010 - 84083685
门 市 部　010 - 84029450
经　　　销　新华书店及其他书店

印刷装订　北京君升印刷有限公司
版　　次　2016 年 7 月第 1 版
印　　次　2016 年 7 月第 1 次印刷

开　　本　710 × 1000　1/16
印　　张　16.75
插　　页　2
字　　数　283 千字
定　　价　58.00 元

目　　录

代序言：全球化时代的真理与方法

金惠敏

北师大李春青教授在给我的约稿函中写道："在我们这样所谓'后发现代性'语境中究竟应该如何做学术研究？我们借用了西方理论观点或方法进行研究，我们的研究成果是否就成了西方理论的'翻版'？比如王国维的'意境'说，究竟应该如何定位？我们应该采取怎样的态度对待西方理论？"① 李教授的这些问题可以归结为新时期以来中国文艺学界基本上一直都在纠结着的一个重大问题，即中国和西方的关系问题，它因各种不同的机缘、话题而不断地被激起、不断地被重新质询。我所谓"不断地被重新质询"是说，似乎每一次讨论都要从头来过，然后争吵一阵子便归于沉寂，等待下一次的机缘，如此循环往复，而问题本身却依旧在那儿晾着。

这个问题"本身"，如果从哲学上说，就是真理与方法的关系。以为真理会自己呈现是一种十分幼稚的想象。真理之自行"解蔽"（aletheia）、"自生"（Ereignis）是海德格尔对胡塞尔现象学的革故鼎新，也是海德格尔存在论的软肋，因为任何显现均已先假定了意识的存在。换言之，显现均为在意识中的显现，它无法脱离与主体的干系。具体于真理与方法的关系问题，这也就是说，真理难脱与方法的干系。那么，真理与方法是一种什么样的关系呢？

许多思想家认为，方法即真理。尼采早就声言："没有事实，只有解释！"② 尼采的意思是没有赤裸的真理，只有被阐释的真理。在此"阐释"

---

① 也见李春青《略论"意境说"的理论定位问题——兼谈中国文论话语建构的可能路径》，《文学评论》2013 年第 5 期。

② 尼采：《权力意志——重估一切价值的尝试》，张念东、凌素心译，商务印书馆 1991 年版，第 683 页（原编号为第 481 节）。

即是"方法"。在电子传媒时代，麦克卢汉发布了一则读若天书的格言："媒介即信息。"① 对此，波兹曼形象地解释说："在手握榔头的人看来，任什么都像是钉子。……在端着相机的人看来，任什么都像是图像。在拥有计算机的人看来，任什么都像是数据。"② 这是说，工具即视角，媒介作为工具也是一种视角；通过何种媒介看世界便会有该媒介视角所给予的那种世界。在这一意义上，麦克卢汉和人类学家卡彭特都喜欢援引诗人布莱克在其《耶路撒冷》中反复吟诵的一个名句："他们成为他们之所见。"③ 根据布莱克，一是看的方式，二是以此方式所看到的内容，构成了人的基本存在。单纯的自然界不是人的存在，人的理性能力也不是人的存在，只有人与自然的关系才是人的存在，而此关系是由一定的媒介来承担的。由此，我们不妨说，媒介即真理。

如果说以上思想太过人文气的话，那么量子物理学家海森伯则从科学实验方面证明方法即真理。他发现："想以任何一种事先规定的精确度来同时描述一个原子粒子的位置和速度，是不可能的。我们只能做到要么十分精确地测出原子的位置，这时观测工具的作用模糊了我们对速度的认识，要么精确地测定速度而放弃对其位置的知识。"④ 这就是被后现代主义者哈桑所津津乐道的那一著名的测不准原理。⑤ 从此原理出发，海森伯断言："即使在科学中，研究的对象也不再是自然本身，而是人对自然的探索。这里，人所面对着的又仅仅是他自己。"⑥ "换言之，方法与对象不

---

① Marshall McLuhan, *Understanding Media: The Extensions of Man*, New York: McGraw - Hill Book Company, 1965 [1964], p. 7.

② Neil Postman, *Technology: The Surrender of Culture to Technology*, New York: Vantages Books, 1993 [1992], pp. 13 – 14.

③ William Blake, *The Complete Poetry and Prose of William Blake*, ed. by David V. Erdman, Berkley, CA: University of California Press, 2008, pp. 177ff. 卡彭特将这句话用作他一本著作的名字。

④ ［德］海森伯：《物理学家的自然观》，吴忠译，商务印书馆1990年版，第20页。凡出自该书的引文均核校过其英文底本（Werner Heisenberg, *The Physicist's Conception of Nature*, trans. by Arnold J. Pomerans, New York: Harcourt, Brace, and Company, 1958）。除特殊情况外，改动处不做说明。

⑤ See Ihab Hassen, *The Postmodern Turn: Essays in Postmodern Theory and Culture*, Columbus, Ohio: The Ohio State University Press, 1987, pp. 55 – 63.

⑥ ［德］海森伯：《物理学家的自然观》，吴忠译，商务印书馆1990年版，第11页。

再能够分开。"① 海森伯虽然不是主观唯心主义者，但其测不准原理无疑是凸显了方法对真理的决定性意义。真理诚然不同于方法，但方法则是真理之呈现于人类意识的限度。我们能够接触到的真理就是我们的方法允许我们接触到的真理，简言之，方法即真理。

我们不能不经方法而达到真理，然而一旦经由方法，真理便不再是真理，而成为方法。这都是常识了。且不提德里达流传甚广的"文本之外无一物"（Iln'y pas de hors‐texte）②，就说我们的老祖宗公孙龙吧，他早就教导我们说："物莫非指，而指非指。"这翻译成现代汉语就是：凡物莫不呈现于我们的指称之中，而在指称中的物却并非我们所意指的那个物。此物非彼物啊！③

记住这一点，我们就不会简单地抱怨王国维之使用方法这件事本身了。我们甚至也不能抱怨王国维的方法是西方的，外在于中国对象、中国经验，因为所有的方法对于对象而言都是外在的。事物本身与方法无关。方法是人的宿命，包括使用方法的人和反对方法的人。反对方法的人没有意识到自己在使用方法，因为其方法经习得而来，方法湮没在其对世界的认知和表达之中。这就像牙牙学语的幼儿，尽管没有语法意识，但他在学话中便掌握了语法。伊格尔顿说得好："敌视理论通常意味着对他人理论的反对和对自己理论的健忘。"④ 如此说来，即使中国文论家如王国维不使用德国理论，那他也会使用别的理论如中国自身的理论资源，只要他尝试去认识，去概括中国文学这个对象。认识从来是带着方法的认识，甚至也可以说，认识本身就是方法。

于是，问题当只在于理论或方法与对象之间的切合程度。伽达默尔的"效果史"（Wirkungsgeschichte）概念试图在真理与方法之间做调和：它首先肯定了方法之必然，这根本上取决于任何认识必然带着"前见"，或明或暗的"前见"。理解必须是有能力去理解，而"有能力"则是说具备理解所需要的知识，且这种知识多半会转化为一种不自觉的习惯。举例

---

① ［德］海森伯：《物理学家的自然观》，吴忠译，商务印书馆1990年版，第13—14页。

② Jacques Derrida, *De la grammatologie*, Paris: Minuit, 1967, p. 227.

③ 参见王琯《公孙龙子悬解》，中华书局2003年版，第48—50页。

④ ［英］特雷·伊格尔顿：《二十世纪西方文学理论》，伍晓明译，陕西师范大学出版社1987年版，"序"第2页。

说，你要读懂《红楼梦》，你必须有关于《红楼梦》的历史知识，一定的
文学素养，一定的鉴赏能力，等等。这就是说，你已经具备阅读《红楼
梦》的方法了。你的理解可能带有主观偏见，而"效果史"概念则强调
理解必须是文本的自性展开、自性发生作用，你的理解因而便是你的
"前见"与文本自性的对话、协商。伽达默尔要求："一种实事求是的解
释学应当在理解本身中揭示出历史的真实性（Wirklichkeit）。"① 此话是要
求在方法中让真理如其本身地呈现出来。在伽达默尔，完美的理解就是方
法与真理的合二为一；这时方法便不再是那种他所深恶痛绝的科学主义的
方法。但我们要警惕，真理与方法的完美切合永远是一个解释学的梦想；
不存在完美的切合，裂缝从来存在，也永远不会全部弥合；而这也恰恰是
继续阐释的动力。我们要学会接受争论，接受歧见。争论和歧见将显露出
各自方法或视角的局限，从而扩大各自的视野。何乐而不为呢？

　　不存在内在的方法，一切方法都是外在的。以为中国传统的理论内在
于中国文学不过是一种错觉。在此意义上，西方的方法与中国本土的方法
在作用上、价值上是可以等而视之的。这里或许更需要为西方的方法做一
些辩解，因为方法的反对者既反对西方的方法，也反对中国本土的方法；
而西方的方法还会遭到另一重的反对，即中国方法守持者的反对。

　　第一，中国的文学尽管有其独特的存在，我们不会把《诗经》混同
于荷马史诗，把关汉卿混同于莎士比亚，把曹雪芹混同于托尔斯泰，等
等，但就其文学的基本要素如抒情、叙事、虚构、陌生化等而言，他们之
间又是有一些共同之处的。这涉及共同的人性、共同的需求、共同的审美
经验。这种共同性既存在于显性的话语层面，也存在于隐性的本体层面。
否认这种共同性将无法解释古往今来实际发生着的各民族（或部落）之
间的交往和对话，无法解释文学作品何以被跨界阅读和接受。最近中国作
家莫言获得西方诺贝尔文学奖即是一个明证：通过西方的眼睛是可以阅读
并欣赏中国文学作品的。

　　第二，使用方法的中国文学研究者如王国维并非一纯粹的西方学
者，当其使用西方之方法时，他先已是有意无意地做过中西方法之间的

---

　　① Hans - Georg Gadamer, *Gesammelte Werke*, Band 1, Tübingen：J. C. B. Mohr（Paul Sie-
beck），1986，S. 305. 请注意：德国人总是在"效果"中理解"真实性"（Wirklichkeit）。

对话了的，因为王国维作为一位训练有素的中国文学专家有对中国文学的"前见"。在本质上，西方汉学家与王国维并无不同，只是他们是从自己的西方"前见"与中国方法（他们或者学习过中国文论，或者已在对中国文学作品的研习中产生了一些抽象概念）进行对话的，出发点不同而已。因此我们可以断言，王国维的"境界"概念绝非仅仅一个西方视角之所见，完全与中国传统理论无关。学界早已举证，在对"境界"概念（或与之相通的"意境"概念）的使用上，王国维并非开天辟地第一人。① 王国维的文学"前见"应该是既有来自西方的，也有上承中国传统的，两种方法在对话中协同作用于中国文学实际，而后"境界"出矣。

第三，文化从来是复合结构的。一种文化固然有一种文化的特色，如说西方文化是理性的文化，中国文化是德性的文化。但这只是就其突出特色或主导性力量而言的，那些不突出的、被抑制的、在冰山之下的要素也共存于一种文化的结构之中。我们不能认为中国文化没有理性，西方文化没有德性，其区别只在于理性或德性在两种文化各自的结构中位置不同而已。这于是就根本上决定了方法的普适性，即是说，任何一种方法都会在任何一种对象中发现它能够发现或发掘的东西。不是只有西方作为研究中国的方法，中国也可以作为研究西方的方法。每一种方法都能照亮在一种文化中被其突出特色所掩盖着的方面。就此而言，方法是促使一种文化发生变革甚至于革命的力量。

第四，在历史上，我们有异域方法与本土经验成功对接和融合的范例。近年季羡林和汤一介等学者鼓吹"大国学"，欲将佛学这种西来之学纳入"国学"范畴。这听来似乎有些荒诞，但案之于中国历史实际，还确乎是有道理的。在中国这个"地方"的思想学术不是单一的儒学、单一的汉学，而是儒释道共存，各民族思想文化共存。而在这样一个"大国学"的形成过程中，不言而喻，是一定存在儒释道互释、各民族思想文化互释的。所谓"互释"意味着各以其方法丈量对方之真理。在中国文论发展史上，以佛学这种泰西之学、泰西之方法来阐释中国文学经验的例子不胜枚举，且硕果累累，成为中国文论一笔弥足珍贵的遗产。非经特

① 参见周锡山《人间词话汇编汇校汇评》，北岳文艺出版社 2004 年版，第 6 页。

别提示，有谁会意识到今日我们许多学术用语与佛学的渊源关系呢，诸如"悲观""本性""本体""意识""顿悟""观照""因果""不即不离""不立文字"，等等？它们已进入"国学"的基藏书库，没有谁目其为"非我族类"。

由此说来，未来某一天，柏拉图或柏拉图的汉译也不是没有可能加盟我们"国学"大家庭的，不过那时将不再有中学西学之分，人们只是谈"古"论"今"，其心中只有古今之分。在全球化时代，人们将不再谈论"国学"。因为严格地说，"国学"是建立在中西二元划分基础上的一个概念。相对于历史长河而言，"国学"，甚至"大国学"，只是一个暂时的现象。仿照一个马克思的说法，民族的"国学"终将为"世界文学"所取代。

我们早已进入一个全球化时代，这个时代的特点是对话，是彼此的方法基于彼此的真理的对话。对话将改写各自的"真理"，如果我们不是把"真理"理解为纯粹的物理性存在，而是社会性存在的话。一切社会性存在都是话语与实在——也可以说是方法与真理——的动态对话的结果。海德格尔把"争辩"称为"实事"，阿尔都塞把"意识形态"落实为"意识形态国家机器"，威廉斯把"文化"下沉到"日常生活"，古英语以"思"（think）为"事"（thing），等等。依照这样的思想，任何对话将在方法和真理两个层面上同时展开。

在自我与他者的相互对话中，伽达默尔提醒我们，切记避开一种"危险"，即"在理解中'占有'他者并由此而无视其他者性"。① 也许对那些认真的阐释者，这提醒是多余的，因为他们知道应该对对象的陌生和差异抱着谨慎而谦虚的态度，否则对象在主体性逼视的目光中会恐惧地遁迹无形。

一个研究者如果具备了这种虚席以待他者出现的态度，那么对他来说便是不再有错误的解释而只有不同的解释了。"不同"在此没有正误之分，它只是意味着在方法与真理之间所建立的一种真实的历史性关系。这种关系向变化开放，但这变化绝不意味着今是而昨非，而是在新的存在处境中与阐释对象之间的关系调整。如果不变化，那倒真是一个错误了。

---

① Hans - Georg Gadamer, *Gesammelte Werke*, Band 1, Tübingen: J. C. B. Mohr（Paul Siebeck），1986, S. 305.

价值星丛

——超越中西二元对立思维的一种理论出路

金惠敏

摘要： 民族主义本质上是一种二元对立思维，在中国是中西二元对立，它坚持中国文化的特殊性和不可通约性，而拒斥、抵抗西方的文化和文化霸权。这种思维方式如果说从前有其必然性和合理性，因为弱者的强大在于其特殊，强调弱者不可整合的特殊性是打破普遍性专制的不二法门，那么在全球化的今天，在中国日益成为全球性大国的新时代，它则变得不仅有悖情理而且实践上非常有害：它将中国绑缚在弱势、另类和边缘的位置上，使其无缘、无分于国际话语体系的建构，从而在国际斗争中出师未捷"理"先输。作为对二元对立思维的一种替代方案，"价值星丛"理论将各种价值符号之间的关系视作一种动态的对话，它们彼此界定、阐释、探照而绝无压制和臣服。在价值星丛中，各民族的利益将获取最充分的实现，其文化特殊性亦将得到最充分的展现。

关键词： 价值星丛，中西二元对立，民族主义，世界主义

　　"全球化"，顾名思义，就是全球在政治、经济和文化方面的融合、整合乃至统一。但这似乎经不起推敲，与此针锋相对的一种观点是，全球化并非带来文化的同质化，而是国家的独立、民族的解放、文明冲突的加剧、文化身份的凸显和强化，等等，如果不是世界的分崩离析的话。① 有无数的事实支持这一点。欧美的动向不说它，伊斯兰世界最新的变化也不

---

① See Mike Featherstone, "Genealogies of the Global", in Mike Featherstone et al. (eds.), *Theory, Culture & Society*, *Special Issue on Problematizing Global Knowledge*, Vol. 23, No. 2 – 3, 2006, pp. 387 – 392.

去管它，以中国为例，仅以中国近来所发生的一些事件和围绕着它们的争议为例，我们就能深深地感觉到为全球化所引发并被愈益激化的民族意识、民族文化意识、民族审美意识、民族价值观，一言以蔽之，"民族主义"。近期较为吸引眼球的论争有两场：一是关于北京大学开办燕京学堂，二是关于传播西方价值观的教材是否可以在中国学校使用。前一论争主要涉及中国学术能否用外语讲授，激进的批评者坚持中国学问只能用中文讲授，这种说法在学术层面上还真不好说错：翻译对于原文几乎就是一场浩劫，如本雅明所看到的。后一论争的焦点是社会主义核心价值与西方价值究竟是一种怎样的关系。在这些喧闹的论战中，民族主义无疑是其中的最强音，至少其情绪最显慷慨激烈。

　　笔者不拟在技术层面上评判这样的论争，更不拟选边站队，因为无论全球主义、世界主义抑或地方主义、民族主义都是有待重新考量和界定的概念，而是抱着同情、理解的态度肯定双方观点的合理性，将它们整合起来，并尝试提出一种超越其对立以至于对抗的新的理论可能。

一　民族主义：利益与想象的可见连结

　　首先来谈民族主义的合理性。本尼迪克特·安德森将民族、国家作为"想象共同体"，此话有一定道理。的确，民族、国家是靠认同和表述（意识形态的、价值的、文化的）等观念性的东西而连结起来的。相距遥远、互不走动的人们之所以认为彼此属于同一个国家或民族，靠的是一种意识上的认同连结。在这方面我们不能不佩服意识形态的"表接"（articulation，意为"话语的表述性连接"）或曰"霸权"的力量，借着这样的力量，甚至入侵者最终都能够与被入侵者融合为一个国家、一个民族、一种文化。但是，"想象"是有边界、有约制的，即是说，"想象"需要在地检验，需要利益的切实保证，尽管利益总是那被意识到的因而也总是被模糊了的利益，而且也需要在想象力所可企及的范围之内。利益有眼前的和长远的之分，越是长远的、宏大的利益，越是需要想象，因为过多的中间环节会遮蔽普通人的视界。一种想象若是不能通过如此的检验，甚至通过即刻的检验，登时就会被作为"虚假意识"，作为欺骗性宣传。例如，宗教在当代社会的衰落，一个重要的原因是其所允诺的前景太过遥远，太过远离当下的生活，人们看不到其被兑现的希望。耶稣、孔子等一切悲剧英雄之所以是悲剧英雄乃是由于其作为和学说超越了世人、时人的想象地平线。画饼虽好，但不能充饥！

就利益与想象之间的距离看，有初级的想象共同体，如邻里街坊、乡里乡亲、学校、公司、政府机构的局部认同，位于最高端的是宗教共同体或信仰共同体，而民族则是居间的想象共同体。它是想象与利益不远不近的恰好相接。它既连接着可见的利益，又应和着人们对崇高的冲动，崇高也是恰好的崇高，不远不近。民族主义的魅力和生命力在于它向人们所承诺的共同利益，虽不一定就在眼前，但不难想象得到。

二　世界主义：利益与想象的遥远连结

世界主义企图将民族主义向人们图划的利益连结到一个更大的范围、一个更遥远的空间。民族主义并非没有对其他民族的意识，恰恰相反，民族主义诞生于对其他民族的发现，其问题只在于它将民族的利益想象在一个民族内部或一个国家内部，而超出这个范围则就是魔鬼、异类，或用萨义德的比喻说，"一根扎在'我们'肉中的可怕的尖刺"[1]。有学者在考察过现代欧洲民族史后不无悲观地发现："根据其本质，由民族国家构成的世界必定是一个充满冲突和矛盾的系统。"[2] 尽管"内部或外部政治妥协的方案可能会偶尔成功达成，但从整体来看，民族主义即民族国家的自私本质却从未被彻底驯服"。[3] 不同于民族的自私自利和目光短浅，世界主义不仅将他者纳入视野，更意识到在国家间日益密切交往的时代，一国利益的实现有赖于与其他国家的关系，而这自然也将带出对国际共同利益乃至人类共同利益的想象。

不过相对于民族主义，世界主义亦有其尴尬之处，即它所许诺的利益太过遥远，既非立等可取，亦非尚可期待，超出了普通民众的耐心和

---

[1] Edward Said, "Preface (2003)" to *Orientalism*, London: Penguin Books, 2003, p. xv. 将"尖刺"与"我们"（our）相对，萨义德想说，"尖刺"是非我族类的异质。

[2] ［德］汉斯－乌尔里希·维勒：《民族主义：历史、形式、后果》，赵宏译，中国法制出版社 2013 年版，第 169 页。

[3] 同上书，第 170 页。

信心。世界主义有近乎乌托邦的性质和特点。在全球经济发展不平衡的情况下，局限于民族利益的民族主义必然与放眼于全人类的、长远的利益的世界主义发生矛盾和冲突。为民族主义所主导的民众对世界主义充满了憎恨，因为世界主义限制了他们近在眼前的生存和发展，例如气候变化公约若是限制发展中国家的碳排放势必危及其国民的就业和温饱，但长远地看，限制碳排放对于发展中国家的未来也必然是有益处的。世界主义不是无关利益，它只是将利益提升至单个民族的利益之上，将单个民族的利益推向未来，推向与其他各个民族利益的动态的、不确定的关系之中。

三　世界主义是难的

在中国，目前对西方价值的批判，如前述两个例子所显露的，都是民族主义的一个表征。在当代国际政治舞台上，民族主义是弱小或弱势民族的一个必然选项，其特点通常是用民族的特殊性抵抗发达国家所推行的普遍性。例如，你讲"单数的现代性"，我就应对以"复数的现代性"；你讲"普遍的现代性"，我就瓦解以"我们的现代性"①；你标举"世界文学"，我就祭出"民族文学"；你高扬"人权"，我就坚持以"发展权"。的确，只要特殊性在那儿，普遍性便是残缺的和有缝隙的。特殊性是普遍性永远不能愈合的创口。唯一的办法是将它们置于新的语境，做出新的界定。

需要注意，对民族特殊性也有不同的讲法。一种是如上后殖民主义的讲法或某些汉学家如谢阁兰等人的讲法，它能够将特殊性一直讲到与普遍

---

① 印度学者帕沙·查特吉号召前殖民地人民不能只是做现代性的"消费者"，而要做现代性的"生产者"，生产出"我们的现代性"。这也就是说，查特吉不是绝对地排斥西方的现代性，而是在"西方的现代性"与"我们的现代性"之间寻找理论的和历史的动态缠结从而成为生产者。"如果说存在任何普遍的或能够被普遍接受的现代性定义，那就是：普遍的现代性通过教会我们使用理性的方法来确立属于我们自己的具体的现代性。"西方的现代性给予我们某种刺激或工具，我们应当借此而发展出我们自己的现代性话语和实践。查特吉的理想是"生产一种具有民族特色的现代性"。不过总体上看，查特吉"我们的现代性"意在区分，而不在整合。（参见帕沙·查特吉《我们的现代性：帕沙·查特吉读本》，张颂仁等编，上海人民出版社 2013 年版，第 67—90 页。注意：引文根据所附英文有改动）

性毫无关联，其特殊性是绝对的特殊性，其他者是绝对的他者。① 另一种是德意志极端民族主义者的讲法，他们鼓动，德意志人是上帝的选民、世界精神的代言人，颇有天独降大任于斯族之神圣感和使命感。他们能够将其民族特殊性一直讲成其种族的优越性，讲成主宰全世界的帝国主义。在这个意义上看，纳粹的种族清洗应当是其一个合理的后果。②

有学者称德意志极端民族主义为"帝国民族主义"③，但这种民族主义骨子里仍是以民族利益为本位的民族主义，从中是绝然生长不出"世界主义"的。"帝国主义"不是"世界主义"，它诚然具有世界主义的外在特征，即对民族疆界的破除，或者也可能带来些许的天下一家的感受和思想，但根本上则是为着其一个民族的利益，是一种放大了的民族主义，越界了的民族主义。

真正的世界主义是一种境界、气度、胸怀，是对他者的尊重、关切，甚至是自我牺牲和奉献。但这美好的境界不仅对弱势民族是难的，对于强势民族也同样是难的，应该说，对于整个人类都是难的。遥远的利益，间接的利益，对多数人来说根本就不是利益，与他们毫无关系。人们喜欢利益的当前性、直接性，至少在可预计的时间内能够被兑付！

四　价值是一种符号，其所指是现实

民族主义在中国的一个错误是将传统与现代的对立当作中西对立，用空间思维代替时间思维。每一个时代都有其自身的价值，如果没有，它也一定会创造出来。西方价值例如自由、平等、博爱是适应现代资本主义生产方式的价值，而服从、等级和仁爱（等级之爱）是中国传统社会即农

---

① 托多罗夫认为："谢阁兰相信个体之间和民族之间最终存在不可渗透性。"以个体而言，例如，情侣间即便共同体验到了最强烈的快感，以至于自以为已经融为一体时，其间仍有坚不可摧的障碍存在。个体如此，群体亦然——托多罗夫援引谢阁兰的原话："种族间的不可渗透性，这只不过是个体之间不可渗透性的延伸而已。语言不一致只是言语不一致的延伸。"（参见茨维坦·托多罗夫《我们与他人：关于人类多样性的法兰西思考》，袁莉、汪玲译，北京大学出版社2014年版，第300—301页）

② See Robert J. Holton, *Globalization and the Nation - State*, New York: ST. Martin's Press, 1998, p. 136.

③ 参见［德］汉斯－乌尔里希·维勒《民族主义：历史、形式、后果》，赵宏译，中国法制出版社2013年版，第123页及以后。

业社会的价值。随着中国社会由传统向现代的转型，借鉴西方核心价值从而创造新的适应当代社会现实需要的价值将会是大势所趋了。

中国社会主义核心价值观不是对传统价值的复制，也不是对西方价值的移植；相对于中国社会现实的需要，中国传统价值和西方价值只是打造这一新的价值的原材料罢了。鲁迅有著名的"拿来主义"之论，其底气不是来自现在常说的"文化自信"，而是那种强烈、强大、鲸吞一切的现实需求，是"需求自信"，"生命自信"。一种价值的合理性不在于它从哪里来，而在于它是否能够满足当前在地生活的需要。价值面向的是生活，而非价值。价值不重要，重要的是人们怎样去生活。当人们的生活被现代化、被全球化时，固守民族主义的价值不过是一种空想。没有人会为了一种价值而不是为了生活得更美好、更有意义去奋斗、战斗。

价值是一种符号系统，其所指是社会现实。建立一种合理的价值规范，应充分注意当代社会现实的新变化。我们之所以容易将西方价值当作普遍价值，主要原因不过是发源于西方的现代技术与资本主义对当代社会的形塑。一个不争的事实是，如今中西方的差异远小于传统与现代的差异，因而与其说中国社会被西方化了，不如说它被现代化了。西方价值作为重建当代中国价值的主要资源具有现实的合理性。可以认为，西方价值不是西方的价值，它是现实的价值、现代的价值。换言之，它不是地理学的，而是时间学的。从时间学的角度说，"现实"不过是被时间所钩织的实在。现实在其本质上是时间性的，即流动的。随着现实的发展和变化，随着"现代"变得不再现代，西方价值必将不再是那曾经的西方价值。

一个在中国后殖民主义学者颇为流行的概念"翻译现代性"可以在此顺带纠正。它具有误导性，似乎中国现代性是外源性的，而非内发性的；是空间性的，而非时间性的；是移植的，而非自生的。我们不拟从中国明清以来的历史驳斥费正清的命题即中国现代化为刺激—反应模式，而是希望指出，不是任何刺激都能带来相同或相近的反应，反应来自一个能够反应从而修改刺激的主体！中国之所以能够被西方列强所现代化，乃是因为中国自身具有现代化的内在需求和理性认识。列强的殖民化或"翻译现代性"不过是中国现代性发生的一种契机而已！或者，它们只是中国现代化的一种表现形式！

五　价值星丛

在价值上，民族主义与世界主义的关系就像单个的星星与星丛之间的关系。星丛是本雅明、阿多诺、麦克卢汉都使用过的一个比喻，但阿多诺的概念似乎更宜于说明民族主义和世界主义之间的关系：

> 不经过否定之否定，但也无需托身于作为最高原则的抽象，统一的时刻便可存活下来。其原因在于，不存在由诸多概念逐级攀升到一个综合的高等概念的过程，相反，这些概念进入了一个星丛（Konstellation）。此星丛照亮了对象的特殊性，而对于分类程序而言，特殊性既可以忽略不计，也可以是一件重负。①

按照我们的解读，阿多诺不否认价值符号之间的"统一的时刻"，但这种统一不是一种价值符号凌驾于其他价值符号之上，而是各种价值符号共同进入一个星丛，在其中各种价值符号相互作用、相互界定。阿多诺坚持没有涵括一切的概念，这于世界主义也就是说，没有涵括一切民族价值的超级价值，世界主义只是意味着一种"价值星丛"，在此星丛之中，民族主义价值不是要臣服于一个"最高原则"的宰制，而是进入与其他价值的一种对话性关系。

进一步说，在此星丛之中，民族价值符号所指涉的利益仍然存在，只是不再是自以为的独立存在，而是与其他各种利益的共同存在，是互惠互利，是"利益"的古老意义的复归，所谓"inter/est"，来自拉丁文，或写作"inter/esse"，它原本上就意味着相互依存，从对方的存在之中取得自身的存在。对于"利益"的这一意义，威廉斯似乎有隐约的察觉：它指涉"一种自然的分享或共同的关切"②。就此而言，星丛没有给予我们新的意义，它只是复归和重申了"利益"的本来意义。

---

　① Theodor W. Adorno, *Negative Dialektik*, in ders. *Gesammelte Schriften* 6, Frankfurt am Main：Suhrkamp, 1996 [1970], S. 164.

　② Raymond Williams, *Key Words：A Vocabulary of Culture and Society*, London：Flamingo, 1984, p. 172.

利益并不总是一个贬义词，关键是如何看待利益，如何实现利益。孔子曰："富与贵，是人之所欲也；不以其道而得之，不处也。"（《论语·里仁》）中国圣人从不排斥人对利益的追求，那是人的天性，但要求将此追求置于"道"上，此"道"在儒家即天地秩序及其所保证的人间秩序。用我们的话说，当利益进入利益或利益符号的星丛，利益便获得了其正当性。

不仅如此，当利益进入利益或利益符号的星丛，利益也获得其显现和实现。阿多诺断言"星丛照亮了对象的特殊性"，这完全可以读之为对前述德意志"帝国民族主义"的批判和纠正。"帝国民族主义"要强力打造一个纯粹的、单一的民族性，而其他民族的特殊性，其特殊的利益和价值，对于这个帝国主义计划来说，不是无关痛痒；卧下无讹，就是一种沉重的负担，或如前谓，"尖刺"在肉。与此相反，阿多诺的"星丛"概念则喻示，民族的特殊性将被民族之间的关联和互动所彰显与伸张。不错，"星丛"意味着"统一的时刻"，然此"统一的时刻"是"统"而不"一"，这也就是说，传统形而上学意义上的"统一的时刻"为"星丛"的"统一的时刻"或就是"星丛"这一新的理念所置换。星丛是世界主义的思想图像，但这世界主义可不是乌尔里希·贝克那个罔顾或系统地清除了民族及其特殊性的大全。记住阿多诺的话，"星丛照亮了对象的特殊性"！在此，其一，"照亮"（belichtet）不是西方形而上学的"分类程序"，不是对特殊性的消磁或脱水处理，毋宁说，它是对链接的召唤，而链接仅仅意味着一种关系的形成。其二，被星丛所照亮的"对象的特殊性"亦不再是对象之不可穿透的存在，对象之作为"物自体"的存在，一言以蔽之，"单个性"（singularity），而是进入与其他星球之对话性关系的"特殊性"，一种特殊的文化身份。"照亮"原则上归属于"星丛"！"照亮"的光源来自"星丛"而非"理性"或"工具理性"，因为前者表示关系，而后者则是关系的终结，是克服了差异和特殊性的综合。①

游笔至此，忽然想起斯皮瓦克曾要以"星球"（planet）涂改"全球"

---

① 杰姆逊称阿多诺的"否定辩证法"是"一种永远无法达到综合的否定运动"。这种无穷的否定如果说尚未流于令人恐怖的后现代相对主义，"好像依然存有绝对一类的东西"，那是因为它是一种"中介"（mediation）或者"关系"（relation），即"星丛"所指示的东西。（See Fredric Jameson, *The Valences of the Dialectic*, London：Verso, 2010, pp. 56－57） （globe）或"全球化"（globalization）。在她的心目中，"全球化"不过是将同一交换原则强制推行到任何地方，是资本政治借助计算机技术对世界的拆解和控制，而"星球"则意味着未经分割的"自然的"空间，意味着在别一系统运行着的"他异"（alterity），以及对"他者"（other）超验的或伦理的顾念和责任。① 据此划分，她断定，比较文学将死于"全球化"，即翻译文学、美国霸权和学术市场化，将复活于"星球"，即跨界、集体性和他者。② 不知斯皮瓦克是否学习过阿多诺的星丛理论，应该没有吧？否则她就不至于将"全球"与"星球"那么简单地对立、对抗起来，视若仇雠，分外眼红。她或许不想这么做，但对于究竟应该如何去做，她尚未形成一个清晰的指导性概念。其实，依照星丛理论，"全球"并不能吞噬"星球"，它只是为诸星球营造一种关系场，其中即便在某一时刻有宰制的力量，但它也会与其他力量一样，瞬间变成一种关系。不过，转变为关系的力量也不会因此而耗尽、枯竭，失去其自身之存在，故此弗洛伊德才会从容不迫地说到从"das Heimliche"（家园感）到"das Unheimliche"（非家园感）的同一物（Heim，家园）的陡然变脸或者"被压抑者的复现"（something repressed which recurs）③。此变脸，或曰"复现"，既是"被压抑者"自身，又标志着"被压抑者"对自身的超越、对关系的追寻，在关系中得到释解，或用拉康的术语，与"象征秩序"的妥协。迥异于后殖民理论，星丛在其每每看到压制与抵抗的地方发现了关系或向关系的转变。也许用不着特意去校正，后殖民理论站在"被压抑者"立场对全球化所进行的讨伐，看起来不共戴天，但实际上也将自身带入与后者的关联及其生产性之中。睡狮已然觉醒，尽管它并未觉察到其觉醒。斯皮瓦克期待"一种新的比较文学"，但其中并无"新"可言，因为它早就

---

　　① See Gayatri C. Spivak, *Death of a Discipline*, New York: Columbia University Press, 2003, pp. 72ff.

　　② See Gayatri C. Spivak, *Death of a Discipline*, especially p. XII and p. 16. 斯皮瓦克的"跨界"不同于"全球化"，前者意味着走出自我，深入异域、异在或异质，而后者则是同质化、制式化或美国化。其"集体性"亦不可与"全球性"或古训"四海之内皆兄弟"相混淆，它是区分性的身份政治。任何政治都是以集体性的划分和圈定为前提的，所谓"无集体性便无政治"（Ibid., p. 28）。

　　③ Sigmund Freud, "The 'Uncanny'", in his *Writings on Art and Literature*, Stanford: Stanford University Press, 1997, p. 217.

蕴含在"比较"之中。考虑到后殖民理论与全球化讨论在 20 世纪 90 年代之同步出现①，我们完全可以认为，后殖民理论的崛起和风靡本身就是全球化的一个后果，并以某种方式汇流全球话语。以其思维方式而言，"星球"无法取代"全球"，倒是相反，"星球"将被"星丛"意义上的"全球"所取代。

六　结语

价值星丛不会取代民族价值，它取代的是民族"主义"价值，是中西二元对立桎梏中的价值观；价值星丛也不会无视民族利益，它揭示各种利益的相关性，并认定利益由此而得以表现和实现。利益从来就是相互存在（共生）、相互利益。

从价值星丛的视角看，回到本文开头的问题，中国学术是可以用外语讲授的；外语讲授不是要替代中国学术，而是将中国学术带入与其他学术的关联之中，使中国学术成为世界学术的一个有机部分。其实中国人应该是尝到这种穿越性链接的甜头的：汉语翻译文学（广义）没有用汉语文学取代西方文学，而是将西方文学置于与中国文学的连接之中，从而催生了作为世界文学的中国现代文学。自汉唐以来的域外文学翻译史，其间自然包含着域外价值，但这些域外价值不是取代了中国价值，而是将中国价值带入与其他价值的互动之中，从而生产出满足中国人需要的新的价值。没有什么所谓的"中国价值"，而只有符合中国人实际需要的价值，因为"中国价值"总是处在中国人的实际需要的永恒变动之中！

验证于中国的翻译效果史，于西方也一样，本雅明、斯皮瓦克基本上就是错误的。翻译既非遮蔽，亦非敞开，而是译者与其所译之一道步入星丛。在此，那种非此即彼的二元对立思维不再有效。

---

①　如一本教科书所讲，"只是在 1990 年代，后殖民批评才浮现为一个界定清晰的范畴"。(Peter Barry, *Beginning Theory: An Introduction to Literary and Cultural Theory*, Manchester: Manchester University Press, 2nd edition, 2002, p. 192)。加拿大华裔学者谢少波也有近似的说法："'后殖民'和'后殖民主义'等术语在 80 年代中期和 90 年代初才开始使用"（谢少波：《后殖民主义的缘起和走向》，载其《另类立场：文化批评与批判文化》，赵国新、陈丽译，南京大学出版社 2009 年版，第 200 页）。

金惠敏的"全球对话主义"和"价值星丛"

——全球化、新自由主义和文化帝国主义

［加］ 伊默尔·塞曼[*]/著　罗如春/译

摘要： 金惠敏提出了一个融合、调适了现代性和后现代性洞见的文化研究新模式——全球对话主义。在《价值星丛》一文，金在引人注目的新方向上推进了他的全球对话主义。"全球化"的概念既是对一个学术工程（装置）的命名，又是对一个新自由主义政治工程的命名。"全球化的话语"以一种新奇的方式执行着将世界物化的功能。"全球化"这种命名行为的一个局限是混淆了分析性工作与规范性欲望之间、混淆了他们实际所看到的世界和他们所希望看到的世界之间的区别。"全球化"好像是新的、改进了版本的"后现代主义"，但"全球化"显然远非"后现代主义"的替代词，"全球化"一词几乎与美学或者文化没有什么联系，后者则与文化密切相关。"新自由主义"暴露了"全球化"概念所扮演的意识形态功能。我们可能会进入一个有趣的新时刻：政治重新从经济中浮现、社会和文化可以再次从手段目的理性中自由呼吸，还要持续性挑战"方法论民族主义"舒适的阐释模型和框架。文化没有国界！解构所有边界，尤其是那个将创造性劳动转换成没有起源的死物的商品文化所具有的单一心理边界。

关键词： 金惠敏，全球对话主义，全球化，新自由主义

---

* 伊默尔·塞曼（Imre Szeman），加拿大阿尔伯塔大学英语、电影研究和社会学教授，加拿大文化研究学会创始会长，《霍普金斯文学理论和批评指南》主编之一。

　　冷战结束后，理论家和哲学家们立即着手去命名随之兴起的"世界新秩序"。尽管现在也提出了从"全球本土化"到"世界主义"等各种各样的其他理论，但得到持续使用的命名仍然是"全球化"。这种命名行为的一个局限是有一种混淆分析性工作与规范性欲望的倾向——换句话说，混淆了他们实际所看到的世界和他们所希望看到的世界之间的区别。社会学家和政治理论家通常对勾勒一系列明显的不同力量（描绘它们的工作本身就已经足够困难）与由这些力量的配置结构引起的感受性之间的关系感到精疲力竭。举一个例子：1989 年，世界仍围绕一种全球性的、以国家为基础的政治秩序以及比以往任何时候都要强大的由利益和国际贸易所塑造的经济系统而组织构建。然而，一众思想家已经急不可耐地宣告一个从未有过的貌似"世界主义"（cosmopolitanism）的出现，并认为在这个"世界主义"的全球秩序中，民族国家体系将被摒弃，取而代之的将是新的跨国性和国际性的决策模式、归属感和信任感。

　　金惠敏的论文（Jin, 2012）针对迄今为止描述"全球新秩序"的方式中存在的政治失误和概念局限。金尤其关心的是要理解我们会怎样对当今全球化时刻中的"文化"进行理论化，在这样的全球化时刻里，新的技术、简便的国际贸易（包括文化商品和服务）以及全球范围内资本主义制度的采用潜在地使得文化实践和经验已经在这个星球上同一化了。他用来考察全球化理论的关键标准是理论家们看待"文化帝国主义"的方式，这些理论家要么试图在论述中确定"文化帝国主义"的新坐标，要么为其作出辩护。

　　金惠敏将当前的理论路径分为两大类：现代性的文化研究及与之相对的从后现代性中获得定位的文化研究形式。在这两种（现代性和后现代性）情况下，因后一个术语的命名而产生的区别，主要在于这两种方法对"主体性"本质的理解。在将"主体"理解为现代性的一个基本元素的理论方法中，主体与传统、个人的自由观念保持着密切的关系，尽管这些个体之间存在微妙而复杂的差异。在金看来，"现代性"还意味着对那些塑造主体的物质和社会的结构以及基础设施的一种承诺的命名，无论"现代性"文化研究是什么，他们始终关注这些物质生成系统的方式，正是这些系统塑造了主体的能力和缺陷。而其替代性的方法——被金命名为"后现代性"文化研究——是一种同时做两件明显存在矛盾的事情的观点。第一，它从当今后现代对主体的固定本质的质疑中获得一些批判的力量，坚持主体的流动性、分散性和多重性。第二，它假设结论是当代主体拥有强大的力量塑造全球化结构。

正因如此，在金看来，约翰·汤姆林森才可以轻易消除长期以来文化帝国主义的担忧，或者乌尔里希·贝克才可以不太在意全球范围内各种权力和特权的存在状况而提出一个世界主义的理论模式。

虽然这两种形式的文化研究都存在问题，但金认为，保持了现代性需求的文化研究的方法更有利于对当下进行理论化。首先，它坚持在权力结构中将持续存在全球性的差异，也许它在文化结构上尤其如此。即使美国文化产品可能不再是主导性的而只是纯粹的存在，或者不再有一些文化帝国主义的理论家所担心的对接受个体的影响，它仍然是当今世界上的文化霸权形式——塑造和组成其同盟的文化表达、实践和信仰的方式（比如，尽管每一个地方存在巨大的社会和经济差异，然而在纽约、德黑兰和北京，晚餐时间段的电视新闻广播却采取了相同的形式）。相对于汤姆林森，金希望保留"文化帝国主义"这一观念的有效性。尽管肯定了"现代性"文化研究的一些实践，但他提出了一个融合、调适了现代性和后现代性洞见的文化研究新模式——全球对话主义。它是正在进行中的全球化，这个过程包括了仍然存在于 1989 年后的由文化和民族差异所造成的混乱。如果有一种像是真正的全球化的东西正在发展，那么它只能是处于不同物质结构和环境中的个人与团体间对话过程的结果。金坚持认为，这个对话过程必须与正在进行的"文化帝国主义"相伴而生，也就是说，在全球时代，权力的真正差异是在文化中、并由文化产生的。

在《价值星丛》（Jin, 2015）一文中，金在引人注目的新方向上推进了他的全球对话主义。鉴于当代中国时政对于民族文化的肯定意识，金提出了尖锐而又令人信服的观点，它针对的不是民族价值取向的局限性，而是民族主义和民族中心论者的观点。金认为，民族主义可能不是不可避免的，但它肯定是那些个体得以理解他们自己的指导方式——它是在一个大的规模上来与其他人保持联系并分享彼此的利益。"世界主义是困难的。"他写道。他这么说是对的：在某种程度上它是不可见的，因为它不像一个国家，缺乏一个国家赖以真实存在的社会结构和基础设施。国家的真实性并不一定意味着其被给予的是无限制的。金正确地指出："一种价值的确立必须考虑社会现实的变化。"像"全球化"和"世界主义"这些概念的真正成效——其效果未能受到应有的重视——在于使民族价值和民族主义之间强大的、有时是危险的联系产生脱臼和混乱，它是对这个世界及塑造世界的价值观处在不断变化中的公民主体的一个提醒——对我们所有人来说，意识到（而不是警惕）这种变化是重要的。

金的全球对话主义提议和他的作为思考当下诸多新途径的价值观星群有很多值得推荐的地方。作为与金的工作进行理论对话的一种方式，接下来我想发表一些我自己对当前民族主义、全球化和全域主义的动力的看法。我认为金和我对于我们当前被跨国文化、社会和政治力量所推挤的存在现实有类似的感觉。这是我自己对全球当前力量和动力的描述——它本身就是跨越中国和西方之间（假定的）分裂的共同参与和行动上如何富有成效的一个例子。

一　全球化不是后现代性，反之亦然

马克思关于资本主义运行的研究的核心，有一个偶尔会被遗忘的批判性的学术方法。在马克思那个时代，一些政治经济学家错把现代经济的主人公——雇主和工人——当作先验的本体论范畴，而非历史发展到特定阶段而形成的社会状况。当然，对这一方法论的"失败"描述，变成了一个在当代社会现实中的很多方面普遍发生的更一般的物化过程：我们自己的创造物在一种将虚构发明被模糊化为习以为常的特点的方式中，呈现"自然的"、预定的、实在的性质。马克思的观点超越了对这一方法的简单批评。商品形式是资本主义的非凡发明之一，其本身从未停止过对现有的社会关系日复一日的再物化。"商品，"马克思写道，"作为产品本身的客观特性及其社会—自然属性，反映了人类劳动力的社会特征。"（Marx，1976：165）有人可能会说，作为一种客观的物化力量的商品，超越了资本家的意识形态和资本主义：我们就生活在这个物化环境之中，无论我们是否相信它已经嵌入在更大的社会脚本中。

"全球化"于正在上演的资本主义物化的故事中扮演了一个重要的角色，这应该不足为奇。就像马克思政治经济学确信无疑的那样，全球化向我们隐藏了现实，甚至在它对现实提出解释的时候亦是如此。既然如此，它是如何做到的呢？乍一看，"全球化"这一术语承诺给我们提供了一种理解已经从根本上重塑当代体验的那一系列巨大变化的方式（新的通信技术在经济和社会方面的集群式影响，几乎不受约束的资本统治整个地球）。这些变化跨越社会经验和学术分析领域，此前它们曾被设想成（在经济、文化、社会、政治等方面）是相互分离的。令人困惑的是，"全球化"是对与其最频繁相连的这些过程中的经验和理论上的新事物进行的同时性命名。它既是对一种新的现实，也是对一种（或一系列）需要对这一现实进行理解的新观念的命名。这种双重角色使得"全球化"成为一个固有的不稳定、无定形的概念也就不足为奇了。"在各种不同的语境中，被众多不同的人使用，为了各种不同的目的，以至于我们很难确定在全球化中是什么正处于危急关头……这一术语到底发挥了什么功能，以及它对当代理论和政治有着什么影响"（Kellner，2006：1）。这场激烈的辩论涉及"全球化"是什么、"全球化"应该包括（和不包括）哪些现象，以及"全球化"发生的"时间"可能起自何时（是后—1989 年吗？或者是哥伦布抵达新大陆的时刻？抑或是 11 世纪爆炸性的跨区域交易？），全球化的政治议题和另类全球化的可能性——所有这些是为了吸引人们注意这个事实——即为这个术语想要捕捉的经验现实可以以截然不同甚至相互矛盾的方式被安排和再安排。换句话说，虽然全球化在某种程度上是"真实"的，并且具有"真实"的效果，但它也是修辞的、隐喻的，甚至是虚构的：它是一种用各种不同的、不可调和的方式来给出叙事性的形态和逻辑的现实。但人们随即将可以看到，一旦这个概念的想法作为隐喻——概念不再意味着事物本身（否则它会是怎样呢？），而是作为必然会产生一个新身份的事物的替代物——被引入，前后一致的真实性就会开始消失。我们所认为的全球化的"真实"必然会是被众多的概念装置所中介，这些概念串联在一起，试图把握当代的基本特征。

全球化的这一特征——作为当前的一个无定形术语，是一个具有分析暗示性却令人困惑的概念，它把认识论和本体论联结在一起；作为一个不可能的但引人注目的观点，它命名的是那组织一切经验的逻辑；作为一个可能对于所有人来说意味着一切事物并屈从于各种各样目的的术语——这使它听起来像是做着类似工作的另一概念——"后现代主义"的后继者。事实上，如果对全球范围的物质现实、斗争实践、当代冲突给予更多关注，这种看法将很难避免——"全球化"的观念执行着曾经属于"后现代主义"的对时代进行分期的任务，对当今时代的特征和动力予以命名。全球化由此可以看作新的、改进了版本的后现代主义，对于它来说，（诸如）帝国主义遗产之类的议题无论是过去还是现在都在其中起着构成性的（而非辅助的）作用。

但这种联系显示出其冒险性，全球化显然远非后现代主义的替代词。这两个术语之间的差别对当前的文学和批评状况而言特别具有启发性。在成为一般认知或西方社会的本体论状况的名称之前，后现代主义首先是一个用来描述建筑风格、艺术运动和文学策略的美学范畴（Anderson，1998）；"后现代状况"一词出现在利奥塔论魁北克教育体系的论文中（Lyotard，1985）。后现代主义的批评集中在这个术语作为一个审美描述符号的确当性（后现代主义小说的说法不是真的比现代主义小说更合适吗？）、在全球适用性上过度膨胀的野心（"后现代主义"的"后"是不是真的与"后殖民主义"中的"后"意义相同？）上；或者，它实际上对后现代审美和经验方面出现的历史"可能性条件"关注甚少。这种关注的缺乏隐藏着后现代风格所表征的更主要的东西：晚期资本主义的文化逻辑（Jameson，1991）。

无论其他人对"全球化"有什么想说的，很明显，这个词几乎与美学甚至是文化都没有什么联系，"后现代主义"一词则确实与文化相关。坚称一种全球风格或全球形式的建筑、艺术或文学是毫无意义的。没有这样一种像"后现代主义"文学那样的"全球主义"文学，也没有一种像曾经有过（至今依旧存在）的"后现代主义"建筑那样的"全球主义"建筑，即使在机场或办公大楼的设计上有全球建筑师［如雷姆·库哈斯（Rem Koolhaas）、弗兰克·盖里（Frank Gehry）或扎哈·哈迪德（Zaha Hadid）］和全球企业方言。从一个事实中可以看到"全球性"与文化联系的缺乏，我们甚至缺乏这样一个类别的形容词——"全球"文学是非常不同于后现代写作的事物，它没有后者所标举的形式或风格类别的即时暗示。同样，"世界电影"意味着一个时刻，而不是一种风格，也许尽管有人会说，进入电影文化产业的影片和新兴的全球分布的先锋们［侯孝贤、埃米尔·库斯图里卡（Emir Kusturica）、艾格尼丝·瓦尔达（Agnès Varda）等］的电影都存在广泛的分歧，它们二者都可以宣称是"世界电影",却有着完全不同的原因。在这个意义上,"世界诗歌"甚至不是为一个时刻的诗歌命名,而是整个(全)世界的诗歌,我们可能期望通过留意不同国家、地区和地点的差异的诗集或读本中找到这样一些样本。审美可能没有消失,但作为时段性标志的"全球"一词并不能阐释美学,仿佛一度被审美命名,前卫们所追捧的那些意识形态争斗与宣言,由于某些原因已经变得不值一提和离题万里。

如果说后现代主义通过各种形式创新而引起我们的注意,促使我们考虑世界上什么正在发生并生成了这些形式,那么全球化则似乎颠倒了这种关系。全球化强调了政治和权力关系的重组、从全国性到国际性尺度变换的经济生产、光速运作的金融资本以及信息技术爆炸性传播的社会影响。伴随着全球化,我们似乎因此悬置了后现代主义的核心争辩——表征范畴。事实上,被全球化命名的当代现实在权力和关系上是清晰立现的,它们(如跨国经济、当前状态的变化特征等)一直被理解为全球性的主要问题,并从根本上构成了全球化。后现代主义与全球化之间的比较强调了一点:在当代文化生产和全球化命名的文化—政治—社会—经济的支配之间不仅仅是没有独特的正式关系。此外,也没有明显的理由期待依靠文化来理解支配者的这种形态和特征,支配者显然可以自我解释,他将文化仅仅视为今天商品生产和交换诸多维度中的一个命名而已。换句话说,一方面,全球化将文化转变成纯粹娱乐,其意义仅仅在于其交换性。另一方面,全球化将文化变成了一组陈旧的文化实践,文化的必要性不是体现在言说上海浦东的天际线或里约热内卢的贫民窟,而是向与它擦肩而过的世界表达越来越沉默的投诉。如果全球化是后现代的自我认知(self - recognition),看来在这个过程中它将文化变成了纯粹的附带现象,把文化批评变成了寻找客观事物的实践行动。尤为明显,文化在其形式中使社会症状和苗头得以显现的这一较为古老的政治功能,在今天已经被历史自身弄得黯然失色。

这种分析可能表明,在全球化时代关于文化衰落的忧虑(一定的愿景)实际上是有道理的。但在全球化和后现代主义之间,首先需要指出的还有另一个重要区别。后现代主义从来不是一个公共的概念,而全球化则已经变成了这样。后现代所做的从来不比试图从大学跳到大页报纸更多,它只是偶尔出现在一篇文章中,在一项新摩天大楼的设计中或是被认为已经堕落的当代人文学科的广泛消失之中。它是一个正在衰落的概念，在如今主要用于描述奇怪和不连贯的现象或社会不稳定的形式。相比之下，"全球化"是世界银行所热衷的、财富500强企业的商业计划和全球政治家口中念念不忘的名字；它构成官方的国家政策，同时也是激进异议者批判的对象：萨帕塔主义者（Zapatistas）并不是在攻击后现代主义中崛起，"全球化"的优势不在于书店里那些将无政府主义者带到热那亚街道的自我反思的讽刺文学上。在"全球化"的概念中，显然有着比"后现代主义"更紧迫危险的东西。存在一种远远超越适应着塑造现在和未来（包括文化在其中扮演角色的未来）决心的美学范畴的建立。即使这两个概念在当前都只是作为分期术语而被使用，然而"全球化"是有关血液、土壤、生命和死亡的，而"后现代主义"曾经只能假装如此。

　　"全球化"概念公开的野心表明，这一概念有两种需要区分的广泛用法。重要的是，大量学术讨论所关心的由"全球化"确切含义和重要性所引起的困惑，实际上并没有出现在全球化的公众形象的建构之中。不仅如此，关于全球化的确切含义的广泛学术论争可能会指向一个事实："全球化"是一个可被再叙述和再隐喻化的概念，并由此聚焦于在该术语所命名的现实和它应对现实的启发作用之间的不稳定关系。与任何其他概念一样，它并不等同于现实，而是一种从经验的混乱中生产有意义的解释秩序的方式。然而，鉴于这种情况，一个人必须考虑公众在"全球化意味着什么"的问题上已然形成的广泛共识的作用。这是全球化最熟悉的装束：这一进程的名字（在最后）被理解为在其核心的意义上是经济的。全球化是全球范围内加速的贸易和金融，一切其他事物都以这些维度作为参照，尽管人们可能对这些经济力量的结果和影响产生根本性的分歧（它会"普度众生"而将繁荣带给每个人吗？它是在凯恩斯主义的短暂间隔后仅仅恢复经济精英的力量吗？）。首先，最基本的是，关于全球化的公众话语始终坚持经济进程不可改变的客观性；其次，这些经济进程现在位于人类经验的核心，不管你喜不喜欢。

　　全球化的话语是以这种方式执行它的主要功能：将偶然的社会关系转换为不可改变的历史事实。它以一种新奇的方式执行这个物化的功能。不同于马克思时代的政治经济学范畴，全球化坚称的不是社会阶层的永久性，而是新的社会关系、技术和经济关系的形成。然而，总体效果是一样的。老式的政治经济学通过坚持事物基于其自身本质起源的现有社会关系将无限期地、坚定不移地延长到未来，从而使资本主义物化。新型全球化也宣称资本主义的必然性及其从现在到未来延续的持久性。然而，必然与"新"相伴的全球化的鳞状重叠——全球化总是出于对出现在它之前的、与其截然不同的一些东西的命名——意味着它不能轻易地诉诸本质和本体论以强调未来不变的特质。毋宁说，借用马克思主义的话来讲，全球化提供了一种对社会力量的历史发展的叙事，个体和社会从竞争和战争民族主义的早期混乱状态向成熟的全球自由资本主义文明发生缓慢的（现在已经加速的）转换。因此著名的弗朗西斯·福山（1993）挪用黑格尔的辩证法以解释资本主义的终结。他认为，共产主义的崩溃所标志的资本主义另类替代的缺乏恰逢如下的"历史的终结"：从现在开始，只会存在资本主义，在全球范围内，它无疑将无处不在。"全球化"作为概念装置的"全球化"和当代现实命名之间区别的抹消并非偶然的——或者至少不会超出古典政治经济学的范畴。不如说，它是一个彻头彻尾的政治工程，它试图故意混淆"全球化"概念（在我这里列出的术语）可能的分析功能和对于全球资本主义不变现实的肯定之间的差异，也就是模糊"是什么"（"what is"）和"将是什么"（"what will be"）之间的区别。在已经开辟了新的现实和政治可能性的不断变化的情形下，"全球化"代言人的目的不仅是要保持资本主义在一切事物中的中心地位，而且要清除所有可能的挑战和反对。

　　这里需要依次做一些澄清。我已经说过，全球化是一个政治工程，这表明一些组织力量、活动家或代理人在幕后推动国家和经济的杠杆，以将世界塑造成他们所理想的状态。这种说法会让全球化变成一个非常意识形态的概念，就像大家知道的一个花招，达沃斯伟大的宗教大法官用羊毛蒙骗了全世界的眼睛。企业和国家的活动家是为自己的利益在全球范围内积极参与重建国家和资本之间的关系，其后果体现在从公共资产的释放到市场的减价出售再到全球劳动力市场的日益不稳定上，否认这个事实是天真幼稚、缺乏经验的（Arrighi，2005；Comaroff and Comaroff，2000；Harvey，2005a；Harvey，2005b）。与此同时，许多评论家有一种倾向，即把对于新自由主义全球化系统之上的太多的洞察力和控制力归之于特定的个人（首席执行官、政府领导人等）或机构元素〔政府机构、世界贸易组织

（WTO）、国际货币基金组织（IMF）等]，它似乎暗示了这些活动（家）者是从外部清晰地看待全球化，从而允许他们在每种情况下都能作出完美的决定。

我们的全球时代的政治不允许简单地依赖于那种通过砍掉国王的头就能取得变化的社会秩序的愿景。（在我描述它的方式中）全球化作为一种显现在一个已然根深蒂固的社会和政治系统中的意识形态话语，它是社会秩序的现代性结构的动力和工艺的产物及主体的生产。必须补充说，这个现代性的逻辑延伸扩展了整个冷战时期的意识形态分野：现代化和泰勒化（科学管理）（Taylorization）各自代表了苏联和西方的未来。这个系统作为一个整体的根本驱动力仍然是资本主义的核心要求：通过正式的和平手段进行无限的资本积累（Budgen，2000：151）。迈克尔·哈特和安东尼奥·内格里认为，这个社会幻想中存在的张力——没有冲突的无尽积累——通过对这个资本系统的一个"外部"的干预，已经历史地消散了；在这个资本系统中，剩余可以被控制，从而避免过度生产可能带来的社会创伤（Hardt and Negri，2000：221－239）。当资本最后发现自己成功地扩散到全世界——它的广泛性证明了其作为一个社会和经济系统的所谓的优势——这也是一个矛盾、非人道和基本性荒谬越来越显明的时刻，尤其是作为"剥夺的积累"加速的时刻（Harvey，2005b：137－182）。正如集体性的组织"反驳"（Retort）①所指出的，"只要社会秩序的景观现在自我呈现出满意、服从、进取和一致的图像流，它同样不断地由国家权力的实施作为保证。必须是这样，因为满足、服从、进取和一致性牵涉到对其对立面的抑制，它们是由日常生活的实际结构和纹理再生产和加强的，其速度就像这些景观过去曾呈现给我们的那样迅速"（2006：8）。

在这种背景下，意识形态和国家干预重现为维持秩序和稳定的必要条件。全球化的公共话语不惜一切代价地维护现有的社会秩序，但不是因为它提供给了一些人显而易见的好处。这其中有一个系统性的影响在发挥作用，它出自对秩序、专业知识、技术、进步、消费和资本深刻而集中的社会承诺。玛格丽特·撒切尔转向冯·哈耶克、米尔顿·弗里德曼和其他人

---

① Retort 是由四十多位作家、教师、艺术家与社会活动家所组成的反资本、反帝国的松散性异议组织，其活跃在美国旧金山港湾区已有二十多年。——译注

的思想，并不是来源于纯粹的意识形态动机，这是由在现有的自由民主框架内需要解决看似棘手的经济问题所引发的。虽然有市场的支持，私人财产和创业活力早就已经可能推动国家使市场远离社会福利与责任而趋向于那些很少外在于现代国家从一开始就有的那些理想。一切权力都跟现代性站在同一阵营。在缺乏引人注目的或令人信服的可替代的政治叙事的情况下，新自由主义促发的社会混乱愈加有力地确认了其必要性，现有体系似乎有能力独自管理导致了我们生活于其中的经济不稳和社会不安的那些激进的经济与社会变革。

也就是说："全球化"的概念既是对一个学术工程的命名，又是对与其同样的——或甚至更多的——政治工程的命名。我们在阐述全球化的时候，总需要做的部分事情是，注意这种政治工程的运作方式：它不太关注学者们说"什么是"或"什么不是"全球化——或全球本土化或世界主义（等等）。

二 为什么是全球主义,而不是新自由主义?

在 1989 年的历史分裂之后的二十来年间，我们不禁直接陷入我们生活其间的前前后后所产生的感受的中心，此时"全球化"对于当前来说突然成为一个旧词——已成为公认的分类范畴的术语，而新自由主义则用来命名一个人对全球化发展的态度。谈论"新自由主义"在某种意义上也就是说全球化不好，但这不具有生产性。如果将新自由主义作为一个替代性的分析性术语用于描述陷入全球化概念中的各种现象，那么我们则取得了一些进展。

全球化只是作为对目前所发生的一切的命名——并且从某种意义上说，是自然地发生的一切，人类社会最新的进步是从基于民族国家的福特主义的黑暗和寒冷转到全球范围内的创新性经济。这是一个被左翼学者和活动家们不断质疑的断言和信仰。"新自由主义"更好地命名了过去几十年来地缘政治操纵的意识形态的动力，立刻暴露了一直由"全球化"概念所扮演的意识形态功能。全球化和新自由主义一样，并不是以全球范围内各种根本关系的改变为特征，也不是以下列变化作为标志：通信技术在日常生活中越来越多地应用、人类对于空间的意识变化，或是对 20 世纪后期生活国际性特征的新认识，抑或是任何其他通常与它有关的进展。对地理、技术或世界性影响的迷恋极大地影响了全球性的学术化的和流行性的活动，直到最近漏掉了一个更根本的发展：通过市场价值向着所有的社会制度和社会活动凶猛地扩张和播撒，实现了北方世界（Global North）财富的暴力再分配和权力的融合。正如温蒂·布朗（Wendy Brown）所说，新自由主义意味着人类是"作为经济人（*homo oeconomicus*）被彻底配置的，［并且］人类生活的所有方面是根据市场的理性来铸就的"（第9章）。

在《首先是悲剧，然后是闹剧》（*First as Tragedy, Then as Farce*）一书中，齐泽克写道，"福山的20世纪90年代的乌托邦已经死去两次，不过自由—民主政治乌托邦在9·11的崩溃并没有影响全球市场资本主义的经济乌托邦；如果2008年的金融危机有着历史意义，那么它是福山梦想的经济面孔终结的一个标志"。尽管有些人可能希望金融危机会结束新自由主义主导和规范下的政治理性，但这种情况并没有发生。人们只需要稍微看一下，公民缺乏对政府支持金融体系行动或是对政府为解决财政赤字而作出或者没有作出的决策的广泛抗议（法国是一个明显的例外）：现在显然不可能再增加税收，所以只能时而采取严厉的行动以削减或限制服务（戴维·卡梅伦领导的英国政府所采取的方向和美国茶党的内驱力皆是如此）。然而，作为政府决策的辩护和烟幕的全球化的意识形态生产力和功能已告终结。齐泽克并非唯一明确宣称历史终结是一个幻想的人。正如罗伯特·卡根（Robert Kagan）——美国卡内基国际和平基金会高级研究员，《华盛顿邮报》的专栏作家和罗纳德·里根总统的第二个任期中国务院的一员，宣布（明确提及福山）历史已经恢复，因之，对世界的新的思维方式已成为必要。据卡根所说，冷战结束后，我们设想自己已经进入了一种"新型的国际秩序，在这个秩序中，民族国家共同成长或一起消失、意识形态冲突正在消融、文化日趋融合，自由的商业和通信不断提升"（第3页）。然而，今天，"世界民主需要开始思考如何能够保护自己的利益和捍卫自己的原则，而这些在这个世界里再一次受到强有力的挑战"（第97页）。但有人可能会认为这算不上什么变化：民族国家仍然被视为政治的主要代理，卡根指出的那些利益和原则不是别的，正是市场原教旨主义的东西，这些利益和原则再一次需要争取，而不是像在过去二十年的全球化进程中，曾经是可以被直接赋予的。

文化或艺术与所有这一切有什么关系呢？如果新自由主义意味着市场对一切事物的理性化扩张，那确实是一个很不错的买卖。艺术曾经是作为市场的对立物而被定义的——作为本体论范畴的艺术的确如此，不管它是否参与其自身的市场（事实上它的确如此），或者特定的艺术形式和实践在其目的或意图上对明确地反抗资本主义是否犹豫不决。新自由主义的发展标志之一是产生了这样一种情况，艺术与生活融合到了一起，只不过这种融合的方式与历史先锋曾想象的完全不同。"作品"（或译"工作"，Work）成了自我转变、自由和创造力［理查德·弗罗里达（Richard Florida）① 在其著作中所宣扬的卓越］的（应有）生发点，扩大到填满不再需要分为劳动和闲暇时间的每一天，现在，艺术添砖加瓦以生产被新的设计、创新和旅游推动的全球经济所必需的观念。伴随着对新自由主义话语的明显必然性的排除，这种晚期资本主义劳动的假乌托邦（faux utopia of late capitalist labour）已然进入终结状态。也就是说，我们可能会进入一个有趣的新时刻：政治重新从经济中浮现，社会和文化可以再次从手段目的理性中自由呼吸——结束了要求经济责任和艺术实践的确定性产出的工具理性，这种艺术实践曾倾向于使得艺术家不是彻底贫困，就是一直处于经济不稳定的状况中。如果机会仍然没有被公共话语抓住，艺术实践很可能通过提醒公众社会生活是某种需要被创造和庆祝而不是担心或忍受的事情，来激活麻木的感觉和褪色的政治意愿。

卡根以上所指出的民族国家的回归（出自全球化浪潮民族国家的消散的虚构）则是另一回事。全球话语（global-speak）在过去二十年里的一个富有创造性的进步是一直进行着对被乌尔里希·贝克称为"方法论民族主义"（"methodological nationalism"）的一个持久挑战，"方法论民族主义"假定人们有必要通过国家的框架来解释从选举模式到当代视觉艺术发展等各种现象。如果我们想要理解视觉艺术和文化在全球化与新自由主义的戏剧中所扮演的角色，民族国家限制而不是扩展了我们的理解，它破坏了大规模的分析尺度或将它们送到了错误的方向——比如，当研究

---

① Richard Florida，加拿大多伦多大学商学及创意学教授，世界著名创意经济学家。——译注

兴趣在边境口岸和跨国流动，重点应该放在首先从边界生成的社会逻辑和想象上。当然，对这一点人们需要小心。即使这个国家是一个必须通过反复、强制想象才能形成的社会和政治虚构，这种虚构也是从物质的形式、尤其是那个叫作民族—国家的实体中得来的。边界、警察、运动控制和资源获取、社会机构、资助基金、各种物质历史和社会谱系——这些都是通过一种国家想象而形成的结构。当卡根从全球化的后效中回到民族国家时，他并没有想到，这实际上是撤退到舒适的方法论民族主义和按照其自身的目的与用途将多样性的世界塑造成一个单独奇点（a singularity）的西方地缘政治意图的规划上了。人们不应该为了挑战这个规划而维护民族国家差异的必要性，而是应该对它的方法上的轻易提出严肃的质疑，即使是在全球化之后的现在，这种方法仍然将民族国家视为社会差异的容器和对世界运行方式的一个解释模型。

简而言之，我们需要确认随意隐藏在分离的不同国家中的不同文化的持续存在吗？所以，世界是由很多民族文化组成的，每一种文化相对于其他文化的重要性都应该得到肯定吗？或者这是没有抓住重点？如果我们将新自由主义作为存在来谈论（因此而回避或忘记了金惠敏提出的关于"现代性"和"后现代性"文化研究的分类法），这可能对我们如何想象"全球对话主义"意味着什么不同？

三　文化帝国主义并非表面如此的问题

最后，我认为有必要说，文化帝国主义似乎不是表面上所呈现的那样。这并不是说，世界上的权力没有差异——这些差异被"新自由主义"的概念命名，而被"全球化"的概念所模糊了。即是说，当命名权力出现差异时，与文化相关的构想似乎能解决的问题和它产生的问题一样多。

文化需要边界吗？没有边界文化就没有防御能力吗？几千年的文化互动、借用、嬗变和全球范围内充塞着的混合形式，它们的真正起源可能无法定位，这表明文化是不断移动、不断经历改变和转换的，当它发现自己被转换成新的形状和实践之时正是它最得意的时候。可以肯定地说，文化总是超过这些试图限制它的边界——不管是国家界限还是审美界限（比如对"类型"的界定）。参照全球化来谈论文化——我们一直被告知，一段时间内，文化观念、形式和实践的运动已经变得更加快速和广泛（如果不是更普通的话）——那么似乎只需要忘却过去两个世纪的概念化遗产。正是在这段时间里，"文化"作为现代性概念成熟了，同时文化也被分隔成我们仍然试图加以联系的离散的、可确定的实体——主要指的是民族文化，也指的是人类学家努力探索的其他领域：部落、村庄、地域等。"每个国家都是一个民族，"赫尔德写道，"有它自己的民族形式，以及自己的语言。"（第166页）我们了解这种情感，它持续困扰着我们对文化的特殊空间的观念，其较少是作为对"真实"的文化差异的学术或分类的反应，更多的是出于支持新兴的现代国家（毋庸置疑，其在我早些时候所指出的民族运动的有限制的联系中的应用）的政治技术的需要而产生的。在虚构的国家归属感所造成的一切灾难之后，我们全球现代人更容易留意阿多诺对围绕文化而树立的边界的警告："民族国家集体的形成……通常是在俄罗斯人、美国人，当然也包括德国人所说的战争的可恶行话之中，它遵循一种已不再真正地能够进行体验的物化意识。它将自身正好限定在思维应该消除的成见范围内"（第205页）。

　　然而，即使新技术（如互联网）可以做到一切，也不可能巡察文化的所有空间，文化需要边界的观念依然得到了新生。全球经济尤为残酷和无情的气候似乎使得文化若要生存下去就得被庇护。在新自由主义的时代，使得每一个美元都要增值的压力迫使文化从业者考虑向国家寻求帮助——即便国家过去相信"为艺术而艺术"或将大学视为一个"理想的好奇心"所在的空间，而不是将其想象为一个像生产"适销商品"一样的知识机构。与人们偶尔可能预期的金融界限全部消失，相反，民族文化和民族主义被从壁橱中拿出来，掸掉灰尘，然后再次自豪地、毫不尴尬地穿上，或者作为对假定只生产文化垃圾的全球新自由主义文化市场的应有抵御，或者是最近才作为启蒙文化对伊斯兰文明吞噬北美和欧洲的危险防护［最好的例子就是亨廷顿的"文明的冲突"的奇谈怪论，或尼古拉斯·萨科齐（Nicholas Sarkozy）和德国总理安吉拉·默克尔（Angela Merkel）对多元文化主义的否定］。即使在德国，一个已经对各种各样的民族主义形成了一种可理解的谨慎心态的国家，在这里，对于德国主导或霸权文化（Leitkultur）和确保移民吸收那些（应能）界定日耳曼文化特征的思想与观念的必要性的公开讨论都已成为可能。关于全球化和文化归属感的知识讨论可能聚焦于世界主义或全球"多数"（multitude），或寻求如我上面提到的使文化边界忘却的可替代的多种文化生产形式。然而，在其他地方，似乎不仅民族国家没有被全球化所溶解，而且代表民族或文化的国家理念也没有。虽然国家—文化—种族的边界可能不会抑制身体运动，但它们肯定能够阻塞思想、形塑主体的构成、构造包括在边界之内的身份与承诺。

基于这些进展，在我看来，一个基本的政治行动就是要一次又一次地宣告文化是无界的并且应该保持无界。文化实践和形式没有"自然的"和"非自然的"空间：包含和排除的授权与合法化的政治，在国家主权的运作中扮演了如此核心的重要角色，在此范围内，它们所做的，在理念上是似是而非的；而且，不可避免地，在政治上是危险的。最近集中于越界、跨国文化和全球文化等方面的学术兴趣，形成了一个对文化边界的宝贵批判，但这只是在某种程度上的——它（尽管它本身已成为一个后效）并不重申文化的有界性从来不是一个目标在于将世界改造成其现实的政治虚构。

然而（再次）①，尽管它可能容易挑战公民身份的"文化"测试的退化特性（Gumbrecht）或右翼要求移民必须吸收适当的（在法国、荷兰、丹麦、德国黑森州和其他地方中的此类循环的）文化价值和特性，但是那种认为在全球化时代的文化表达需要保护和支持的观念也可以是一个诱人的说法。同样的民族国家正对那些它们（出于人口和经济目的）迫切需要的移民人口对其产生的威胁担惊受怕，它们也重估在其境内制定培育和支持文化表达的政策的需要。2005 年 10 月，联合国教科文组织成员国投票表决，以压倒多数的结果同意支持"保护文化内容和艺术表达的多样性的公约"。公约允许国家在贸易协议中豁免文化产品，准许它们"在其领土内维持、采纳和实施他们认为适合的政策和措施，保护和促进文化的多样性表达"（UNESCO，2005）。该公约的真正意图（不出所料）是为了打破美国在大众文化（特别是影视）产业国际贸易上的主导地位。它还试图从更大规模的商品贸易上确认文化表达的相对自主权，而这正是其他以美国为首的贸易协定（如北美自由贸易协定）已经积极寻求加以撤销

---

① 原文即如此：And yet（once again）。——译注

的差别（Szeman）。我们不能确认国家在市场背景下保护文化（明显）的生产性冲动，而拒斥和批评对民族文化及其归属的政治的使用吗？我们不能在有些地方树起文化边界，而在其他地方坚决把它们放下吗？

对那些排除世界上其他一切事物的关键性的主导经济关系，文化表达和文化自治需要在市场的破坏性条件下得到保护的观点是很难抗拒的。那么，如果不是国家，会是谁呢？在我们当前盛行新自由主义政府的大背景下，仁慈的凯恩斯主义或社会民主国家的想法投射了一个其黑暗已经难以移动的长长的政治阴影，但是我们必须从阴影中挪出去。有许多假设嵌入国家保护文化（即是文化边界的建立）的观念中，这需要认真加以解决和评估。马上，国家致力于巡察和维持民族文化现有形式应该由保护和促进"文化多样性"的任务来主导的这一观念，至少是有问题的。"多样性"是一个模糊的词汇。颂扬多样性以反抗美国精神或者市场文化是一回事，而在国界内保持多样性则完全是另一回事。针对外人的对启蒙教化价值（Enlightenment values）的防卫和保护文化免受市场腐蚀已经相互无缝地折叠在了一起：这里所命名的"多样性"，在大多数情况下已经有了国家"高雅"文化形式——戏剧、古典音乐、博物馆、精美的艺术——其对边境之内国家主权的合法化已长期起着至关重要的作用。正如罗伯托·施瓦茨（Roberto Schwarz, 1992）和马尔科·布尔（Malcolm Bull, 2001）以不同的方式所表明的那样，对于保护和促进"本真"民族文化形式的忧虑，是源自统治阶层和知识精英们的利益，而不是从广泛的大众利益出发的，因为大众对维护文化和国家主权之间的关系差不多缺乏投资或兴趣。越来越多地，甚至支持非市场文化的动力也与臆想的经济目标绑定在一起：对有情感的劳动力市场的支持；为所谓的"创意阶级"（creative classes）的蓬勃发展创造条件（Florida, 2004），以及建立文化独特性是为了推动围绕着差异性管理而组织发展的旅游经济。

批判和担忧市场对文化的影响是一回事，但认为国家——所谓的"公共部门"的资金来源——能够通过英雄式的干预使非市场的社会和文化形式繁荣则是另一回事。需要将这两种动力分开。赋予国家以保护和促进文化的道德权威的危险大于潜在的好处，虽然这些好处可能包括对艺术、文化机构等的国家基金的策略性使用以致力于打破文化之间的界限，而不是协助国家加强它们。像联合国教科文组织大会的文件假装接纳了居伊·德波（Guy Debord）所说的"奇观"：那些调解的阴霾（haze of mediation）已经将表征和抽象置于社会生活的中心了。事实上，在德波这一"景观"概念试图捕捉的关于积累和"分离"（accumulation and "separation"）的社会戏剧的核心处，它们什么实质性的工作都没做。记住："景观不是一组图像；毋宁说，它是一种是由图像所中介的人与人之间的社会关系"（Debord，12）。毫无意外，在当代关于文化边界的忧虑中，受争议的竟然是政治问题，它的实际目的是不惜一切代价维护现有形式的权力。文化没有边界，它从来没有。阿多诺写道：为什么会陷入民族文化边界的幻想，来回应市场的威胁？而这个幻想却不利于抨击、解构那些已然控制我们的陈规的文化实践冲动？

每个边界从文化的（反对市场的）"多样性"或（对怀疑者的）启蒙教化的文化主张中树立起来。我们必须拒绝在这些边界之内和它们所提供的简单陈规中行动，我们应将自己直接投入对于使此类物化意识的形式在政治上继续可行的全球政治语境的理解和斗争中去。文化没有国界！这样一个呼吁当然不会使新自由主义市场对于文化造成的威胁逐渐消失；然而，它确实能够让我们远离张扬文化边界之类的错误解决方案，并使我们重拾文化责任：解构所有边界，也许尤其是那个将创造性劳动转换成没有起源的死物的商品文化所具有的单一心理边界。

参考文献

Anderson, Perry. *The Origins of Postmodernity*. New York：Verso, 1998.

Appadurai, Arjun. *Modernity at Large*. Minneapolis：University of Minnesota Press, 1996.

Arrighi, Gionvanni. "Hegemony Unravelling—I." *New Left Review* 32 (2005)：23 – 80.

Beck, Ulrich. *Cosmopolitan Vision*. London：Polity, 2006.

Brown, Wendy. "Neoliberalism and the End of Liberal Democracy." *Theory & Event* 7. 1 (2003).

Budgen, Sebastian. "A New 'Spirit of Capitalism'." *New Left Review* 1 (2000)：149 – 156.

Bull, Malcom. "Between the Cultures of Capital." *New Left Review* 11

(2001)：95 – 114.

Comaroff, Jean and John L. Comaroff. "Millennial Capitalism：First Thoughts on A Second Coming. " *Public Culture* 12. 2 (2000)：291 – 343.

Debord, Guy. *Society of the Spectacle.* Trans. D. Nicholson – Smith. New York：Zone Books, 1995.

Florida, Richard. *The Rise of the Creative Classes.* New York：Basic Books, 2004.

Fukuyama, Francis. *The End of History and the Last Man.* Toronto：HarperCollins Canada, 1993.

Gumbrecht, H. U. "Taking the Immigrant Test. " *Sign and Sight：Arts, Essays, Ideas from Germany.* March 15, 2006, http：//www. signandsight. com/features/646. html.

Hardt, Michael and Antonio Negri. *Empire.* Cambridge：Harvard University Press, 2000.

Harvey, David. *A Brief History of Neoliberalism.* New York：Oxford University Press, 2005a.

Harvey, David. *The New Imperialism.* New York：Oxford University Press, 2005b.

Herder, J. G. (1800) *Outlines of the History of Man.* Trans. T. Churchill. London：Johnson.

Jameson, Fredric. *Postmodernism, or, the Cultural Logic of Late Capitalism.* Durham, NC：Duke University Press, 1991.

Jin, Huimin. "Towards Global Dialogism：Transcending 'Cultural Imperialism and Its Critics' . " *Active Audience：A New Materialistic Interpretation of a Key Concept of Cultural Studies.* Bielefeld：Transcript, 2012：119 – 140.

Jin, Huimin. "Constellation of Values：A Possible Path out of the Impasse of China – West Opposition. " *Telos*, No. 3, 2015.

Kagan, Robert. *The Return of History and the End of Dreams.* New York：Knopf, 2008.

Kellner, Douglas. *Globalization and the Postmodern Turn.* UCLA Graduate School of Education and Information Studies' ED 253A Course Web Page.

www. gseis. ucla. edu/courses/ed253a/dk/GLOBPM. html（2006）.

Lyotard, Jean – Francois. *The Postmodern Condition*: *A Report on Knowledge*. Trans. Brian Massumi. Minneapolis: University of Minnesota Press, 1985.

Marx, Karl. *Capital*, Vol. 1. Trans. Ben Fowkes. New York: Penguin, 1976.

Ross, Andrew. "The Mental Labour Problem." *Social Text* 63（2000）: 1 – 31.

Schwarz, Roberto. *Misplaced Ideas*: *Essays on Brazilian Culture*. New York: Verso, 1992.

Szeman, Imre. "The Rhetoric of Culture: Some Notes on Magazines, Canadian Culture and Globalization." *Journal of Canadian Studies* 35. 3（1998）: 212 – 230.

Žižek, Slavoj. *First as Tragedy*, *Then as Farce*. New York: Verso, 2009.

全球对话主义作为 21 世纪的"认识型"

[德]阿尔弗雷德·霍农[*]/著　赵冰/译

摘要：与全球对话主义的基本精神相一致，金惠敏的"全球对话主义"概念乃是与西方各种理论相协商或者说是中西对话的一个代表性成果。它是福柯"知识型"的一个构成部分，是包含了关怀人类、敬畏他者的斯皮瓦克的"星球性"，是哈贝马斯利他性交往行为模式的一个人道主义延伸，是后殖民主义二元对立思维的终结。随着全球交往的日益加强以及世界文学的日益形成，"全球对话主义"将成为 21 世纪文化政治的"认识型"。

关键词：全球对话主义，星球性，认识型，翻译，金惠敏，福柯，哈贝马斯，斯皮瓦克

传统上认为，在西方世界，现代性发轫于对美洲的发现或征服与欧洲文艺复兴，结束于 19 世纪末期，而马克思、尼采和弗洛伊德则标志着一个后现代时期的开始，他们记录并理论化了关于劳动世界、哲学世界和心理世界之整体概念的分崩离析。在其《词与物》一书中，法国批评家米歇尔·福柯将再现（有译"表征"）与人文科学的认识型（épistémè）归之于现代性，而将认识型的瓦解归之于后现代性（参见 Foucault，1966；Hoffmann，Hornung，Kunow）。后现代究竟是现代的延续抑或断裂？围绕

---

　　* 阿尔弗雷德·霍农（Alfred Hornung），德国美因茨大学英语与语言学系教授、系主任，有德国美国研究会会长等社会职务。

这一问题的争论旷日持久，但并未消歇，今天它仍然存在于后现代概念向非西方文化的转移之中。詹姆逊在其《后现代主义或晚期资本主义的文化逻辑》一书提出，后现代主义是一种多见于最发达资本主义国家（如美国）的文化产品。该书经常被作为一个阐释基础，用以贬损后现代美学和后现代文化成就，并将它们与资本主义的缺陷相结合。用不着奇怪，詹姆逊1985年访问中国以及他的反资本主义思想为中国后现代主义的兴起做好了准备（参见 Dirlik、Zhang）。

金惠敏积极思考并努力发展一种"超越了现代性和后现代性的全球化哲学"（Jin：119—120），即他所称的"全球对话主义"。福柯和詹姆逊可以被视为支撑这一哲学的批判声音。"全球对话主义"属于福柯"知识考古学"（Foucault，1969）的一个构成部分，它选择了作为个体和民族国家的不同参与者之间的对话性理解。在此意义上，金惠敏试图恢复主体和个体性的全部价值，这曾经是现代性的事业，不料它在该时期结束前日益衰微，在后现代时期则消失殆尽。金惠敏的论述触及了许多问题，我希望能够予以讨论。这些问题包括全球主义的概念及相关术语、民族国家的作用、文化帝国主义在全世界的增殖和后果，等等，它们在千年之交都变成了全球性热门话题。

在《跨民族美国研究》杂志发表的一篇文章中，笔者曾讨论过马克思主义后殖民批评家加亚特里·斯皮瓦克之以"星球性"（planetarity）一语取代"全球主义"概念，现摘引如下。

　　在追寻政治和文化归属新模式的过程中，作家和批评家已经横跨了多个立场、多门学科。20世纪90年代的主导政治议程提倡借助全球化的推动力来解决世界问题，之前以主要殖民语言为民族参照点而进行写作和讨论的后现代与后殖民文学随之表现出新的维度。在资本主义的北半球与积弱不振的南半球这一为人熟知的划分中，克林顿总统在达沃斯世界经济论坛（2000年1月29日）上呼吁更加的全球化，这说的是其执政期间经济繁荣的一大特点。社会科学家随即发展出一系列与全球政治议程相一致的理论和概念，从德国社会学家乌尔里希·贝克在《全球宣言》中以宣读纲领性文件的方式提出的积极拥抱全球化，到那延续了康德给予所有陌生人以友好（永久和平）

之思想的世界主义的新概念，不一而足。（Hornung，2011：37）

这种对全球化世界的大肆宣传，加上克林顿总统的地位，促使人们轻易将全球化等同于美国化。跨国公司全球大玩家咄咄逼人的态度与超国界的美国政治相联姻，一定程度上构成了千禧年之交和 9·11 之前（9·11 打破了这种思维）的政治议程。为了对抗布什政府的单向战略，知识分子和批评家如乔姆斯基发展了能够调和政治文化冲突的理论，这为跨国界的多边交流形式留出了空间。就此而言，斯皮瓦克为了其"星球性"概念而提倡对学科界限以及政治领域界限的消除实则受到了她关切地球上不幸之人的新人道主义态度的驱使。在斯皮瓦克看来，作为"欧陆、全球、世间"等术语的替换物，"星球"与它们完全不同，它含有对人的关切——"全球就在我们的电脑上，"她写道，"而星球则意味着他异性，属于另外一个系统"（72）。"做人就是要有意向于他者"，这是一种伦理的立场，也被斯皮瓦克在"母亲、国家、神、自然等超验构型"中发现，它们之于她就是"他性，星球主体，而绝非全球能动者的名称"（73）。

我对金惠敏文章的解读是，他的"全球对话主义"与斯皮瓦克对全球化的重新定义异曲同工、不谋而合：全球化即星球化，即对于他者的关怀。"全球对话主义"实际上代表了哈贝马斯的利他性交往行为理论在全球范围内从实用主义层面到人道主义层面的延续和发展。民族及民族忠诚在对人的星球化理解中扮演怎样的角色是一个需要展开讨论的问题。于是乎，"跨国"这一范畴进入了学界以及政界的讨论范围。史蒂芬·沃特维克将日益增长的多重迁移视为新文化身份的基础，即是说，一个人的出生国或居住国不再是形成其文化身份的依据。这也意味着，文化研究的许多后殖民观点，尤其是盎格鲁—加勒比批评家如斯图亚特·霍尔等在英国所提出的那样的观点，已无法解决 21 世纪的现实问题和文化问题了。在澳大利亚、加拿大和美国等传统移民国家，来自南半球的移民寻求新的隶属模式，正如厄休拉·海塞在其《处所意识与星球意识》中所总结的："在寻求以国家为基础的身份概念的反向模型中，许多理论家不仅将为混杂性、克里奥尔化、混血儿、迁移、边缘地带、流散、游牧、流放和解域化所型构的身份描述为政治上进步，而且将其展现为抵抗国家霸权的潜在根据。"（Heise：5）同样，从事美国研究的学者提出了跨国性美国研究的想法，以涵括外部不同声音对民族主义议程的质疑（参见 Fishkin; Fluck et al.; Hornung, 2005）。对于金惠敏而言，国家似乎仍旧扮演着决定性的角色。在欧盟国家内部，在北美，我们都可以看到国界的可渗透性；在近东、中东或非洲，国家星丛则干脆消解了。然而，在一些决意维护国家稳定的国家——国家稳定是其作为全球经济强国的一部分——国界的可渗透性并非被视为追求的目标。不过，学者们仍然是推进了跨国联系，如亚洲、澳大利亚和美国之间的太平洋三角。在最近一期的《澳亚美国研究》杂志中，美国、澳大利亚、中国和欧洲批评家展望了三大洲的文化、政治合作前景，这是从跨大西洋世界到跨太平洋世界（参见 Pease et al.）的重心转移的一部分。早在美国建国之初，约翰·亚当斯和托马斯·杰弗逊总统就曾热情拥抱过孔子思想，自此，两国便书写了其可持续发展的交往史。在同样的意义上，我也提议过，中美在此历史的基础上，作为决定21 世纪发展进程的全球性力量应当加强合作。我的复合词"ChinAmerica"超越了尼尔·佛格森和莫里茨·舒拉里克的纯经济术语"Chimerica"（Hornung, 2012）。

这些跨国家的或后国家的立场也提出了政府形式的问题。未来的政府形式将可能超越民主或非民主管理的传统形式。金惠敏所提到的世界模式可与哈贝马斯从"世界民主"角度所呈现的"世界公民的全球共同体"（Habermas, 2001: 109）相结合，这一新的民主理念不再仅仅盯着"国家利益"，而是转移为"全球管理"（111）。或许如此的新进路也能够修正顽固的文化帝国主义及其影响——文化帝国主义起初具有欧洲主义倾向，且一般与美国的文化产业有关。爱德华·萨义德对所谓的西方文化优越感及其全球影响的分析表明，作为军事力量之外的另一种选择，软实力在通过文化统治实现政治统治方面发挥着不可小觑的作用（Said）。全球以英语进行的交往似乎让英语产品在美国本土之外备受青睐，如印度宝莱坞和尼日利亚诺莱坞的电影产业。中国政府积极主动地在全球范围内设立孔子学院，对于传播中国文化价值亦不啻一项值得称道的举措。

语言在全球或星球对话主义中能够充任怎样的角色？德国作家歌德最先提出的"世界文学"概念及其实践应该说已经回答了这一问题。在其与爱克尔曼的一次对话中，歌德认为："诗歌是人类的共同财产……民族文学现在是个无足轻重的术语；世界文学的时代即将来临，我们每个人都必须努力加快它的到来。"（转引自 Zhang：171）中国比较文学学者张隆溪强调，歌德是在读了某部中国小说之后才发表了上述观点的。他这么说无疑是正确的。美国比较文学学者约翰·皮泽意识到，歌德的"世界文学"概念产生于他对亚洲诗歌创作的反思，以及他如下的认识：当欧洲人尚在丛林里逡巡时，中国的文学文化却早已是繁花似锦了（参见 Zhang：171；Pizer：26）。对于这种世界视野的形成，翻译的作用居功至伟：依赖于翻译，我们能够接通和理解与其他人民及其文化（参见 Damrosch；Wang）。这种语言和文化的翻译将为金惠敏的"全球对话主义"概念提供一张巨大的存在之网，并使得新的与主体相关的人类交往成为可能。"全球对话主义"代表了福柯思想的延续，并将建立起 21 世纪的认识型（épistémè）。

参考文献

Beck, Ulrich. "Introduction: The Cosmopolitan Manifesto." In *World Risk Society*. Malden, M. A. : Polity Press, 1999: 1 – 18.

Clinton, William J. *Keynote Address* (World Economic Forum, Davos, Switzerland, January 29, 2000), Available Online at http: //www. mailarchive. com/ ctrl@ listserv. aol. com/ msg36368. html.

Damrosch, David. *What Is World Literature?* . Princeton, N. J. : Princeton UP, 2003.

Dirlik, Arif, and Zhang Xudong. "Introduction: Postmodernism and China." Special issue of *Boundary* 2 on "Postmodernism and China". 24. 3 (1997): 1 – 18.

Ferguson, Niall, and Moritz Schularick. "Chimerical? Think Again." *The Wall Street Journal* 5 Feb. 2007: A. 17.

Fishkin, Shelley Fisher. "Crossroads of Cultures: The Transnational Turn in American Studies – Presidential Address to the American Studies Association, November 12, 2004." *American Quarterly* 57. 1 (2005): 17 – 57.

Fluck, Winfried, Donald E. Pease, and John Carlos Rowe, eds. *Re – Framing the Transnational Turn in American Studies*. Hanover, NH: Dartmouth College Press, 2011.

Foucault, Michel. *Les mots et les choses*. Paris: Editions Gallimard, 1966.

Foucault, Michel. *L'archéologie du savoir*. Paris: Editions Gallimard, 1969.

Habermas, Jürgen. *Theory of Communicative Action*. 1981. Boston: Beacon Press, 1984.

Habermas, Jürgen. *The Postnational Constellation: Political Essays*. Trans. Max Pensky, 1998. Cambridge: Polity Press, 2001.

Heise, Ursula. *Sense of Place and Sense of Planet: The Environmental Imagination of the Global*. Oxford: Oxford UP, 2008.

Hoffmann, Gerhard, Alfred Hornung and Rüdiger Kunow. " 'Modern', 'Postmodern' and 'Contemporary' as Criteria for the Analysis of 20th Century Literature. " *Amerikastudien / American Studies* 22 (1977): 19 – 46; rpt. *POSTMODERNISM in American Literature: A Critical Anthology*. Ed. M. Pütz, P. Freese. Darmstadt: Thesen Verlag, 1984: 12 – 37.

Hornung, Alfred. "Transnational American Studies: Response to the Presidential Address. " *American Quarterly* 57. 1 (2005): 67 – 73.

Hornung, Alfred. "Planetary Citizenship. " *Journal of Transnational American Studies* 3. 1 (2011): 39 – 46.

Hornung, Alfred. "ChinAmerica: Intercultural Relations for a Transnational World. " *Transnational American Studies*. Ed. Udo J. Hebel. Heidelberg: Universitätsverlag Winter, 2012: 13 – 30.

Jameson, Fredric. *Postmodernism, or, The Logic of Late Capitalism*. Durham: Duke UP, 1991.

Jin, Huimin. "Towards Global Dialogism: Transcending 'Cultural Imperialism and Its Critics'. " In *Active Audience: A New Materialistic Interpretation of a Key Concept of Cultural Studies*. Bielefeld: Transcript, 2012: 119 – 140.

Kant, Immanuel. *Toward Perpetual Peace and Other Writings on Politics, Peace, and History*. Ed. and intro. Pauline Kleingeld, trans. David L. Colclasure. New Haven, CT: Yale UP, 2006.

Pease, Donald, Alfred Hornung, and Heather Neilson. "Pacific Triangles and Australasian American Studies. " Special issue on "Pacific Triangles: Australasia, China and the Reorientation of American Studies. " Ed. Paul Giles,

Jane Park. *Australasian Journal of American Studies* 33. 2（Dec. 2014）: 162 – 175.

Pizer, John. *The Idea of World Literature*. Baton Rouge: Louisiana State UP, 2006.

Said, Edward. *Culture and Imperialism*. New York: Vintage Books, 1994.

Spivak, Gayatri Chakravorty. *Death of a Discipline*. New York: Columbia UP, 2003.

Vertovec, Steven. *Transnationalism*. London: Routledge, 2009.

Wang, Ning. *Globalization and Cultural Translation*. Singapore: Marshall Cavendish Academic, 2004.

Zhang, Longxi. *From Comparison to World Literature*. Albany: State UP, 2015.

对全球对话主义和价值星丛的
对话性回应

[美] J. 希利斯·米勒/著　　高丽萍/译

摘要： 金惠敏的思考方式是概念性的而非经验主义的，他以对重要术语进行严谨的定义和再定义的方式对他所讲述的东西进行逻辑论证。在《走向全球对话主义：超越"文化帝国主义"及其批判者》一文中，金惠敏通过"全球主义"和"全球对话主义"的哲学概念将现代性与后现代性辩证地结合在一起。《价值星丛：超越中西二元对立思维的一种理论出路》一文与第一篇文章不同，拒绝了辩证结合的观念，用一种"两者都"的设想取而代之。有别于中国国内存在的民族主义，金惠敏承认西方价值在当代中国价值重建中的合理性，支持用一种包含多种变化的"两者都"的模式取代"非此即彼"的模式，力图规避中西对立模式，这为西方学者如何面对全球化这一现象提供了重要借鉴。

关键词： 全球对话主义，价值星丛，全球化，"两者都"

我的中国老朋友金惠敏邀请我对他"全球对话主义"研究计划中的两篇文章发表一下意见。我深感荣幸，欣然接受。金惠敏是中国当今学界的重要学者，他是中国社会科学院的资深教授，兼陕西师范大学曲江学者"文化理论和美学"方向特聘教授，出版有大量英文和中文著作。鉴于金教授在中国的卓越地位和巨大影响，对话性地回应他的理论将是一件令人愉快的事情。我同意他在这两篇文章中所作的有力陈述，虽然在强调重点和构想方面我可能与他稍有不同。

因此，我的观察本质上是一种分析性概述、评论和脚注，而不是表达不同意见。无论从哪个方面讲，金惠敏的文章都是微妙、复杂、原创和精练的，所以想对其进行有成果的评论并非易事。我下面评论中的大多数主题在金惠敏的文章中都曾以这种或那种方式提到过，所以很大程度上我只是对某些东西再强调或者以不同的方式强调。

金惠敏这两篇文章的总体目标是以令人信服和令人钦佩的学识挑战中西方主流话语都在强调的中国价值和西方价值之间的完全对立。他想以源自全球对话的跨国概念或者"价值星丛"的"世界主义"发展取代这种对立。这些星丛，他颇有说服力地断言，在各个国家或民族文化中以不同的混合方式发挥着作用。简而言之，他支持用一种包含多种变化的"两者都"的模式取代"非此即彼"的模式。

我使用了"概念"这个词。金惠敏的思考方式是概念性的而不是经验主义的。我的意思是金以对重要术语进行严谨的定义和再定义的方式对他所讲述的东西进行逻辑论证。换句话说，他的话语，恰当地讲，是哲学的。金没有以老电视连续剧《达拉斯》在全球范围内的成功这一历史事实为出发点，只是在论证美国的文化帝国主义时引证了它。

在《走向全球对话主义：超越"文化帝国主义"及其批判者》一文中，核心概念术语是"文化帝国主义""现代性""后现代性""对话主义"和"全球主义"等。在金惠敏的用法中，最后那个术语在成功的辩证扬弃中将现代性和后现代性综合起来。金惠敏用"现代性"和"后现代性"所表达的意思很好地体现了他的哲学性话语特征。对我而言，"现代性"是一个阶段性术语，除了其他内涵外，命名20世纪初期西方作家的一种叙事或者诗歌风格：如约瑟夫·康拉德、弗吉尼亚·伍尔芙、华莱士·史蒂文斯以及其他一些作家。"后现代性"在20世纪后期出现，除了其他内涵外，指如托马斯·品钦、E.L.多克托罗和大卫·福斯特·华莱士等作家的叙事或者诗歌风格。对金惠敏而言，现代性和后现代性则是哲学术语，"现代性"指西方世界中始自笛卡尔持续到20世纪的独立和隔离的自我假想；"后现代性"则被认为是来自胡塞尔现象学的固有的"主体间性"。

关于文化帝国主义的文章好像早于关于价值星丛的那篇文章，当然我的这种假设也许是错误的。无论如何，金惠敏在《走向全球对话主义》中主张，你不能令人信服地否定美国文化霸权［西方文化产品和它们的意识形态（这里意识形态是按西方的方式理解的）在全球传播］的存在，虽然许多西方学者在这么做。你不能通过观察文化帝国主义并没有将自己强加于被动的非西方文化之上，也不能因为这些文化经常批判性地对西方诸如《达拉斯》这样的文化产品做出反应来否定西方文化帝国主义的存在（美国视频游戏《战争世界》中文版在中国的巨大成功可能是一个更新更好的例证，值得研究。为什么在中国它能够立刻取得成功?）。西方文化产品在各个民族文化中被同化和改变可能是事实，但是金认为，这些西方文化产品的制造者们拥有带有意图的主体性，那些主体性是"现代性"的明证，而那种充满活力的相互作用是后现代主体间性的例子。然后，金惠敏希望建立一种恰当的"全球主义"和"全球对话主义"的哲学概念，将现代性和后现代性辩证地结合在一起。

我曾区分过"意识形态"这个词在中国和西方的不同内涵。这是一个证明西方与东方难以相互理解的很好例子。在西方，"意识形态"通常意味着一种错误阐释，如保罗·德曼所言，是意指方式与现象论的混淆，比如假使大量的媒体虚假地报道说"断言气候变化是真的而且是由人类燃烧化石燃料造成的是一个骗局"，那么人们会逐渐相信这种虚假论断。在中国，"意识形态"经常意味着，就我现在的理解而言，是政府所宣布的温和的价值和思想，比如"国家意识形态"。这两个相当不同的意思都来源于马克思主义，这使得误解更加复杂，就像我在1988年第一次访问中国时所发现的那样。我以美国的方式否定性地使用"意识形态"这个词，我的中国听众看起来很困惑，我也因为从他们的反应中看到自己无意的失礼而感到困惑，我的听众试图礼貌地纠正我对这个术语的"误解"。

下面是我就金惠敏关于文化帝国主义的卓越文章的几点看法（顺序不分先后）。

（1）金惠敏所举的例子在2015年看来似乎有点儿过时，尽管这些例子来自很多早期对西方文化帝国主义运行方式的最好的学术调查，起码那些学者是这样认为的。电视连续剧《达拉斯》对今天的我们来说属于相当遥远的过去，电视总的来说也是相当遥远的事物了。电视，起码在美国，大多数情况下只有老年人在看。我现在已经成年的孩子和孙子们以及他们的家人们，事实上从来不看电视。他们看在线影片或者给朋友发短信，或者用他们的手机上网。当今西方文化霸权最强大的工具是新媒介，比如视频游戏（顺便说一下，这些东西充满令人震惊的暴力，就像如"美国全国广播公司晚间新闻"那样的美国网络电视新闻）、电子邮件、在脸书或者推特等社交媒介上"发简讯"、使用 Youtube 等视频媒体以及使用手机和笔记本电脑等如今在世界各地无处不在的数码产品。

美国全国广播公司的晚间电视新闻中充斥着世界各地的暴力事件。这些短片被设计来使观众处于持续的恐惧和焦虑状态。半小时的晚间新闻中有大约三分之一的时间在播放广告，很多是关于处方药的，也有一些是诸如美国石油学会这样的机构在做宣传。后者的广告带着露骨的虚假性，它们告诉观众使用液压破碎法从页岩中开采石油和天然气完全安全。药品广告则展现快乐的人们吃这种或那种药物来治疗高血压、糖尿病、消化系统问题、阿尔茨海默病、关节和肌肉疼痛等病症，同时一个画外音按法律规定吟诵着这些药物真正可怕的、经常是致命性的副作用，这些副作用会让所有明智的人像逃离瘟疫一样远离这些药品。这些药品很多是治疗老年性疾病的。同样的形象会一次又一次地重复出现，令人头皮发麻。

当然美国公共广播和电视要比网络电视好很多，后者非常糟糕。我希望中国的电视没有模仿它。如果中国电视模仿它的话，那会是非常恶劣的文化帝国主义的例子。有点荒谬的是美国公共电视最好的节目是英国制作的"情景喜剧"和神秘剧。

但是，美国媒介中也存在一些可贵的方面，尤其是在网络上可以获得很多东西。维基百科是一个非常好的资源，能够提供太阳下任何事物大体精确的信息。在这里可以得到巨量的多种语言的文学作品，通常是免费的，以电子文本的形式呈现在网络上。这对于像我这样居住在远离综合研究图书馆的地方却从事文学研究的人来说是绝妙的资源。电子文本的另一巨大优势是"可检索"。

（2）我认为金惠敏总的来说可能已经将技术，特别是西方数字设备作为文化帝国主义和当今的全球化的代理。作为一个能记得数字革命以前的时代的人，我能证明数字革命几乎改变了一切。

这包括国际金融。最近全球经济衰退和目前美国灾难性的收入悬殊，在银行业和投资电脑化之前是不可能的。电脑化使得在一微秒内进行股票交易和旁氏骗局成为可能，这像将信用违约互换与抵押贷款关联一样，使很多美国人在房地产泡沫破裂时失去了家园。

　　数字化同时极大地改变了战争，使它令人恐惧地非人化。位于美国某地的远程军事基地的某人按动一个按钮，就能指挥一架无人机去杀死位于中东某地的所谓"恐怖分子们"。

　　数字化也使西方政府对它们市民的全方位监控成为可能。政府的装置能够拦截、储存和读取每个人的电子邮件和电话。另外，数字化使"赛博战争"（cyber – war）成为现实，一些政府能够入侵其他国家的电脑系统，窃取它们的官方机密和这些国家的制造公司的商业机密。

　　政治也因为数字化而发生了改变，起码在西方是这样。政客们被通过电子转账的大笔捐款收买。政治谎言通过诸如电子邮件和"电话录音"自动发送的电话政治信息等电子方式广为传播。很多人相信这些谎言，并根据那些宣传内容进行投票。

　　（3）金惠敏可能也认识到西方技术以多种方式依靠化石燃料。汽车产业和热电厂就是两个这方面的例子。使用化石燃料是一种文化帝国主义，它会在全球范围内带来不可逆转的气候变化，同时会导致物种灭绝，甚至包括"智人"（homo sapiens）的灭绝。

　　（4）我不认为《达拉斯》《战争世界》以及我曾提到的其他装置和媒介的制作者，是以文化帝国主义为目标的。譬如说，他们没有打算将中国人都转变成行尸走肉般的美国克隆品。我猜《达拉斯》的制作者只是想制作一个能成功赚钱的电视连续剧，他们可能根本没有意识到他们在观看《达拉斯》的国家中不知不觉地促进了商业生活和家庭生活中存在美国意识形态价值。直率地说，他们想富有和出名，特别是富有。金惠敏已经说过金钱在西方文化意识形态中具有最高的价值。

　　今天全球文化的这些特征相互交织在一起。它们是已经改变了这个世界的同一个技术进步系统的一部分。据我看来，这些特征中最起决定性作用的是：（1）我所称的普遍的电子化；（2）人类为诸如汽车、电脑和空调等技术装置提供能源所造成的气候变化。

　　我将以对金惠敏的第二篇文章《价值星丛：超越中西二元对立思维的一种理论出路》的评论结束本文。一进入这篇文章，我就为之折服。文章中的核心概念是"民族主义""世界主义""全球化""中西对立""利益"和"价值星丛"等。这篇文章与第一篇文章不同，拒绝了辩证结合的观念，用一种"两者都"的不同设想取而代之。这一设想来自西奥多·阿多诺和瓦尔特·本雅明所提供的图像，这些图像中星星会排列成一定的图案。从词源学上看，"星丛"的意思是很多星星聚集在一起。

提出"价值星丛"这一概念的背景是当前中国存在的民族主义运动，"坚持中国文化的独特性、不可还原性和之后的不可征服性，由此抵制甚至打破西方文化的霸权主义"。就这种仇外的民族主义，金惠敏举了两个例子："近期较为吸引眼球的论争有两场：一是关于北京大学开办燕京学堂，二是关于传播西方价值观的教材是否可以在中国学校使用的争论。前一论争主要涉及中国学术能否用外语讲授，激进的批评者坚持中国学问只能用中文讲授，这种说法在学术层面上还真不好说错。后一论争的焦点是社会主义核心价值与西方价值观究竟是一种怎样的关系。"传播西方价值观的教材应不应该在中国使用？金惠敏说在这种论争中，他不选边站队。他说，他"抱着同情、理解的态度"，"提出一种超越其对立以至于对抗的新的理论可能"。

金惠敏知道民族主义在一些国家有着很强的吸引力，因为它许诺实现"最现实的利益"，相比而言，"世界主义"似乎太过遥远和抽象，比如世界主义要求我们减少碳排放以将地球从灾难性的气候变化中拯救出来。我想补充的是很多国家的市民，包括美国的和中国的，害怕全球化的后果，比如全球金融关联使中国股票市场大跌导致美国股票价值的大幅贬值。更惊人的是，全球气候变化的影响在全球范围内的海平面上升、冰川融化和野火等现象中已经显现，正如目前正在美国西海岸蔓延的空前干旱、史无前例的风暴、洪水和飓风等。这些骇人的事件的一个影响是，使很多国家"退缩"到自己的国度，尽可能地与各种形式的全球化隔离开来。在当今的美国，民族主义体现为白种美国人对墨西哥"非法移民"的仇视，称他们"不是美国人"。正如我特别指出的，金惠敏提供了目前中国存在的孤立主义的例子。

对于这种现象，金教授通过对"价值"进行微妙定义来作出回应。金说，"价值"并不抽象，"价值是一种符号，其所指是现实"。如果社会现实改变，那么价值就会改变。顺便说一下，这让我想起马克思主义原则，"价值"是马克思所称的"上层建筑"的一个例子，意识形态的上层建筑由生产、购买、出售和消费的模式决定。简而言之，由"社会现实"决定。金说，中国正在发生从传统文化向全球现代化的快速转变。金雄辩地陈述了这一现象的结果："我们之所以容易将西方价值当作普遍价值，主要原因不过是发源于西方的现代技术与资本主义对当代社会的形塑。一个不争的事实是，中西方的差异远小于传统与现代的差异，因而与其说中国社会被西方化了，不如说它被现代化了。西方价值作为重建当代中国价值的主要资源具有现实的合理性。"

因而，金合理而且富有说服力地提出，每个国家都应有自己的不同于其他国家的"价值星丛"。就中国而言，它的星丛应包括一些西方价值，这些价值与其现代化进程共同存在。在你拥有汽车、股票、手机、电脑和所有现代化的外在标志的时候，还假装生活在孔子时代是没有任何意义的。

金惠敏特别要求我就斯皮瓦克所提出的传统欧洲中心的比较文学已经死亡和应该用"星球性"（planetary）取代"全球化"的观点发表些看法。斯皮瓦克认为"全球化"这个术语很大程度上暗示了西方文化帝国主义将星球转变为它们自己的形象，而"星球性"则是一个更加中立的术语。我明白斯皮瓦克的意思，但是我怀疑我们是否能够逃避"全球化"这个术语，尽管它有隐含意义。表示"整个地球（earth）"的每个词（全球、世界、星球和地球）（globe，world，planet，earth）都有不同的内涵。雅克·德里达曾经非常有力地论证过，英语词汇中的"world"、法语中的"monde"和拉丁语中的"mundus"都不能摆脱与基督教的联系，它们都在《圣经》中出现过或者被圣奥古斯丁使用过。当今，"地球"（earth）这个词具有了生态含义，如《全地球目录》所示。"星球"（planet）则指宽广的天文学视角内我们生活于其上的小小的多石多水的球体。地球只是宇宙中不计其数的行星中的一颗。

金惠敏的结论是这样的："从价值星丛的视角看，回到本文开头的问题，中国学术是可以用外语讲授的；外语讲授不是要替代中国学术，而是将中国学术带入与其他学术的关联之中，使中国学术成为世界学术的一个有机部分。其实中国人应该是尝到这种穿越性链接的甜头的：汉语翻译文学（广义）没有用汉语文学取代西方文学，而是将西方文学置于与中国文学的连接之中，从而催生了作为世界文学的中国现代文学。"

我发现金教授的价值星丛理念是一种富有说服力的方式，用灵活的"两者都"的思想代替僵硬的对立可以避免徒劳无益的中西对立模式。

　　金惠敏的两篇卓越文章是值得赞赏的范例，告诉我们这些西方人在多大程度上应该向中国当今杰出的思想家学习。这些学者建设性地和富有成效地面对这个星球的全球化。我们不可能从这种"地球化"（earthification）中退出。我们共处其中，祸福与共。

为对话而准备的笔记

［美］汤姆·科恩*/著　　高丽萍/译

摘要： 金惠敏解构了二元结构思维模式，坚持一种超验的"综合"，提出星丛主义和全球对话主义这样的概念，反对任何形式的复古民族主义和中立化文化研究模式遗产，形成一种新的思想前景。这为中国思想家争取到前所未有的世界地位，使中国在国际上积极地发出声音，最有效地代表了中国利益。与中国国内民族主义保守势力封闭自我和清除西方价值的影响的做法不同，金惠敏提出的星丛主义和全球对话主义，为国际交流打开了一扇门或者建立了一个平台。

关键词： 星丛，全球对话主义，综合，民族主义

亲爱的惠敏：

我刚刚想起你曾经让我就你的文章写点评论。我已经读过这些文章，很是钦佩也充满了兴趣。我已经开始撰写类似评论的文章，但是实在没有时间使它真正成文。我正在赶写一本书稿，书只完成了一半（与希利斯·米勒和克莱尔·科尔布鲁克合作的另一卷），同时我又在纽约和奥尔巴尼开始讲授三门课程，还要处理一些教学工作中的杂务。所以首要的问题是：如果这次日期不能延长的话，请记得让我为你下一个项目或者你下一次的作品和相关论题的出版写点儿适合的东西。

接下来只是目前的几点看法——权当为未来对话所准备的笔记吧！

---

* 汤姆·科恩（Tom Cohen）是当代美国著名文化批评家，纽约州立大学教授，研究领域包括文化政治、批评理论、文学理论、电影研究、电子媒介研究、美国研究及气候变化研究等。

　　我认为你的论文很重要。我发现其中存在很多微观对话（对中国而言是内在的），同时也发现了一个问题，那就是你怎么包裹你那目标明确的结尾，在我看来，这个结尾更像一个占位符。首先，我认为你有三点做得非常好：（1）你为中国思想家在国际话语圆桌上争取到了不可磨灭的地位，这种地位是西方由于分歧、两极化和与之如影随形的正统观念长久以来所忽视的。（2）你对二元思维模式的解构娴熟而敏锐（虽然一个人不总是处于二元对立，比如现代/后现代），这种对东/西双方分立，对任何形式的怀旧民族主义和中立化文化研究模式遗产的攻击，使一种新的思想前景得以形成。这是给予中国的重要礼物，因为当今没有什么能比在国际游戏场上呈现积极的声音而不是退居幕后更能代表中国利益了。（3）你打开了一扇门或者建立了一个平台——在不同地方你称之为全球对话主义或者星丛主义——我认为你在创立一个出发点，而不是对你提出的问题或者你想超越的问题作出目的论解决。

　　这真的很好。但是我觉得你的计划在这里一分为二，而且对于像我这样一个如今倾向于不将后现代视为一个论题的西方人而言，它在进行自我对话——对中国思想家来说更像是一个寓言，是对"全球化"这一最近很受关注的术语的修辞性挪用，在这一点上西方人有不同的体验（在你的观点中能看出杰姆逊在中国的影响）。所以接下来这些可能是我们以后对话时进行讨论的东西——这些对话由我这边发起，但不会影响上面提及的成就。我猜你是几年前写的这些文章，那时候事态的发展还没有对世界主义论题形成立即的反驳，但是中国别无选择。你认为相对于那些耗尽所有单一文化并催生我们今天所看到的反应的超现代性，中国受到文化帝国主义的威胁更少，如果文化帝国主义仍然存在的话（但是那么，什么会将马克思作为指导者呢？）。超现代主义所催生的当今现状是反全球化转向、部落主义、壁垒、战争、西方/东方断然分立等，这些全都构成资源采集战争的背景。

　　接下来是从我有限的视角得到的一些印象：你拆解了两元对立，总是坚持一种超验的"综合"，比如星丛这种准乌托邦的视野，但是这种"综合"来自通过党派教育将马克思转变为管理国家的方法的那种做法——西方似乎在拒绝这种前景。比如，巴赫金，他的"对话主义"取代了辩证法但是没有形成综合。在某种程度上，这对你来说是一种修辞工具，但引人注目、一以贯之，向我标明了终点在何处。巴赫金的对话没有指示对立的两个方面，也没有提及人们会在理解中走到一起——这是英语译者对他的思想的解释学性的简单化（你引用了这个人的译本）——而是颠覆了一个词或一种话语的内在的双声性，这就像一个中国思想家提出两种西方传统式，为了使中国的内部争论能够继续进行一系列更有决定性的改变，而修改它们。引用德曼表明你对另一巴赫金有所了解，在这种巴赫金中"对话主义"只是一种修辞性操纵手段，而在别人的语言中则被重新编排，认为一个人要么是殖民的或者挪用的，要么是其反面。当你强调星丛的批判性主题时，你避开了斯皮瓦克的"星球性"和本杰明——但是星丛这个术语在西方更多来自本杰明的用法而不是来自阿多诺，而且本杰明的用法更加难以捉摸和更有破坏性。不过你的基本理解似乎是对的：它确乎是一种隐喻，可以表示关系性的移动着的中心、支配性的力场、失去和重新铭刻，等等——但是一个星丛究竟还是一种投射，一种隐喻，一种对任意的光点的拟人化，是相互之间没有任何空间和距离关系的星星（如大熊星座、猎户座的带纹三明星，等等）。

所以为了降服这只难以驾驭的怪兽，你发现我们必须抓住"全球化"，让它包括所有，吞并所有一般认为超越了它的东西——你说，比如，斯皮瓦克提出的"星球性"就是这样的。在你对现代性模式的倚重中，你有点在做同样的事——后现代主义是一个二元性替换，但是它被永恒现代主义更强的基础吸收了。这背叛了能使你提出的中国寓言更有效运行的那种倾向，因为它作为一种胁迫性整体化再次回归。如果这用于为主体性和主体间性意义服务，它让我感觉立刻滑入一个小陷阱，起码从理论视角而言是这样。这样"全球化"模式或者超全球化模式结果变成关于人们、众多语言和"多种文化"（我发现这个词无法使用）之间的交流。这里我想说，那个令你沉迷的模式，你提出以抵制中国人对文化帝国主义的忧虑的模式，在这里绕回到保守的立场。

这个模式反对的一个事实是，全球化的出现在很大程度上加快了气候变化时代的到来并被这个时代替换——换句话说，这是一种更大的力量、物质性本身和非人主体等取代对文化身份迷恋的时刻。这实际上是斯皮瓦克在"星球性"中想小心翼翼地表达的东西。她的左翼自由主义和无性别歧视的朋友对此提出反对意见，因为他们在这里面没有看到政治，她曾经做过让步。不过，气候变化是无情的，它根本不在乎我们的想象控制。

事实上，当今，我们看到的全球对话主义正在走向它的反面。这正是你的项目这么重要的原因之一。

我的最后一点想法。如果"星丛"仍然被认为是一种实践，如果"全球化"的霸权本身变成帝国主义的和没有外部的，如果这种模式退化为仅仅是人类对人类的实践——那么，我们能在巴赫金的巨著中而不是本杰明那里找到一种对这种现象的反力矩，记得后者坚持语言是"非人"的。这可能存在于沃洛希诺夫的"马克思主义和语言哲学"中（据称这是巴赫金的笔名），在那里我们能发现对话性话语的结构不是对话性的，因为对话不是在两者之间，而是至少在三者之间进行，这三者中有一个必须不是人类，而是被隐在地赋予人性的、人格化的、一个被赋予声音和光环的无生命的东西——上帝、鬼魂、岩石、天空……这或许将导向别的问题……我不多谈。

所以，我再一次表示抱歉。我不希望我还没有给你写任何评论，日期就已经过了——但是实在没有足够的时间把它写成可以出版的样子。还有一个原因是仔细读你的文章发现的是一个对攻的迷宫。今天你打开的大门标出了中国可以进入游戏场地的空间，这一工作取得进展而且马上到来真的很好。最近，如果完全没有你们，一切都变得沉闷乏味。在中国人的净友，像我这样的外国人中流行有一种城市神话，这可能表达了一种对中国封闭自我并清除"西方价值观"（具体地讲是教材或写作）等做法的修辞关注。在这种城市神话中有一个宣传专家出现，他带领一帮北京智囊团，以国际会议为幌子邀请中国人的净友参加，向他们说教，概括性地告诉他们所有的西方批评思想都是错误的，只有他在传播解释学真理并作出决议——有点像前批评的作者意图，作者的权威被阐释是为了导向整个国家的真理综合体。这是一种有趣的姿态，但是与"批评理论"时代之前的圣经或基督教解经原则十分相像。鉴于中国已经规划出伟大命运的宏图，这种穿插表演会来了又去，而你所指向的地带却是永远不可或缺的。

请谅解我这即兴的文字。

汤姆

作为问题和方法的"全球对话主义"

——论金惠敏的"全球对话主义"理论

丛新强

摘要： 在全球化和哲学之间做双向的观察与研究，金惠敏提出"全球对话主义"理论。它是对"现代性"和"后现代性"的综合与超越，处理的核心是"自我"与"他者"的关系，强调的根基是"主体"存在本质的"主体间性"。既包括与"传统"的对话，更关注与"他者"的对话，还是一种"无前提"的对话。"全球对话主义"是"全球化"在哲学上的逻辑展开，"全球化"的本质理应是"全球对话主义"，"全球化就是对话"。这一理论对于亨廷顿的"文明的冲突"做了有效回应，也有别于巴赫金侧重"话语"维度的"对话理论"，不仅充满问题意识，同时具有方法论意义。

关键词： 金惠敏，"全球对话主义"，"自我"与"他者"，"主体间性"

自 20 世纪 90 年代以来，"全球化"已经成为国际学界最显著的话题，有关全球化的研究和言论在汉语学界同样炙热。根据旅美学者刘康的观点，全球化是指冷战结束后跨国资本建立的所谓"世界新秩序"或"世界系统"，同时也指通信技术以及"信息高速公路"所带来的文化全球化传播。[①] 更进一步，可以从政治、经济、社会和文化四个层面把握其内涵。从政治上说，"全球化"是指后冷战时代政治格局的重组和世界系统的建立。经济的全球化是指现代化生产方式的重大变化，即 20 世纪 60

---

① 参见刘康《文化·传媒·全球化》，南京大学出版社 2006 年版，第 3 页。

年代以来原有的大规模工业生产和高度集中转变为分散的、零散和多国的生产与管理，也就是跨国公司的运作方式。全球化的社会意义，主要是指全球性的社会变迁和整合，尤其是带来的社会结构的解体和社会阶层的分化。在文化上，全球化也形成了特定的逻辑，就是文化生产和商品生产的关系日益密切，大众传媒成为重要渠道。全球化造成了文化的巨大悖论，一方面是文化日益一体化的趋向，"市场万能"的神话逐渐成为"普遍真理"；另一方面是文化的多极化、多元化以及分裂分离的趋向，主要表现为民族文化的新崛起。尽管刘康特别提醒不要忽略全球化的文化内涵和意识形态内涵，但在全球化的研究理路和具体操作层面上却仍然没有跳出"全球化"与"民族化"的逻辑框架和相互界定的格局。于是，"全球化"不仅难以推进，甚至会重回老路。适逢其时，金惠敏的研究另辟蹊径，首先找寻出问题的症结在于"全球化研究一直就缺乏哲学的介入"，进而试图在"全球化"与"哲学"之间打开一条研究理路，然后明确提出"全球对话主义"的理论建构。说到底，"全球对话主义"是"全球化"在哲学意义上的逻辑展开，或者直接说，"全球化"的本质理应就是"全球对话主义"。这一理论不仅充满问题意识，同时具有方法论意义，是对全球化的意识形态内涵的切实回应和有效建构。

一 "自我"和"他者"

"全球对话主义"理论的核心就是解决"自我"与"他者"的关系问题，而要解决这一问题，就必须首先厘清"现代性"和"后现代性"的关系。大致而言，现代性主要是以"自我"为中心，而后现代性如果说为了表述方便也有一个中心存在的话，那就是始终以"他者"为中心。

对于现代性和后现代性而言，是否坚持主体性立场是关键所在。现代性是相对于传统的主体性缺失而展开的，追问的是"主体是否存在"，属于主体内部的问题；后现代性是相对于现代性的主体性唯一而展开的，追问的是"主体如何存在"，属于主体外部的问题。在金惠敏看来，现代性与后现代性视角的一个原则区别是："现代性着眼于纵的坐标，其优点是在此易于显出资本主义的本性及其历史发展轨迹；而后现代性视角则是横的坐标，它被用于确定资本主义的影响及后果，即在其历史的发展中对他者的作用和与他者的相互作用。"① 更进一步，不管是否采用"后现代性"
一语，"凡是对现代性主体哲学的批判，都可以视为一种超越了现代性的
'后现代性'意识。……因而，后现代性就是一种穿越了现代性迷雾的新
的认识论和新的反思性"。② 针对现代性和后现代性的"相互诘难"，金惠
敏认为"全球化"是对二者的综合和超越。作为一种新的哲学，"既坚持
现代性的主体、理性、普遍、终极，同时也将这一切置于与他者、身体、
特殊、过程的质疑之中"。"全球化"恰恰是站在二者之间"无穷无尽的
矛盾、对抗之上，一个永不确定的表接（articulation）之上"。③

　　承前思考，金惠敏从历时性和共时性两个维度展开对于"全球化"
的定位：全球化如果从纵的坐标上寻找，它是对西方世界文化传统的现代
化，而从横的坐标看它则是对非西方世界的西方化。前者涉及的是"现
代性""自我"中的"旧我"和"新我"的关系，后者涉及的是"后现
代性"中的"自我"（前者的"现代性""自我"）和"他者"的关系。
在这里，"自我"与"他者"是平等关系，是制衡关系，甚至是"二合
一"的关系，唯独不是通常理解的对照关系。否则，必将是理论和现实
的灾难。"启蒙运动以来的现代性西方思想在后果上最严重的失误就是对
二者的混淆，确切地说，就是将传统与现代、新与旧之线性进步观平移到
并不在此时空序列的其他文化。依照这种观点，只有一种世界史，一种不
断进步的历史；只有一种文明，一种从低级走向高级的文明；只有一种知
识，一种真理战胜了谬误的知识。以这一现代性思想为基础，殖民主义者
或帝国主义建立起对于其他历史、文明和知识的优越感从而予以驯化和征
服或美其名曰'解放'和'启蒙'的特权，因为相对于他们自身的发达
状况，他者无非就是原始、史前、野蛮、愚昧和无意识的'活化石'。"④
这就令人警醒地指出了理论偏颇所带来的巨大的现实陷阱，根源恰在于
"不将他者作为他者"。"不将他者作为他者"的实质在于借助"自我"
否定"他者"，最终将无以"自我"。面对"全球化"已经被帝国主义霸
权所利用而习焉不察的事实，金惠敏还是主张将其哲学化而不能等同于任

① 金惠敏：《全球对话主义：21世纪的文化政治学》，新星出版社2013年版，第38页。
② 同上书，第4页。
③ 同上书，第5页。
④ 同上书，第66—67页。

何具体性。美国学者罗伯逊把全球化看成"普遍的特殊化"和"特殊的普遍化",其实就是"具体化"的具体表现。针对这一"双向过程",金惠敏认为"全球化运动中,根本不存在普遍性与特殊性的对立,所有的只是特殊性对特殊性。全球化是一种地方性对另一种地方性,强势的一方被错误地称作全球性或者普遍性。真正的全球性超越了所有的地方性包括强势的地方性,是各种地方性的可交流性。……全球性不能与地方性并置,而只能置于其上"。① 回到前述的"全球化"与"民族化"的关系问题,由此观之,"全球化"不能与"民族化"相提并论,而只能置于其上。表面看来这仍然是理论的实用化,但其实质则是方法论的转型和思维模式的转换。

二 "与谁对话"和"如何对话"

毫无疑问,"全球化"并非放逐"主体",而是极为强调"主体"存在本质的"主体间性"(或者直接说,"主体"本就是"主体间性"),也就是说,一主体同时为其他主体所介入、所构成,否则就无所谓"主体"。鉴于"不将他者作为他者"的常规状态和负面效应,必须意识到任何主体都是有限性的存在,所以不仅将他者作为他者,也要将自我作为他者,从而将"主体间性"推进为"他者间性"。这样,"对话"也就自然而然地被提出来。其间,又顺理成章地涵盖"与谁对话"和"如何对话"两个基本问题。

关于"与谁对话",金惠敏通过伽达默尔的哲学解释学所架构的对话本体论来说明,其一是与传统对话,其二是与他者对话。在前者来说,对传统的理解就是一种自我理解。在后者来说,"他者"既是"真理"也是"方法",因为一方面"他者"不可穷尽,另一方面与"他者"相遇才使"自我"被认识、被扩大、被更新。对话不仅是发生在传统内部的古今对话(历时性的、纵向的),也是与异己文化的对话(共时性的、横向的)。伽达默尔对"翻译"的论述从反面点中"对话"问题的实质:"文本的可翻译性,即翻译所容易传达的东西,常常就是我们自己的文化编码系统,

---

① 金惠敏:《全球对话主义:21 世纪的文化政治学》,新星出版社 2013 年版,第 24 页。

而其不可翻译性则是起于那不接受此编码的他者文化的他者性。翻译会聚因而也凸显了文化间的差异、距离和冲突，使我们清晰地意识到我们自己的文化局限，于是一个文化间的对话成为必要，为着认识我们自己的必要，否则我们就只能在我们的内部做自体循环了。"[①] 长期以来所谓的"不可翻译性"往往归结于"他者"文化的局限所致，殊不知这反而恰恰表明了"自我"文化的局限。归因于"他者"局限，"对话"便自行消解，至多陷入"自我"循环；而归因于"自我"局限，"对话"则主动介入，也就具有达成有效性的可能。在这个意义上说，"全球化"凸显了"我们"与"他者"的相遇，各种文化形式间的相遇，在此强调的正是"他者"的根本位置。反过来，"如果我们固守于自我，自我的时间、历史，以及在此基础上的进步观，那么不可避免的全球化必将成为人类不可避免的世界末日"。[②] 究其实质，这又绝非危言耸听。

关于"如何对话"，涉及的核心问题是"能否进行没有前提的对话"。对此，金惠敏的回答思辨有力："只要个体不能被彻底地象征化（拉康）、意识形态化（阿尔都塞）、殖民化（斯皮瓦克），我们就只能承认无前提的对话。在当代理论中，这种观点几乎不可思议，但在2500多年前的孔夫子早已是一个人际交往的基本原则了。孔夫子不想什么'宏大'前提，他只想虚席以待他者的出现。"[③] 如果说非要有什么对话的"前提"的话，那显然就是"虚席以待""他者"。具体而言，就是对"自我"存在的反思和对"他者"身份的尊重，否则无以达成真正的"对话"。金惠敏再次敏锐地关注到伽达默尔的对话本体论，其中充分阐释了对话"无前提"的本质："虽然我们能够说我们'举行'一场谈话，但是越是一场真正的谈话，它就越是不怎么按着一方或另一方对谈者的意愿举行。因此，真正的谈话从来就不是那种我们意愿举行的那种。总体观之，更正确一些的说法是，我们陷进了一场谈话，如果不是这样那也可以说，我们被牵扯进了一场谈话。在那儿一个词如何给出另一个词，谈话如何转折，如何继续进行和结束，这当然完全可以有一种举行的方式，但是在此举行中对谈参与

---

①　金惠敏：《全球对话主义：21世纪的文化政治学》，新星出版社2013年版，第24页。

②　同上书，第70页。

③　同上书，第20页。

者与其说是举行者，毋宁说更是被举行者。在一场谈话中没有谁能够事先就知道将会'出现'什么样的结果。"① 相对于习以为常的外部力量的"决定性"，"对话"更具有自身内在的"自足性"。我们无法"举行"对话，如金惠敏所言，"与他者的对话不是我们主观上情愿与否的问题，而是我们根本上就处在对话之中"。② 作为整体的世界，是一个对话者的世界，每个"主体"都互为对话者。"全球化"初始往往呈现为单向度的"主体"进程，但最终总是演变为"主体间性"的"对话"过程。

回到哲学视角，"全球化"内在的就是"现代性"和"后现代性"，同时又实现对二者的超越。而"对话"，本就是其题中应有之义。至此，"全球对话主义"明晰起来："第一，作为'他者'的对话参与者是其根本；第二，'全球'不是对话的前提，甚至也不是目的，它是对话之可期待也无法期待的结果，因为，这样的'全球'以他者为根基，是'他者间性'之进入'主体间性'，是他者之间的主体间性的相互探险和协商，没有任何先于对话过程的可由某一方单独设计的前提；第三，'他者'一旦进入对话，就已经不再是'绝对的他者'了，对话赋予'绝对的他者'以主体性的维度"③，这样，"主体"之间得以相互改变的承认。如果说"全球化"是"对话"的话，那么这个"对话"没有终点，而是形成"对话"的良性循环。

三　"问题"和"方法"

长期以来，汉语学界和西方学界在讨论中国问题时常常强调"中国特殊论"，甚至已经成为某种普遍性的立论前提。然而如果从作为方法论的"全球对话主义"立场来考察，这种论调值得怀疑并应当警惕。因为在一个"全球化"时代，可能根本就不存在什么单纯的所谓"中国问题"，一切"中国问题"都是"全球问题"。依此，金惠敏提出，中国作为全球性大国，应当为"全球意识形态"和"全球知识"做出贡献，而

---

① 金惠敏：《全球对话主义：21世纪的文化政治学》，新星出版社2013年版，第25页。

② 同上。

③ 同上书，第20页。

不是仅仅以守持"中国特色"为满足。强调特色,实际上就是在国际话语体系中的自我边缘化。"世界"不外于"我们","我们"就在"世界"之中,否则,我们对"世界"没有意义,因为我们仅仅是"民族"的。他进而援引阿根廷汉学家石保罗的描述:"过于强调中国的特殊性,也会对中国研究本身产生某种伤害。在我开始中国研究时,我也把中国看作是'特例':这么遥远的国家,如此迥然不同的语言,那里发生的事情对我而言肯定是陌生的。事实也的确如此,这是一个超出我想象的国度。然而,这真的意味着中国是个特例?中国的经验会不会也是人类经验的一个方面?""这种'特例观'中含有如下危险倾向:中国历史仅仅被当作'民族'的,而不是全人类的历史经验。当我在阿根廷介绍中国时,听众的预期便是听到某种'特例',鲜有人会与自身经验或自己的研究对象联系起来。对他们而言,学欧洲历史是必不可少的、理所当然的,而学习中国历史仅仅是出于好奇而已。然而,中国历史对于一个拉丁美洲人来说真的只能是猎奇的对象?除此之外,他从中什么也学不到?"① 中西二元对立的思维模式,在这里足以让我们再次觉醒。延伸开来,"全球对话主义"至少在面对和解决诸如"文化帝国主义"这样的全球时代文化研究的重大问题时提供出可行性思路。同时也使中国学者在面对"中国问题"和"全球问题"时,理应具有"全球化"的哲学观念。直而言之,成为全球性大国需要"全球对话主义"。

"全球对话主义"也是对亨廷顿"文明的冲突"理论的有效回应。亨廷顿用"文明的冲突模式"取代了此前的"冷战模式",强调全球政治是"文明"的政治。他用"西方"与"非西方"作为观察问题的基点,将西方以外的所有文明统称为"非西方",并视其为西方的对立面。随着西方文明影响力的日益降低,非西方文明不断寻求自己的文化价值。亨廷顿尤其把儒家文明圈看作西方文明的挑战者,突出中国与西方对抗的可能性,提醒西方警惕中国。的确,非西方国家在开始现代化之时,存在对西方文明挑战的应战,同时又不断学习对方,从而缩小了差异。同时,伴随自身实力的提升,文化身份的重新确认和建构自然提上议事日程。然而,信息时代和全球化语境中,认为现代化就是西化的文化霸权思想已经过

---

① 金惠敏:《全球对话主义:21世纪的文化政治学》,新星出版社2013年版,第91页。

时。亨廷顿的文化理论，究其实质仍然是"西方中心主义"和西方的"本土化"。而在"全球对话主义"看来，全球化本应是地方性对地方性，进而超越所有的地方性，实现各种地方性的可交流性。本土化与全球化从来都是相辅相成、彼此依存的，"文明的冲突"和"文明的融合"本就具有普遍性和动态的平衡性。相对而言，前者强调的是文明的差异和本土化，后者强调的是文明的相容和全球化。而从"对话"的维度看，二者之间恰恰能够获得一种良性的互动。任何文明都会以自己的方式文明化，以"自我"文明为中心而对"他者"文明作出价值判断，都有导致文明冲突的可能。而"全球对话主义"所主张的"互为主体""互为他者"及其"他者间性"，理应会为全球文明发展提供一种有效的参照。同时，也会为在全球文明和中华文明的张力结构中如何把握当代中国文化身份问题提供出切实的思路。

从"话语"和"本体"的层面来看，"全球对话主义"也有别于巴赫金的"对话理论"。巴赫金把人的主体存在看作特殊的和未完成的状态，只有在与其他个体感性存在的对话交往中才能实现主体自身的进程。于是，为了完成自我，必须创造一个他者。其"复调小说"理论，就是通过作者对于主角的创造及其与主角的多元对话而确立自身的主体性。之所以发生如此的关系，是因为面对历史和文化的断裂与转型，或者说，在中心话语解体后如何争夺和确立新的话语权。所以，巴赫金"对话理论"的着眼点在于如何通过语言和话语的变化来考察文化转型的历史实质。他将文化转型时期的基本特征概括为语言杂多和话语喧哗，这也是其对话主义思想的集中表征，并且各种语言和话语相互对话、共存共生。巴赫金进一步发掘出"狂欢节"的历史意义和"狂欢化"的文化现象，并将其纳入自己的研究视野，视为文化转型期语言杂多的具体体现。"语言杂多是各种社会利益集团、价值体系的话语所形成的离心力量，对语言单一的中心神话、中心意识形态的向心力量提出强有力的挑战。……只有在语言杂多的局面中，各种话语才能最深刻地意识到其自我的价值和他者的价值，从而把中心话语霸权所掩饰的文化冲突与紧张的本质予以还原，在话语与话语的互相对话、交流中，化解矛盾与冲突。"[①] 巴赫金的"对话理论"，

---

① 刘康：《全球化·民族化》，天津人民出版社 2002 年版，第 122 页。

概括出转型期的文化思想。相对于文化定型期的"独白话语",文化转型期则表现为"话语杂多",其间的多重对话构成文化的存在方式。从某种意义上可以说,巴赫金的"对话"思想侧重的是"话语"和"话语权"。而"全球对话主义"从一开始就在哲学层面予以探究,并且基于"全球化"的历史时空和文化语境,"对话"乃是其题中应有之义,"全球化"和"对话"实为一体,这就从"本体论"上廓清了这一理念的实质。

再次回到金惠敏的问题原点,在全球化和哲学之间做双向的观察与研究,结果就是"全球对话主义"理论的提出。"全球对话主义"并非"全球""之间"的"对话",若此,显然没有意义。金惠敏特别强调,"全球对话主义"是对"全球化"哲学的进一步展开和表述。"'全球化'是一种新的哲学,如果需要再给它一个名字的话,'全球对话主义'将是一个选择。"① 或者直截了当地说,"全球化就是对话"。

---

① 金惠敏:《全球对话主义:21 世纪的文化政治学》,新星出版社 2013 年版,第 20 页。

返回晦暝

——论全球对话主义与古典思维

陈云昊

摘要： 金惠敏的全球对话主义理论是对全球化的一次哲学介入。其最重要的一个维度便是对对话概念的重新标记。随着全球化对话的展开，我们将不得不失落某种当下的清晰面目，而陷入一种深渊般的晦暝之中。此种晦暝，恰恰是古典思维曾经拥有的精神气质。或许借助全球对话主义我们能够返回现代的失落之地，触及黯淡了的"文明财富"。全球对话主义的理论内涵亦可用"反者道之动"来阐释，其意义在于为古今问题和中西问题建构新的方法论。全球对话主义中内含着古典思维的理论气质，这是对当下时代的方法论补偿。

关键词： 全球对话主义，古典思维，罗兰·巴特，对话，晦暝

全球化被忧心忡忡的人们视为一种秩序重建。一般认为，现代性的发生引发了国人对传统文化的重新定位。五四新文化运动以来，我们唯西方马首是瞻，重塑了本土的话语系统和思维模式。这是一次遭遇的对话，它的突如其来让本土所有的古典思维无处安放。在文化之间对话的过程中，我们甚至自我阉割、放弃发声。而真正的对话似乎被历史地置后了。金惠敏全球对话主义的提出提供了审视这种文化政治的新的方法论。其最重要的一个维度便是对对话概念的重新标记。而随着全球化对话的展开，我们将不得不失落某种当下的清晰面目，而陷入一种深渊般的晦暝之中。此种晦暝，恰恰是中国古典思维曾经拥有的精神气质。或许借助全球对话主义我们能够返回现代的失落之地，触及黯淡了的"文明财富"，从而对当下时代提供方法论补偿。

一　对话的深渊

伽达默尔提到对话的时候说："真正的谈话从来就不是那种我们意愿举行的那种。总体观之，更正确一些的说法是，我们陷进了一场谈话，如果不是这样那也可以说，我们被牵扯进了一场谈话。"① 在金惠敏看来，"伽达默尔的他者与我们/主体具有固有的'一体性'；与他者的对话不是我们主观上情愿与否的问题，而是我们根本上就处在对话之中"。② 我们陷入对话是因为我们根本上就在对话的深渊里，而对话的走向也如同深渊一般晦暗不明。全球对话主义的"对话"，继承了伽达默尔对话观的"深渊气质"，同时为此对话的发生准备了一个走出自我的主体，以及一个广阔的去域化的对话场域。这样，主体就是"主体间性"，更妥当的说法，也即是"他者间性"了。对话的张力就在"他者间性"上得到了最大可能性，也使其面目显得更加黯淡不明。

这种"深渊气质"的对话曾在法国散文家罗兰·巴特笔下出现过：

> 他忍受不了有关他自己的任何形象，在被别人指名道姓时他感到难受。他认为，人际关系的最佳状态就在于不考虑形象：从一个人到另一个人之间取消形容词；建立在**形容词**基础上的一种关系，则属于形象、属于支配、属于死亡。（在摩洛哥，他们显然没有建立起关于我的任何形象。作为善良的西方人，我当时为了**这个**或是**那个**所做的努力，一直没有回应：**这个**和**那个**都不曾以漂亮的形容词的形式回指我；他们想不到要评论我，他们在不自觉地拒绝培养和恭维对我的想象。最初，人际关系的这种不明朗状况有点叫人疲惫难忍；但它又逐渐地显示出像是一种文明财富，或者像是恋人絮语那种真正辩证的形式。）③

---

① 金惠敏：《全球对话主义：21 世纪的文化政治学》，新星出版社 2013 年版，第 25 页。
② 同上。
③ ［法］罗兰·巴尔特：《罗兰·巴尔特自述》，怀宇译，中国人民大学出版社 2010 年版，第 47、48 页。

　　"形容词"以带着"支配""死亡"色彩的现代性结构成为现代人相互理解和对话的障碍。而这个形象恰恰就是主体性极大扩张的标记。然而，在罗兰·巴特亦文亦论的笔法中，一种敞开的对话呼之欲出：在摩洛哥的经历使他意识到这种对话"逐渐显示出像是一种文明财富"——对话的"不明朗状况"同样是伽达默尔所言的处在对话之中的状态的描述。在新的语境中重新审视罗兰·巴特描述的这种人际关系，我们发现在全球化语境下增加了更加复杂的维度："'全球'或'全球性'是对话的一个方面，具有共同性、普遍性、话语性的意义趋向，而'对话'的另一方面则是参与对话者的不可通约性或他者性。这就是说，'对话'本身即蕴含着一种悖论，然此悖论却也正是其生命之所在，其活力之所在。对话借其悖论而永无终期。"① 因为参与对话者具有的他者性，相互不可通约，所以其对话才能生发出一个不知道趋向也不知道结果的难以预测的深渊空间。钱钟书说："矛盾是智慧的代价。"② 而实际上这种代价也是一种可贵的不明朗。

　　罗兰·巴特关于语言的学理依据可以向上追溯到索绪尔的语言符号学。屠友祥指出："索绪尔第三次（1910—1911）讲授普通语言学课程的时候，他的亲笔讲稿涉及地理空间连续性中差别的构成，道：'决没有绝对静止的例子。这是时间中语言的运动原则，这是绝对的。……即便是最平静的时期，我们也从未看到语言之流是同一的。'这是对赫拉克利特著名论断的呼应：'人不能两次踏进同一条河流。''我们既踏进又不踏进同一条河流，我们存在又不存在。'"③ 索绪尔的语言学理论指出了语言符号任意性的特征。语言本身尚且不明朗，何况以语言为工具的对话。可以说，索绪尔为对话的必然陷入深渊提供了最为坚定的语言学支持。

　　而当人们以结构主义或解构主义这样的"形容词"去概括罗兰·巴特时，恰恰违背了这种对话精神。他说："有时，语言偶尔提供一个双义词的分开办法：'结构'，在开始时是有很好的价值的，但在出现许多人

---

　　① 金惠敏：《全球对话主义：21 世纪的文化政治学》，新星出版社 2013 年版，第 2 页。

　　② 钱钟书：《论快乐》，《写在人生边上　人生边上的边上　石语》，三联书店 2002 年版，第 22 页。

　　③ 屠友祥：《索绪尔手稿初检》，上海人民出版社 2011 年版，第 201 页。

都把它当作一个静止的形式（一个'计划'、一个'图示'、一个'模式'）的时候，它就失去了信誉。幸运的是，'结构活动'已经存在，它取代了前者，并出色地包含着强有力的价值：进行（faire），即（'毫无意义的'）反常的耗费。"① 这正是和伽达默尔相近的对话观，在对话之中放弃意图的支配和内容的操纵。对话如同河流，在流动之中才能成为对话。他所谓"毫无意义的""进行"，正阐明了对话的真正价值在于活态的展开，而不在于操纵性的结论。

全球对话主义的对话观继承了以往关于对话问题讨论的学理资源（亦可以说是"深渊气质"），并在全球化语境下彰显了对话新的样态和特征。在全球对话主义下，人与河流的关系被替换成他者化/去主体化的主体之间的对话——我们既能进行又无法进行一场真正的对话，对话里我们是我们、我们又不是我们（我们同时是他者）。金惠敏指出吉登斯所说"失控的世界"意味深长之处在于"它既肯定有人控制，又看见其于结果上的无法控制"。对话由此陷入深渊之中，而在这种不确定性里获得对话本该拥有的真正自由，从而显示出对罗兰·巴特所说的"文明财富"的返回。

二   世界的相关

在全球化视野下的古典中国有着独特的异质性。这种异质性很容易导向主体与他者间之不可相互抽象的即熟视而无"睹"的"面对面"。金惠敏指出了"睹视"和"面对面"两种坐标之间的理论差异与现实灾难。"启蒙运动以来的现代性西方思想在后果上最严重的失误就是对两者的混淆，确切地说，就是传统与现代、新与旧之线性进步观平移到并不在此时空序列的其他文化。依照这种观点，只有一种世界史，一种不断进步的历史；只有一种文明，一种从低级走向高级的文明；只有一种知识，一种真理战胜了谬误的知识。"② 主体性在西方世界的极大张扬，使得他者的生

① ［法］罗兰·巴尔特：《罗兰·巴尔特自述》，怀宇译，中国人民大学出版社 2010 年版，第 78、79 页。

② 金惠敏：《全球对话主义：21 世纪的文化政治学》，新星出版社 2013 年版，第 66 页。

存空间和存在合法性受到了挤压与毁损。这是一个越来越清晰地走向一个扁平全球化的过程——我们把异质的东西做成标本，关进动物园，成为观看的景观——直到后现代的出现质疑了这种清晰。全球化的世界似乎关联紧密，而又充满隔膜和陌生。只有超越主体才能打破这些框架的操纵，"主体间性"的重要性呼之而出。所谓主体就应该是主体间性。

全球对话主义出现的哲学缘起，便是整合现代性和后现代性的矛盾。没有全球化，就不能真正超越现代性和后现代性。如果说"现代性"的意义指向是指向未来的箭头，那么"后现代"作为其反过程，是一个指向反思的虚箭头。这一正一反构成了全球对话主义。全球对话主义的超越之处在于由反而返，即螺旋式的上升回溯。在螺旋上升中，无法提供一个固定指向的箭头。话语的扩展所带来后殖民的问题成为全球化论述的一个重点。这种扩张由现代性牵引方向，也根源于笛卡尔以来的主体性思维。在后现代的审视下，主体性思维受到质疑和动摇。金惠敏指出："主体性危机根源于……主体诞生于主体—客体二分法（dichotomy）这一母体，不过对于这一母体，主体永远不能摆脱其依附性，也就是说，客体的消失即意味着主体的死亡。"[1] 全球对话主义之"全球化"为破除主客体二分法提供了背景和思路。全球化的真正理解不仅仅是场域的解域化，而且是导向的不确定性和复杂性。

根据金惠敏的理论，全球化是一个"去域化"的结构。主体不再是以往的主体，客体不再是以往的客体——主体干预客体同样意味着干预自身。在一个去域化的世界里进行对话，与后殖民主义视野中带有支配性的话语扩展显然不是一个思路。这使对话的方式也得到了重新定义。如同无法在球面上确定一个起始点，也无法明确出一个终点，线性逻辑得以走出平面，而在球体的维度里得到整合。从球面上任何一点出发都可以抵达另一个点，也可以向任何方向前进并最终回到自身，走向他者也意味着走向自身。此番"球"的譬喻正是全球化给"对话"赋予的某种意义。对话恒持在张力空间之中无法凝固自身。全球化为对话的真正展开提供了场域：一个相关的世界。

---

[1]　金惠敏：《孔子思想与后现代主义——以主体性和他者性而论》，载金惠敏主编《差异》（国际学术丛刊）第 1 辑，河南大学出版社 2003 年版，第 10 页。

三　古典思维

全球对话主义的对话是一个从清晰走向晦暝的过程，其途中风景往往是矛盾的。主客体差异性被主体相似性替代：保持相似意味着不可通约的同时保持着相互关联。在告别后殖民主义之后，我们才能真正进行一场对话。

这种思想在中国古典思维里颇为常见。孔子的"克己复礼""己所不欲，勿施于人"的观点，可以说是"主体间性"思维的古典版本。俄国汉学家马良文说："中国儒家的思想（同样也是广义的中国思想）中对于物的理解，其核心在于：后者本身就包含了属于自己的他异性（alterity），属于自己的不在场（absence）。变化（transformation）是生命的一种爆发性力量，而物则是变化的具体化表现。现在我们可以说，正是相似性的原则，或者说是形影关系及其所具有无限差异化的象征性空间（最后在绝对的非差异化中达到顶点），使得分裂中的融合（disintegrating integration），或超越性的内在性（transcendent immanence）这样颇具矛盾意味的空间概念成为可能。"① 就自我而言，这样的主体当中悖论性地包含了他者；就外在世界而言，"我"与世界形成一个复杂的敞开空间，即基于相似性原则建立的象征性空间——这个空间里的"我"，与世界紧密相关而又充分自由。

晦暝的象征性空间，恰恰能够涵容矛盾。马良文敏锐地意识到这种思想对当下的意义："我们应当放弃同一性和模仿的原则（这些原则正是西方古典哲学思想的基石），转而依靠相似性思想。"② 在相似性思想中，人不会产生自我的分裂，而得到的是人作为自然的一部分存在的自由而饱满的状态。人应当将自己还给自然。在这种形影关系中，认识到人拥有无限差异化的象征性空间，便是一条走向人的真正自由的东方路径。放弃人为的宰制，与这个本然丰富复杂的世界照面，人与自然的对话才能往最大可

---

① ［俄］马良文：《孔子与伦理学奠基》，收入《第三届尼山世界文明论坛论文集》，2014年5月。

② 同上。

能性的方向展开。在生态环境问题日趋严峻的当下，复兴这种古典思维显得尤为必要。

凭借根深蒂固的清晰思维，西方人大概会对博尔赫斯《约翰·威尔金斯的分析语言》引述古代中国百科全书的那段话印象深刻并付之一笑。然而，屠友祥将中国古典思维理解为一种混沌的分类哲学："在庄子看来，万物如此存在，是由于指谓的缘故。《齐物论》开首标举'吾丧我'，消除了最显著的相偶相待，泯灭了主体和客体的分别，'我'也只是万物当中的一物而已，不再对万物进行指谓，而万物自然地作着指谓。我吹箫，我与箫相偶相待；而天籁（自然的声响）却没有一个支配者使它发出声响，它自然而然地发出声响，产生指谓，显出自身的存在。"① 这种取消主体和客体分别的哲学思想，恰恰是现代与后现代思潮中不可弥补的欠缺。在中国古典思维里并没有将世界纳入人为秩序之中，而是因顺自然的本然面目去理解天道。

罗兰·巴特以镜子的比喻将东西方两种思维拈出："在西方，镜子本质上是种自恋对象：人们想着镜子，只是为了执镜自照；然而在东方，人们觉得镜子是空的；它象征了种种象征所具的空本身（一位道家大师说：'至人之用心若镜，不将不迎，应而不藏。'）：镜子仅仅传感其他众镜子，这种重重无尽的反射，就是空本身（我们知道，空即是色）。如是，俳句让我们忆起我们绝不会触及的现象；我们从中认出了没有摹本的复制，没有原因的结果，没有人称的会议，没有系泊的诺言。"② 西方的镜子文化是一种主体论，通过镜子人看到的是自我的真实，而镜子本身成为假象的真实，因此主体和客体的关系就撕裂了，客体逐渐沦为主体的附庸。而东方古典思维里面，镜子和人一样都是彼此存在的物，这是对存在的思考——世界混全一体，没有人为宰制的框架约束。

其实，西方人张扬主体的思维方式可能并不是古来如此。正如盛洪在读库朗热的《古代城邦》时指出的："大多数中国读者在近代以来接受了太多的有关中国与西方如何不同的观念；既然从来不同，何谈分道扬镳？

---

① 屠友祥：《博尔赫斯引述古代中国百科全书的分类意蕴辨正：为费瑟斯通新百科全书计划撰写的条目》，未刊稿。

② ［法］罗兰·巴特：《S/Z》，屠友祥译，上海人民出版社2000年版，第34页。

其实他们只是忘了，人类'性相近，习相远'的道理。"① 朗佩特就依据尼采所言"启蒙运动之前的所有哲人，都清楚显白和隐微的区别"来重新解读尼采对苏格拉底的态度。他区分出"显白的柏拉图主义"与尼采"真正持有的隐微哲学"对照之中所具有的双重言辞，试图恢复柏拉图的隐微术并确认"柏拉图主义"之死。② 然而，历史很快成为我们现在理解的样子，晦暝退去，世界被分类得越来越清晰。启蒙运动之后的世界是一个日益清晰的世界。人们为理解世界设置了越来越多的框架、界限、分工，正如罗兰·巴特引尼采的话所说："……每个民族顶上都有这样一片精确地划分概念的天空，在真理的要求下，他们明白今后一切概念之神皆只有在其自身之领域内方可觅到。"③ 尼采本人不事体系，而且坦言"真理意志"是哲学的误区，对于笛卡尔以降的西方主体性思维的批判确实是一针见血。

古典思维的隐微之术所具有的"晦暝气质"和伽达默尔所说的"真正的谈话"理论所显示的"深渊气质"相契相合。全球对话主义的对话的理论美德也在其中，不过全球对话主义作为政治文化学的理论并没有放弃主体和客体的分别。它作为对全球化进程的哲学介入，首要任务便是弥合断裂的思维，将主体间性作为"主体"，从而关联这个被"真理意志"支离的世界。同样，全球化下的对话从来不该强调主体的特殊性地位，特殊性并不利于文化主体的自我标记和更新。实际上，特殊化策略往往是导向自我边缘化的。古典思维里混全晦暝的世界，恰恰是我们审视当下最好的参照系。

四　反者道之动

全球对话主义的理论内涵，亦可从老子"反者道之动"中得到阐释。汉字作为象形文字天然具有表意的丰富性，如同植物的多出复叶。在汉字之中，古典思维和全球对话主义可以相互阐明。钱钟书说："《老子》用

---

① 盛洪：《中国与西方是如何分道扬镳的？》，《读书》2014 年第 5 期。
② 参考刘小枫《如何凭靠尼采的眼光识读柏拉图》，《读书》2014 年第 5 期。
③ ［法］罗兰·巴特：《文之悦》，屠友祥译，上海人民出版社 2002 年版，第 38 页。

'反'字，乃背出分训之同时合训……'反'有两意。一者、正反之反，违反也；二者、往反（返）之反，回反（返）也。"① 在这种"道真见诸反覆而返复"的辩证之中，我们可以得到与全球对话主义相一致的旨归。"'全球'或'全球性'是对话的一个方面，具有共同性、普遍性、话语性的意义趋向，而'对话'的另一方面则是参与对话者的不可通约性或他者性。这就是说，'对话'本身即蕴含着一种悖论，然此悖论却也正是其生命之所在，其活力之所在。"② 共同性、普遍性，即合一的回返之反；不可通约性或他者性，即分异的违反之反：违反而回返，回返而违反，周转圆融，生生不息。

而要理解"反者道之动"的哲学启示，首先要破除把"反者道之动"的"反"等同于守旧、反动的观念。恰恰相反，"反者道之动"的"反"是一种去除"主体—客观"论下的螺旋上升，虽然它总是被历史潮流的指向（如现代性）所遮蔽。早在 1920 年，周作人就道出了复古的复杂之处："革命精神的怀古，是一种破坏现状的方便，与对于改革而起的反动的保守的运动很不同，譬如希腊复活古语，貌似复古，其实却在驱逐闯入的土耳其语。中国革命以前的复古思潮也如此，与革命后的反动的复古完全是两样的；所以我们对于被压迫民族的怀古的思想要能客观的理解他，不可将他认作民族的传统精神。"③ 周作人的复古观掺入了革新的因素，其容纳了背反的因素而走向的回返绝对不是简单的重复，而是以回返实现的更高层次的上升。

具有全球对话主义理论内涵的"反"字辩证，一方面是为古今之争问题提供一种革新的复古观的思路，另一方面是为中西之争提供新的对话可能。"全球"者，由现代性推动走向后现代后果的纠缠环绕的复杂状况；"对话"者，由处在"物彼此"中的主体发出进行的"去主体"的"解域化"的更新活动。相反地，后殖民主义往往走向封闭，因其强调古典性、民族性、区域性，似乎彰显特殊性才能体现价值，从而走向对话的死胡同。在一个去域化的全球，"他者"已经成为主体内部的东西。金惠

---

① 钱钟书：《管锥编》，三联书店 2010 年版，第 689、690 页。

② 金惠敏：《全球对话主义：21 世纪的文化政治学》，新星出版社 2013 年版，第 2 页。

③ 周作人：《〈神父所孚罗纽斯〉附记》，1920 年 9 月 10 日《东方杂志》第 18 卷第 17 号，收入《现代小说译丛》第 1 集，转引自止庵《周作人传》，山东画报出版社 2010 年版，第 33 页。

敏指出："无论专注于进攻性的'全球化'，抑或奋起于防御性的'地域化'，其结果都将是'球域的'。我们终于还是那句老话，就其有意为之而言，'全球化'或者'地域化'都是现代性的，它们是构成现代性运动之不可相互或缺的两个方面；但就其不可控的后果而言，'球域性'则又是后现代性的。"①

在伽达默尔张扬对话本体论之后的 21 世纪，对话概念在全球对话主义之中得到了重新标记。这种对话观指向全球化中敞开的文化政治建构，为新的对话提供了某种方法论依据，在指向深渊的对话中展现出古典思维的"文明财富"。古典思维亦可以在此种革新的复古观里得到激活。全球对话主义显示了返回晦暝的理论气质，这本身就显示了"反者道之动"式的周转圆融、生生不息。而全球对话主义的理论活力就在于其晦暝的气质，以及在晦暝当中对话可能性的真正敞开。

---

① 金惠敏：《全球对话主义：21 世纪的文化政治学》，新星出版社 2013 年版，第 56 页。

全球对话之前

——《全球对话主义》读后

伊茂凡

摘要：金惠敏教授的《全球对话主义》一书，整合当今比较前沿的文化研究成果，提出了一个关于全球范围内的文化交流理念。但是，就当下文化全球对话的实际发生状况来看，各种不同的民族文化因其不同的根基和特色，分别占据着不同的"据点"，这种状况受限于全球化的发展程度，短时期内难以改变。本文旨在梳理我们中国的传统文化与世界的对话情况，希望能从纵向的时间线索中梳理出文化对话的脉络，并且在一个多维视角中分析我们的文化地位和现状，以此为我们进入全球对话做一点儿基础性铺垫。在全球对话之前，我们需要发掘并确立中国人文主义传统。

关键词：全球对话主义，民族文化，对话，人文主义传统

　　爱德华·W. 萨义德（Edward W. Said）在他的《文化与帝国主义》（*Culture and Imperialism*）前言中这样写道："康拉德既是反帝国主义者，又是帝国主义者。这并不矛盾。当他无所畏惧又悲观地揭露那种自我肯定和自我欺瞒的海外统治的腐朽时，他是进步的；而当他承认，非洲或南美洲本来可能有自己的历史和文化，这个历史和文化被帝国主义者粗暴践踏，但最终他们被自身历史和文化所打败时，他是极为反动的。"[①] 萨义德认为："他无法了解印度、非洲和南美洲也有不完全受帝国主义者和改革者控制的完整的生活和文化；他也无法让自己相信，反帝独立运动并非

---

　　① ［美］萨义德：《文化与帝国主义》，李琨译，三联书店 2003 年版，第 11—12 页。

都是腐败的，都是由伦敦或华盛顿出钱操纵的。"①

一　走向"全球对话主义"？

在这样一个经济全球化的时代，在由技术所创造的"地球村"（麦克卢汉）中，再提殖民主义似乎非常不合时宜。萨义德的《东方学》（Orientalism）出版于 1978 年，《文化与帝国主义》出版于 1993 年，这两本主要阐述其后殖民理论的著作出版的时代，全球化的话题还很少有人提及。20 世纪 90 年代才开始流行的全球化概念，得益于以互联网为代表的现代传媒技术的飞速发展。当我们中国人匆匆迈入了一个真正的信息时代或者说互联网时代之后，如何面对这样的技术冲击？于是有了各种各样的提法，如《全球对话主义》一书中提到的后殖民主义、清除后殖民主义、全球对话主义。所谓全球对话主义，就是要从哲学层面为全球化进行一次理念的阐述论证，凸显哲学的介入在人文社会科学领域发展中的重要地位。但是，萨义德的论述是否真的过时了呢，尤其在中国文化语境之中？

尽管"强调特色，实际上就是在国际话语体系中的自我边缘化，是封建时代的小女子作态，大丈夫不为也"②。今天的中国，已经被认为是世界经济中的一个大国，在国际政治舞台上似乎也在发挥越来越大的影响，但这些是不是就可以让我们大谈全球对话主义了？全球对话主义作为一种哲学意义上的理念和目标，固然有其高屋建瓴的导向作用。但是就像一个国家的经济一样，面对中国现阶段的文化状况，我们需要考虑究竟采取一种什么样的态度或者方式对待这样一种全球化的过程，而不是盲目跟随潮流。

作为"对话"，对话的参与者一定是需要言说某些东西的，在全球对话中，我们要从哪里"说"、"说"什么呢？不管是在哪个层面的对话，主体的存在是一定的，不管对话的过程和目的是什么，"话"都不可能只是一个抽象的理念。

另外，我们必须考虑到对话的有效性。对话有效性的发生一定是以个

---

① ［美］萨义德：《文化与帝国主义》，李琨译，三联书店 2003 年版，第 11—12 页。

② 金惠敏：《全球对话主义：21 世纪的文化政治学》，新星出版社 2013 年版，第 3 页。

体差异性为前提的，否则，对话的意义是什么？这里所说的对话有效性，是针对对话概念所说的。要求对话的有效性，其实是对持续对话的一种渴望，而不仅仅是简单的功利主义心态。因为如果对话中没有在本体意义上的主体性坚持，对话很可能会重新落入文化殖民话语陷阱，这正是我们要极力跳出的。《全球对话主义》一书中用一种综合性眼光给了我们一些关于对话的界定，根据伽达默尔我们得出"我们陷进了一场对话"的说法，"只要个体不能被彻底地象征化（拉康）、意识形态化（阿尔都塞）、殖民化（斯皮瓦克），我们就只能承认无前提的对话"。① 这"在2500多年前的孔夫子却早已是一个人际交往的基本原则了。孔夫子不想什么'宏大'前提，他只想虚席以待他者的出现"。② 但是"陷进"和无前提绝不等于对话参与者应该自觉置自身于被动地位。孔夫子之所以会"虚席以待他者"，是因为他有自己所坚持的文化价值，有对人类的普遍关怀；而相比之下，现在我们有什么底气可以淡然地虚席以待呢？仅仅用全球对话主义这样一个概念根本不足以改变我们的固有文化心态。而且从另外一个极端方面来说，全球对话主义很有可能成为我们本民族文化研究惰性的一个冠冕堂皇的借口。身处当今这样的全球化过程中，对于自身民族文化焦虑绝不是杞人忧天。

　　面对全球对话主义，是否要超越"文化帝国主义"及其批判者？是的，针对"文化帝国主义"的论调，我们当然需要摆脱一种后殖民主义的受难者心态，用一种平和包容的态度面对世界。面对"其批判者"，如乌尔里希·贝克（Ulrich Beck）那样通过取消哲学的"主体"和社会学的"民族"进而否认"文化帝国主义"存在，对于现在的我们来说，这种讨论似乎还不合时宜。（在可预见的相当时期之内，"民族"和"国家"的概念还不会消亡，因而对于这种观念只好暂时作为一种哲学意义上的神话而悬搁。这种世界范围意义的文化乌托邦暂时不在讨论之列，我们需要低下自己眼界观照现实。）

　　如上所说，现在的我们一方面不能再以"特色"为借口而自我边缘化，而另一方面需要保持一种平和和包容的态度。这种平和、包容却不能

---

① 金惠敏：《全球对话主义：21世纪的文化政治学》，新星出版社2013年版，第19页。
② 同上书，第20页。

凭空得来，这需要一个国家（民族）有足够的文化自信。文化上的自卑
或者自负心态都不能让一个民族用一种合理健康的视角看待世界。在全球
对话中我们需要从哪里出发进行言说呢？或者我们应该怎样建立一种文化
自信？自信来源于深厚的根基，如果一无所有那就无法进行对话而只能被
"后殖民"。问题是，如何在理解文化传统中进行自我确认？

二　发掘中国的人文主义传统

纵向地看中国思想史，个人以为，我们需要重新发掘和确立一种人文
主义。这种人文主义，从其源头来说，来自先秦诸子的思考著述。这是一
个老生常谈的问题。一说到中国文化传统，很自然地会追溯到儒家，追溯
到孔孟之道。可是我们大家人云亦云的时候多，独立思考的太少，究竟儒
家的思想源头和内核是什么？很长一段时期以来，谈及孔孟之道，我们的
思维习惯不自觉地把我们引向一种反感的态度，引向近代以来对孔孟的批
判思路上去。（实际上，真正的孔孟之道正是一种被忽略的人文主义。）

中国近代思想史中对传统的批判和反思，应该始于达尔文主义进入中
国。1897 年，严复先生根据 T. H. 赫胥黎（Thomas Henry Huxley）的《进
化论与伦理学》（*Evolution and Ethics and other Essays*）编译成《天演论》
一书，在中国思想界掀起轩然大波。"物竞天择，适者生存"八个字成了
一大批近代中国学人观照自己民族文化的重要标尺。中国政法大学的王人
博老师曾经这样说，一部英国思想史，可以不提赫胥黎的《进化论与伦
理学》，但是一部中国的思想史，你不可能不提到《天演论》。据说胡适
之先生名字中的"适"字就是取自"物竞天择，适者生存"。在近现代历
史中，我们经历了痛苦而漫长的开眼看世界、向西方学习以及重新确立所
谓中国特色的过程。对西方文明态度的矛盾，成为近代学人解不开的
心结。

1915 年开始的新文化运动，以德先生（民主）和赛先生（科学）
两面旗帜为指导，对于传统儒家伦理道德进行了一次全面的批判。（关
于新文化运动，在此不必赘述。）而与国内批判传统文化、"打倒孔家
店"时间相仿，日本有这样一个人，他开创一种"《论语》+算盘"的经
营模式，主张在工商业经营中做到"义利合一"，这个人就是有"日本

近代企业之父"称号的涩泽荣一（Shibusawa Eiichi，1840—1931）。涩泽荣一是日本明治维新初期最主要的推动者，也被称为"儒家资本主义的代表"，其著作《论语加算盘》也成了日本企业经营管理领域的行动指南。

对于儒家，对于孔子，我们实在是说了太多太多，可是做得实在太少。我们需要重新找回孔夫子"虚席以待"的那种坦然，这谈何容易！鲁迅先生在《文化偏至论》一文中说到中国文化应该"外之既不后于世界之思潮，内之仍弗失固有之血脉"。陈寅恪先生在《冯友兰中国哲学史审查报告》中曾经也这样说："其真能于思想上自成系统，有所创获者，必须一方面吸收输入外来之学说，一方面不忘本来民族之地位。"陈先生认为，对于中国学术而言，必须介入世界学术潮流，只有这样才能参与世界范围的文化对话，但是必须保持中国自身学术传统的延续，"不忘本来民族之地位"。而比上述两位先生态度更激烈、更彻底的正是编译《天演论》、近代西学第一人的严复，严复先生在晚年目睹了欧战之后，这位高倡"物竞天择，适者生存"、一心向西学的启蒙思想家发出如是感叹："不佞垂老，亲见脂那七年之民国与欧罗巴四年亘古未有之血战，觉彼族三百年之进化，只做到'利己杀人，寡廉鲜耻'八个字。回观我孔孟之道，真量同天地，泽被寰区。此不独吾言为然，即泰西有思想人亦渐觉其为如此矣。"[1]

我们讨论这个问题时，不至如严复先生那般绝望，但是不可不反思我们对自己文化的态度。个人认为，鲁迅先生和陈寅恪先生对待中国传统文化的态度，尽管他们的文章写于 20 世纪初期，但是两位文化巨人的真知灼见到今天仍然让我们受益。严复先生所说的"孔孟之道"究竟是指代哪些内容呢？就原文看，正是对应"利己杀人，寡廉鲜耻"八个字的反面。结合今人的思想史成果和文化发展状况，我们概括为人文主义。

按韦政通先生《中国思想史》的说法，孔子思想中，最主要的几个关键字莫过于"仁""礼"和"孝"，到了孟子，可以概括为"仁""义"和"孝"。这几个字，既是对个人伦理道德修养的要求，也是社会政治伦

---

[1]　《严复集》第 3 册，书信，王栻主编，中华书局 1986 年版，第 692 页。

理层面的一种理想。之所以说是理想，是因为在中国历史自公元前770年春秋时代开始到1912年清帝退位这2682年的历史中从来没有完整地实现过，即便是孔夫子所向往的前代和1912年以后所谓结束了封建专制的中国也没有真正实现过。但是在"内圣"或者说个人修身层面，这些要求则成为中国古代文人几乎一以贯之的原则，且不乏践行之人。诚意、正心、修身、齐家、治国、平天下这些被人熟知的道德准则从《大学》出现一直到近代，被一代代士人所坚守。以此为代表的孔孟之道作为中国文化的核心部分一直作为传统读书人的精神园地而被奉以至高地位。就个人而言，这些原则和要求绝对是自修与人际相处中的普世理念；但不幸的是，这些原本属于个人的道德被强行推进到整个国家伦理的层面，在春秋战国时代，孔子和孟子只是诸子之一，并没有精神权威的地位，因而即便孔孟两人极力游说，应者寥寥无几。正是这种思想非中心地位，赋予了其极大的活力。进入西汉，由董仲舒倡导的"独尊儒术"，则葬送了先秦儒家的真精神，也就是将儒家（主要是孔孟一系）抬上了政治和文化权力中心，这样做无疑使孔孟所提倡的"自觉、自发、自信的教化精神被现实专制所扼杀"。徐复观就先生曾评价说，董仲舒自身在客观上也成了助成专制政治的历史中的罪人。董仲舒鉴于当时环境，不管是主动还是被动，都将孔孟之道带进了一个死循环，而这个循环被打破则已经是两千多年以后的事情了。其实，就现实来看，儒家道德伦理主导现实政治的观念在今天可能依然如故。

　　经过以上分析，严复先生所说的"孔孟之道"很大程度上可能仍然落脚在由个人道德推进到国家（社会）伦理的这样一个过程之中。所以，个人以为，严复先生对于孔孟之道的态度仍然是暧昧的。正因如此，我们有必要对孔孟之道所代表的儒家文化进行一种两分——个人道德和国家伦理两个层面。而我们所关注的恰恰是在个人道德层面的实践状况，从而关注整个民族的文化状况，而非国家。（国家和民族是两个不同的概念，希望能将二者区分，个人以为，国家更多地立足于政治层面，而民族则是狭义上文化概念的一种延伸。）落实到个体自我修养层面，"仁""义""礼""孝"等理念所代表的正是一种中国的人文主义传统。

三　再谈"全球对话主义"

在找回这种人文传统之后，再通过审视全球对话主义框架中中国文化的位置（主体存在）来确定我们应该采取一种怎样的态度可能就会容易很多。也就是说，在全球范围的对话之中，作为对话参与者的中国文化，因为有了比较坚实的立足基础，当我们"陷入"对话之时就不会茫然无措，而可以比较从容地参与到对话之中来。一方面可以在对话中"意识到我们自己的文化局限"，另一方面不至于因为对自身的无知而在对话中迷失自我，要知道，迷失自我是"对话"这个概念本身所不容许的状态。

这里涉及另外一个问题，全球对话有没有一个基本共识"平台"？如果我们因为要保证全球对话主义作为一个哲学概念的完整性——即保证"陷入一场对话"这种状态的绝对实践而将其视为一种近乎无原则的混乱机制，那么毫无疑问是又把全球对话主义拉进了其旨在超越的后现代哲学。这与其概念本身的合理性是背道而驰的。因而，我们需要确认一个底限——一种文明的底限作为对话的基本平台。在国家伦理层面，从世界近现代人类文明的发展历程来看，人权（Human Rights）观念应该可以作为一个底限的备选方案。人权是人类作为有别于其他动物的人在世界中生存的基本权利，关于人权的问题也已经成为第二次世界大战后全球文化中的基础话题。1948 年联合国大会通过了《世界人权宣言》（*Universal Declaration of Human Rights*，以下简称《宣言》），在反思两次世界大战给人类带来的深重灾难的同时，以国际性契约的方式确立了人权的至高地位。暂且不管其落实情况，《宣言》起码为人类的社会生存提供了一种全球范围内的契约保障。从这个意义上来说，把人权作为一种全球对话主义的底限或者平台是有其合理意义的。

《宣言》的开篇是这样一句话：All human beings are born free and equal in dignity and rights. They are endowed with reason and conscience and should act towards one another in a spirit of brotherhood。这是《宣言》的基础，也可以作为全球对话平台的基础，因而我们有理由说，这是无前提的对话中一个隐含的、不言自明的前提。离开了这个最重要的基础，对话将难以开始和维继。从这个基础出发重新审视我们在第二部分中对孔孟之道所代表的儒家文化的区分，有理由认为这种区分是有必要的。

free 和 equal 两个词在通行翻译中对应中文"自由"和"平等"两词，为了尽可能准确，我们需要对其词义进行考察。

free：

not costing any money

not held as a slave or prisoner

not physically held by something

FREE stresses the complete absence of external rule and the full right to make all of one's own decisions 〈you' re*free* to do as you like〉

(Merriam – Webster Dictionary)

1. not under the control or in the power of somebody else; able to do what you want

2. not restricted or controlled by anyone else; able to do or say what you want

3. not a prisoner or slave

4. not tied up or in a cage

5. costing nothing

6. clear; not blocked

7. free from/of something not containing or affected by something harmful or unpleasant

8. free (in adjectives) without the thing mentioned

9. free (of something) not attached to something or trapped by something

10. not being used

11. free (for something) (of a person or time) without particular plans or arrangements; not busy

12. free with something (often disapproving) ready to give something, especially when it is not wanted

13. a free translation is not exact but gives the general meaning

(Oxford Advanced Learner's Dictionary)

equal：

the same in number, amount, degree, rank, or quality

having the same mathematical value

not changing : the same for each person

(*Merriam – Webster Dictionary*)

1. the same in size, quantity, value, etc. as something else

2. having the same rights or being treated the same as other people, without differences such as race, religion or sex being considered

3. equal to something (formal) having the necessary strength, courage and ability to deal with something successfully

(*Oxford Advanced Learner's Dictionary*)

《宣言》中 free 和 equal 两词的含义体现在上述所录英文权威词典中即是标注（下画线）部分，所强调的是一种个体在社会伦理意义中的自由和平等，强调生而平等、天赋人权；而"自由"和"平等"两词虽然在古代汉语中都能找到，但在中国传统文化语境中却是没有这两个义项的，其现代意义是近代以来的翻译家所赋予的，这正是区分之处！（关于"自由"与"平等"两词的词源学问题，已经有大量文献做过考证，这里不再复述。）

以"自由"（free）和"平等"（equal）为代表的一系列现代国家伦理观念是人类用近代几百年历史的残酷和血腥淘洗出的最宝贵的思想遗产，到今天，已经得到了世界上绝大多数国家、民族和公民个体的认可，也成为一个判断国家现代文明程度的重要标准。从某种角度上说，没有这样一些共识性的观念，我们很难去奢望真正全球化的到来。技术革命固然是最显眼的要素，而深藏其后的文化理念方面的认同感增强，则应该是最根本的原因。这也恰好解决了在第一部分提出的问题，我们是不是可以用一种高姿态来无所顾忌地谈论全球对话主义了呢？基于中国文化的现状，似乎还需要做些什么。

"仁""义""礼""孝"都是汉语的源生型词汇，"自由""平等"这样的词虽带有佛教、基督教等外来文化的影响，但其词形则在古代汉语中就已出现。而拥有 free 和 equal 的英语中却很难找到几个词来准确对应"仁""义""礼""孝"。对于像"自由"和"平等"这样的词，我们需要在理解其本土意义的基础上，接受其非本土的社会伦理意义，因为中国文化传统中正缺乏其对应"free"和"equal"的一面，这也正是我们的文化局限所在，而我们之所以能认识到这种局限，得益于"全球对话"。而像"仁""义""礼""孝"这样纯粹的中国式语言和文化意义表达，正是我们在全球对话主义中得以参与和"言说"的重要根基。

我们坚持古代中国的人文主义立场，方能确定中国的主体，这是全球对话之前所要做好的工作。我们并不排斥全球对话，在确立中国式的语言和文化表达主体之后，理当积极参与到全球对话当中，方能取长补短为我所用，不落后于世界文明潮流。

全球对话视域下的哈姆雷特与王昭君

孙汉田

摘要： 本文试图在全球对话主义宏观理论之下的及物层面展开探讨，丰富全球对话主义在具体考察文化对话时的观察尺度，着重考察"哈姆雷特"作为文化母题的衍生发展以及关于王昭君的越界诗歌书写这两个文化全球对话的典型事件。在原有的与地域密切相关的"地理的"文化对话考察维度之外，时间失效的"古今"对话维度和多种因素综合推动的文化社群对话维度，应当作为两个新的审视全球文化对话的视角，并且以此丰富全球对话主义对全球文化对话的认识维度。

关键词： 时间，对话，哈姆雷特，王昭君

《全球对话主义》，是基于现今全球化成为高热话题的现状展开的面向现实的思考。但是，正如作者金惠敏在写作全书之始就加以着重强调和期望的——"全球化渴望哲学的支援，而哲学也应该回应全球化而丰富自身"。① 这种面向现实的讨论有了试图达到哲学思考高度的追求。在这样的愿景之下，关于"全球对话主义"理论阐释和丰富的过程，实际上成了一个以"经世致用"（笔者称之为"及物"）为追求的理论建构过程。也许在今天讨论"全球对话主义"指导实践的意义为时过早，但从我们思考的出发点来看，我们至少可以相信：全球对话主义，是及物的理论。

既然是"及物"，那么，全球对话主义究竟所及何物呢？粗略概括来说，全球对话主义的讨论对象就是文化。全球对话主义及物的方法，

---

① 金惠敏：《全球对话主义：21世纪的文化政治学》，新星出版社2013年版，第2页。

则是对话。这里需要说明的是，在这样一个无远弗届的对话空间之中，一切文化中的一切因子都可以进入这个对话，同时，也必须展开对话。对话是在其中的所有个体的存在方式。如果离开对话，个体也就不复存在。

说到书中所"及物"的具体内容，愚见以为其主要涉及的还是在"球域化"的文化地理生态下的对话问题。在承认"文化帝国主义"已进入后现代语境的认识之下，作者毫不回避地审视现下全球文化对话的现实，并且提出自己基于全球对话主义理论支撑的判断。这恰恰是全球对话主义理论及物的最好佐证。似乎也正因为如此，作者才用一个副标题稍加框定，曰"21世纪的文化政治学"。这个"政治"，据书中涉及看来，更多的仍是在地理空间尺度上划界与解域，尤其着重讨论了文化的后殖民问题下对话涉及的文化政治问题。而在理论的层面上，无论"对话"还是"文化"，甚至是广义一些的"政治"概念，都已经大大超越了这个具体问题。

具体来说，在全球对话主义之中，时间的虚拟轴被无效化，仅仅以平面的空间（如东方西方或者其他的具体地域）来衡量的文化对话也显得苍白狭小。凡是能被对话所连接的，都不分时间空间同在全球对话的场域之中，这个对话的世界联通全球，然而却无法在一张世界地图上被画出。因为它是立体的、动态的。

哈姆雷特与王昭君虽然从传统意义的时间和空间上来讲，是两个相去甚远的文学母题。但是，在一个这样的复杂动态的对话语境当中，却都是不被线性的时间和平面的地理限定的立体动态对话的典型。由不同的侧面切入，我们可以从这两个背景区别极大的文学、文化母题当中，窥见全球对话的更多维度。

在这里需要补充说明的是，本文为了突出特点，而将这两个母题分开论述，但这种区分并不是判断和排他性质的。换言之，在这两个包含着无数已经发生的对话和发生对话的可能的文化母题当中，没有一种实际存在的对话是可以被某一种对话的维度所框定住的，对话的维度仅仅是我们审视全球对话的参照系，而不是分类法。

一 一千个哈姆雷特

首先，是时间失效后的"古今"共在维度。对话的场域正是具体的世界，对话的关系，则已经溢出当下"全球"的地理属性。时间失效之后的对话，不单单处于线性的文化前后继承的时间中，"过去"和"现在"被用来区分某个加入对话的文化实体已经没有实际意义。因为凡是进入对话，这些实体就获得了动态中的平衡，对话也不会被预设所规约。一个本来处于强势的"过去"或者"传统"，不再单方向地影响"现在"，而是在双向的对话中被消解掉原有的话语强势。

试举《哈姆雷特》为例，以《哈姆雷特》作为蓝本或母题拍摄的电影作品有：

《哈姆雷特》：1908 年意大利电影

《哈姆雷特》：1913 年英国电影

《哈姆雷特》：1917 年意大利电影

《哈姆雷特》：1921 年德国电影

《哈姆雷特》：1935 年印度电影

《哈姆雷特》：1947 年英国电视电影

《哈姆雷特》：1948 年劳伦斯·奥利弗导演电影

《哈姆雷特》：1954 年印度电影

《哈姆雷特》：1955 年瑞典电视电影

《哈姆雷特》：1963 年苏联电影

《哈姆雷特》：1964 年美国电影

《哈姆雷特》：1964 年英国电视电影

《哈姆雷特》：1964 年朱丽·哈里斯主演的美国电影

《哈姆雷特》：1964 年阿根廷电视电影

《哈姆雷特》：1969 年英国电影

《哈姆雷特》：1970 年电视电影

《哈姆雷特》：1978 年意大利电视电影

《哈姆雷特》：1979 年法国电视电影

《哈姆雷特》：1990 年美国电视电影

《哈姆雷特》：1990 年佛朗哥·泽菲雷里导演电影

《哈姆雷特》：1996 年肯尼思·布莱纳导演电影

《哈姆雷特》：2000 年麦克·阿尔默瑞德导演电影

《哈姆雷特》：2000 年美国电视电影

《哈姆雷特》：2000 年法国电视电影

《哈姆雷特》：2002 年美国动画短片

《哈姆雷特》：2004 年波兰电视电影

《哈姆雷特》：2005 年加拿大录像带

《哈姆雷特》：2007 年英国电影

《哈姆雷特》：2009 年格雷戈里·道兰导演电影

……

这仅是不完全统计，而且改编也绝不仅仅发生在电影之中，甚至连中国传统的京剧、越剧都有《王子复仇记》。另外，像流行歌曲、电子游戏等都有改编作品。

在这样的一个复杂交织的对话网络中（尽管这在全球对话的框架内仍然是沧海一粟），《哈姆雷特》变得不再唯一，而是成了一个对话世界中的一员。在这样的对话过程中，人们所知的《哈姆雷特》不再建立在它的原典本身，而是建立在对话流动变化的体验之中。当然，原著的特殊意义仍在。正如金惠敏强调全球对话主义对现代性与后现代性一正一反双向运动的同时接纳。

在这样一个对话的"事件"中值得注意的是，不同维度上的对话并不是分门别类、安分守己的，而是不受限制地互相交织，形成完全贯通的对话体系。以上电影改编的过程中，东方的、西方的，不同国家的，不同审美追求和改编目的的版本，又成了他者文化之中的"本有"之物。而从京剧到电子游戏，显然又可以理解为不同的社会文化社群之间的文化对话。古今共在时间失效的对话维度本身，也不能涵盖哈姆雷特这个意味丰富的文化母题中哪怕最简单不过的一次文化全球对话"事件"。时间、空间、文化社群和社会心理这些种种不同的文化对话因素，永远综合性地在全球对话当中发挥着作用。

二　异国他乡的王昭君

其次，接上文所述，又有不同文化社群间的对话维度。社会阶层化的与不同阶层发生紧密联系的文化，其存在是远远早于全球对话的文化时代的。早在古代，不论东方西方，文化取向上，整体上有雅俗之分，而就局部而言又有也许界限并不明晰但是却各有风格特色的不同文化取向。在全球化发生之前的世界，这种不同文化社群间的对话就一直存在着。直到今天，在商业利润和政治诉求的驱动下，文化社群越来越被细分，同时又伴随着"地理的"文化全球对话不断地扩展、变化、融合。

在不同的文化传统中，多有一经出现就被反复书写，不断建构扩展的"母题"，上文的《哈姆雷特》可算简单地从古今对话的角度做管中窥豹式解读的一例。事实上，任何一个具体的文化对话场域，无不是包含多个维度的。如中国"昭君出塞"之典故，在绵延至今的书写过程中，就有多个维度的共同参与。

古诗用昭君典故，多取或哀伤或讽喻的"消极情感"笔调，昭君普遍地以悲剧形象出现。试举《乐府诗集》和《全唐诗》中部分名家诗作为例：

南朝宋·鲍照《王昭君》："既事转蓬远，心随雁路绝。霜鞞（音"丙"，此处通"鞞"）且夕惊，边笳中夜咽。"

梁·沈约《明君词》："朝发披香殿，夕济汾阴河。于兹怀九折，自此敛双娥。沾妆疑湛露，绕脸状流波。日见奔沙起，稍觉转蓬多。胡风犯肌骨，非直伤绮罗。衔涕试南望，关山郁嵯峨。始作阳春曲，终成苦寒歌。惟有三五夜，明月暂经过。"

北周·庾信《明君词》："敛眉光禄塞，遥望夫人城。片片红颜落，双双泪眼生。冰河牵马渡，雪路抱鞍行。胡风入骨冷，夜月照心明。方调琴上曲，变入胡笳声。"

北周·庾信《王昭君》："拭啼辞戚里，回顾望昭阳。镜失菱花影，钗除却月梁。围腰无一尺，垂泪有千行。绿衫承马汗，红袖拂秋霜。别曲真多恨，哀弦须更张。"

北周·庾信《王昭君》："猗兰恩宠歇，昭阳幸御稀。朝辞汉阙去，夕见胡尘飞。寄信秦楼下，因书秋雁归。"

唐·上官仪《王昭君》："玉关春色晚，金河路几千。琴悲桂条上，笛怨柳花前。雾掩临妆月，风惊入鬓蝉。缄书待还使，泪尽白云天。"

唐·卢照邻《王昭君》："合殿恩中绝，交河使渐稀。肝肠辞玉辇，形影向金微。汉宫草应绿，胡庭沙正飞。愿逐三秋雁，年年一度归。"

唐·骆宾王《王昭君》："敛容辞豹尾，缄怨度龙鳞。金钿明汉月，玉箸染胡尘。妆镜菱花暗，愁眉柳叶颦。惟有清笳曲，时闻芳树春。"

唐·沈佺期《王昭君》："非君惜鸾殿，非妾妒（通"妒"）蛾眉。薄命由骄虏，无情是画师。嫁来胡地恶，不并汉宫时。心苦无聊赖，何堪上马辞。"

唐·刘长卿《王昭君》："自矜妖艳色，不顾丹青人。那知粉绘（通"绘"）能相负，却使容华翻误身。上马辞君嫁骄虏，玉颜对人啼不语。北风雁急浮云秋，万里独见黄河流。纤腰不复汉宫宠，双蛾长向胡天愁。琵琶弦中苦调多，萧萧羌笛声相和。可怜一曲传乐府，能使千秋伤绮罗。"

唐·李白《王昭君》："汉家秦地月，流影照明妃。一上玉关道，天涯去不归。汉月还从东海出，明妃西嫁无来日。燕支长寒雪作花，蛾眉憔悴没胡沙。生乏黄金枉图画，死留青冢使人嗟。"

唐·李白《王昭君》："昭君拂玉鞍，上马啼红颊。今日汉宫人，明朝胡地妾。"

唐·李白《杂曲歌辞·于阗采花》："于阗采花人，自言花相似。明妃一朝西入胡，胡中美女多羞死。乃知汉地多名姝，胡中无花可方比。丹青能令丑者妍，无盐翻在深宫里。"

唐·白居易《王昭君》："满面胡沙满鬓风，眉销残黛脸销红。愁苦辛勤憔悴尽，如今却似画图中。"

唐·白居易《王昭君》："汉使却回凭寄语，黄金何日赎蛾眉？君王若问妾颜色，莫道不如宫里时。"

唐·李商隐《王昭君》："毛延寿画欲通神，忍为黄金不为人。马上琵琶行万里，汉宫长有隔生春。"①

---

① 以上摘自郭茂倩编《乐府诗集》，中华书局 1979 年版，第 426—431 页。

在唐之后，昭君主题依旧被不断歌咏：

北宋·欧阳修《明妃曲再和王介甫》："汉宫有佳人，天子初未识。一朝随汉使，远嫁单于国。绝色天下无，一失难再得。虽能杀画工，于事竟何益？耳目所及尚如此，万里安能制夷狄？汉计诚已拙，女色难自夸。明妃去时泪，洒向枝上花。狂风日暮起，飘泊落谁家。红颜胜人多薄命，莫怨春风当自嗟。"

北宋·王安石《明妃曲》："明妃初出汉宫时，泪湿春风鬓脚垂。低徊顾影无颜色，尚得君王不自持。归来却怪丹青手，入眼平生几曾有。意态由来画不成，当时枉杀毛延寿。一去心知更不归，可怜着尽汉宫衣。寄声欲问塞南事，只有年年鸿雁飞。家人万里传消息，好在毡城莫相忆。君不见咫尺长门闭阿娇，人生失意无南北！"①

南宋·姜夔《疏影》："昭君不惯胡沙远，但暗忆、江南江北。想佩环、月夜归来，化作此花幽独。"②

明·王夫之《明妃曲》："金殿葳蕤锁汉宫，单于谈笑借东风。黄沙已作无归路，犹愿君王斩画工。"③

清·吴雯《明妃》："不把黄金买画工，进身羞与自谋同。始知绝代佳人意，即有千秋国士风。环佩几曾归夜月，琵琶惟许托宾鸿。天心特为留青冢，春草年年似汉宫。"④

而在今天政治经济意义上的"全球化"出现之前，文化对话范围所及，也有其他国家士人对昭君故事这个母题的歌咏：

［日］嵯峨天皇《王昭君》："弱岁辞汉阙，含愁入胡关。天涯千万里，一去更无还。沙漠坏蝉鬓，风霜残玉颜。唯余长安月，照送几重山。"

［日］宫岛诚一郎《王昭君》："莫道丹青误我身，拼将玉貌镇胡尘。如何廊庙无良策，社稷安危付妇人。"⑤

---

① 以上摘自鲁歌编《历代歌咏昭君诗词选注》，长江文艺出版社1982年版，第77、71、259页。

② 姜夔：《白石道人歌曲》，中华书局1985年版，第56页。

③ 王夫之：《王船山诗文集》，中华书局1962年版，第178页。

④ 鲁歌编：《历代歌咏昭君诗词选注》，长江文艺出版社1982年版，第77、71、259页。

⑤ 以上摘自李寅生《日本汉诗精品赏析》，中华书局2009年版，第350、351页。

　　以上举例，笔者尽量精简，一般只取以昭君事为题的诗，至于诗中用典的，并未纳入。相信仅极粗略地走马观花一番，我们已经可以从中发现文化对话的不少规律。昭君典故在这样的书写过程中，由一元变成了多元，形成了侧重不同、情感风格各异的解读。加以最笼统的概括，至少有以下几种倾向。

　　一是述昭君出塞之孤苦，此类可以说是数量最多、最常见的主题，如庾信《明君词》："敛眉光禄塞，遥望夫人城。片片红颜落，双双泪眼生。冰河牵马渡，雪路抱鞍行。胡风入骨冷，夜月照心明。方调琴上曲，变入胡笳声。"昭君身在塞外，遥望中原的孤独和苦痛情感是这首诗书写的主题。"方调琴上曲，变入胡笳声"一句，暗合庾信自身的身世之感。华夷之辨、身世之感，使得有着相似遭遇的庾信很容易选择王昭君作为自己歌咏的主题。

　　二是由画师误昭君的典故引发怀才不遇之情，如李白《杂曲歌辞·于阗采花》："于阗采花人，自言花相似。明妃一朝西入胡，胡中美女多羞死。乃知汉地多名姝，胡中无花可方比。丹青能令丑者妍，无盐翻在深宫里。""明妃一朝西入胡，胡中美女多羞死"一句，借美貌言才华，颇有李白式的傲气和豪情，而"丹青能令丑者妍，无盐翻在深宫里"则写美丑之倒置，表达怀才不遇之感。

　　三是政治讽喻，以妇人安边来反观朝堂无能，如欧阳修《明妃曲再和王介甫》："虽能杀画工，于事竟何益？耳目所及尚如此，万里安能制夷狄？汉计诚已拙，女色难自夸。"对皇帝的指责和批评，颇有借古讽今之意。

　　在公元809年即位的日本嵯峨天皇，是以大力推行"唐化"且有很高的文化水平著称的。因为与昭君母题本来的文化土壤存在距离，他对昭君主题诗歌的仿作，更大程度上有借用形式同时关注于诗歌语言本身的特点。他的《王昭君》，明显不以思考见长，而是描绘昭君出塞之辛苦，有追求形式美的倾向，像是关于"王昭君"的命题作诗。

　　至于生活在江户时代末期到明治维新时期的宫岛诚一郎，《王昭君》中的气象就为之一变，一方面说"如何廊庙无良策"，表现出对政局的不满；另一方面又"拼将玉貌镇胡尘"，展现自身的抱负。这样的书写，就可以与不少唐宋诗人的昭君歌咏相对照来看了。

而以上这些，又多是代表精英上层的文化风格和立场，至于更接近民间的，如元朝马致远的《破幽梦孤雁汉宫秋》，王昭君由不受赏识的宫女变成了妃子，单于由朝见变成了威胁，这种民间化的视角在异族统治的元代尤其显示出它的特异性。

而对今天我们对昭君出塞的理解和情感倾向有着莫大影响的曹禺剧作《王昭君》，则可算是受政治影响的文化倾向的典型代表。《王昭君》里的昭君，在当时的政治宣传要求下，情感倾向相对过去为之一变。昭君成了胡汉和亲、促进民族团结的使者。据《曹禺传》：

> 那是 1961 年的初春季节，周恩来同志同文艺界的一些朋友座谈。谈到内蒙的一位领导曾向他反映，在内蒙地区，在钢城包头，蒙族的青年要找一个汉族姑娘结婚是很困难的，因为汉族姑娘一般是不愿嫁给蒙族小伙子的。周恩来同志说，要提倡汉族妇女嫁给少数民族，不要大汉族主义，古时候就有一个王昭君是这样的。接着，他对曹禺说："曹禺，你就写王昭君吧！"他还建议大家举杯，预祝《王昭君》早日问世。[①]

综合以上种种，不难发现，牵扯民族的、社会阶层的、政治诉求的种种文化倾向，都在"昭君出塞"这个母题的范围内实现了对话。在今天，怀才不遇的昭君可以与主动和亲的昭君对话，软弱无能的汉朝可以和强盛包容的汉朝对话。这种对话，都牵扯着背后的文化立场，从而在这一个小小的交汇点上展现出不同文化社群的对话。种种不同文化立场间的对话，同时也取消了时间的虚拟轴，古今问题在"昭君出塞"的对话事件中也表现得尤为突出。

三　结论

当然，在今天，众多的文化社群之间的对话更趋频繁，其复杂的程度只怕任何人都难以加以总结概括：2005 年美国电视剧《越狱》通过网络

---

① 田本相：《曹禺传》，东方出版社 2009 年版，第 478 页。

在中国引发观看的热潮，而《越狱》的观众群在跨越了国界的同时，又与其他观众群体形成了分野和对话。例如，2005 年同样在华语世界（香港）正式上映的韩国电视剧《大长今》。在几部风格迥异的热门电视剧背后，就涉及性别关系、审美趣味、社会阶层、东西方地域等诸多因素作用下的多个文化社群的对话。

　　从哈姆雷特和王昭君的案例中也可以看出，全球对话主义之"对话"，不是一个今天才形成的存在，而是早就局部地隐隐存在着。但是，对话扩展到全球范围内，从时间和空间上都完全地打通成为一个大的整体，却是现代性推动的结果。在全球对话出现之后，原本自在的、很少被审视的对话过程开始受到重视，而在这种主动认同的过程中，理论的建构却往往容易忽视对话的基础——即一切进入对话的他者，都会成为主体。由此，对话中一切所谓他者的问题，其实都与主体、与对话本身有关。真正完全敞开的对话中，一个王昭君不必批判另一个，一个哈姆雷特也无法纠正他的其他同名陌生人。因此，在全球对话的体系当中，哈姆雷特和王昭君两者在进行同一母题下的对话的时候，他们开展对话的模式并没有多少不同。当然，全球对话主义中的"主体"，又与现代性之主体大相径庭了。金惠敏的另外一篇文章《主体的浮沉与我们的后现代性》，从现代性的主题出发来看当前中国的现代与后现代，其中一段话，似乎可以比较简明扼要地提供哲学解释：

> ……这是一个悖论，全部西方哲学史即无论是以本体论为中心的古代哲学还是转向了认识论的现代哲学，都在致力于解决主体如何才能与客体统一的问题，而这同时也就是自我与他者的关系问题。[①]

　　如果说在此文中，金先生更多的只是指出问题的话，那么，在《全球对话主义》当中，在对现代性与后现代性的综合扬弃过程中，他已经给出了自己的答案。解决之道，简而言之，仍然是"对话"二字。

　　以上在两个"新的"维度上观察全球文化对话，既不是补充，更谈

[①]　陈晓明编：《后现代主义》，河南大学出版社 2004 年版，第 256 页。

不上拓展，只是试图在全球对话主义的"及物"层面上，提供一些新的、方便展开进一步研究的坐标系。从而试图使在实际的文化研究层面略显平面的、过于注重"地理的"文化对话的全球对话主义思想体系，拥有更多的剖析全球文化对话这个新世界的角度。

与他者共在

——全球对话主义视野下的李安早期华语电影

吕智超

摘要： 全球对话主义理论的提出为全球化研究提供了哲学介入。"全球"是对话的一个方面，具有共同性、普遍性的意义趋向，"对话"则强调参与对话者的他者性。以此视角重看李安早期的华语影片，会发现他较早地意识到全球化的趋势，并自觉与世界对话，不以特殊化的异族自居。他导演的电影关注人性的普遍话题，以他者化为主体的应有之义进行差异性对话，在对话中处理矛盾与冲突。李安的探索为华语影片走向与世界对话提供了诸多借鉴。

关键词： 李安，他者，对话，差异

20 世纪 90 年代以来，全球化日益成为我们必须面对的一个文化课题。在全球化语境之下，很多中国导演都努力尝试在国际影坛立足。就目前所取得的成就来看，李安无疑是华语电影导演成功走向世界的典范。1991 年，《推手》获亚太影展最佳影片奖，两年后《喜宴》获柏林影展金熊奖、西雅图电影节最佳导演奖，初步奠定了李安在国际影坛上的地位。1994 年，《饮食男女》获亚太影展最佳影片和最佳剪辑奖、全美国家影评人协会最佳外语片，并获奥斯卡最佳外语片奖提名。此后，李安跨进了好莱坞的大门，先后拍摄了获得多项大奖的西方题材大片《理智与情感》《冰风暴》《与魔鬼共骑》。2000 年，李安重返华语影片市场，拍摄了武侠片《卧虎藏龙》，一举夺下奥斯卡金像奖最佳外语片、最佳摄影等四项大奖，并获金球奖最佳导演和最佳外语片奖。2003 年，拍摄了根据同名漫画改编的《绿巨人浩克》；2005 年，《断背山》再次获得奥斯卡金

像奖最佳导演等三项大奖。之后接拍华语片《色戒》，尽管引发不少争议，但仍获得威尼斯电影节最佳影片金狮奖。2008 年完成《制造伍德斯托克》，2012 年的最新作品《少年派的奇幻漂流》获得奥斯卡金像奖最佳导演奖和最佳影片提名。

　　李安能在国内外影坛取得这样的佳绩，可以说是得益于他多元化的文化身份。他 20 世纪 50 年代出生在台湾，祖籍是江西德安，父亲早年随国民党军队来到台湾，先后担任过小学校长和中学校长，治家甚有古风。李安就是在这样一个有浓厚文化氛围的家庭里成长起来的，"父母与教养的关系，间接的耳濡目染，使得我对中原文化产生了一份浓浓的情愫"。①作为大陆来台家庭，李安还有一重身份是台湾外省人，历史原因使得台湾"外省人"的身份具有复杂多样性，他们来自全国各地，有着不同的文化与风俗，最终会聚在一起，多样化的中华文化奠定了他很多影片的基调。从台湾"国立艺专"戏剧电影系毕业后，他来到美国伊利诺伊大学戏剧导演专业学习，并于纽约大学取得电影制作专业硕士学位。美国是世界上最大的移民国家，不同民族、不同国家的文化在这里发生碰撞与融会。李安自述："离台定居美国，也使得我在身份认同上有着飘零的迷惑感。因为到大陆看看老家，你会发觉，那儿再也不是你魂萦梦系的样子了。经过历史的洗礼，以往萦绕在父母脑海、经由双亲的经验传承给我们的故乡，也已经消失了。"② 美国以西方文化为主流的多种文化的杂芜交汇，进一步强化了他对多元性文化的认识，也让李安对中国传统文化有所反思。面对东西方文化的差异，李安为两者创造了平等对话的可能，不以异族自居，同时尊重异己文化差异，在对话中处理矛盾与冲突。就结果来看，李安的华语电影美学凭借其独特魅力征服了世界观众。

一　不以他者自居

　　伽达默尔的"他者"理论指出"文本的他者既是'真理'，也是'方法'。他者具有不可穷尽的神秘性，而另一方面通过与他者相遇我们

---

① 张靓蓓：《十年一觉电影梦——李安传》，人民文学出版社 2007 年版，第 83 页。
② 同上书，第 67 页。

自己被认识、被扩大、被更新"。① 将其扩展到文化领域同样适用。纵观走向世界的华语影片，大都凭借中国文化作为"他者"的独异性与神秘的东方色彩来吸引西方观众的眼球。张艺谋最早引起世界瞩目的华语片都是以民俗文化和地域特色著称：《红高粱》开头给新娘子开脸、上头、盖红盖头，颠轿，回门，酒坊里神圣的祭酒神仪式；《菊豆》里的染坊，摔盆、抱灵牌、挡棺等丧葬仪式；《大红灯笼高高挂》里的妻妾成群，点灯，捶足；《秋菊打官司》里的虎头鞋、长面、钻馍圈等。丰富多样的民俗符号让张艺谋的影片充满了民族韵味，但反过来这些所谓的中国元素恰恰以东方的"他者性"喂养了西方的"主体性"，不自觉地陷入了东方主义的境地，以文化奇观满足了西方人所想象的东方。这种文化思维模式，正如金惠敏所指出的，"对中国特色、特殊性的强调与坚持，是我们加诸自身的枷锁，不砸开这个枷锁，我们将永远自囚于世界之外，永远是东方异类，即便不被轻视，也是被作为猎奇的对象：我们对'世界'没有'意义'，因为我们仅仅是'民族'的"。②

李安的华语影片中也会出现一些中国文化元素，但不是以迎合猎奇性眼光来展现的，而是在日常生活中自然而然流露出来的。《推手》的开头采用了一个很有技巧的构图，老朱在客厅打太极，另一个房间里洋儿媳玛莎在噼里啪啦敲键盘，这就是他们日常生活一天的开始。《喜宴》中高伟同与顾威威举行了一西一中两次婚礼，由于是假结婚，两个年轻人想一切从简，便匆匆忙忙定了一个时间，在纽约市政府公证结婚。对于伟同的父母而言，越洋过海来到美国，就是为了儿子的婚礼，母亲甚至还带来了自己当年的嫁衣。在伟同父亲下属的张罗下，他们又举行了一场场面热闹的中式婚礼，婚礼上出现了跪拜父母、敬酒、闹洞房等中国传统习俗。《饮食男女》里，朱爸是个国厨，每周都精心准备一大桌丰盛的菜肴，等着三个女儿回来吃饭。影片开头用了一组蒙太奇镜头来展示老朱的厨艺，从备料到煎炒烹炸再到摆盘上桌，复杂的工艺凸显了中华美食的精美。在李安导演的这些早期影片中，不论是太极、婚礼习俗还是美食，这些传统文化现在依旧鲜活地存在于人们的生活中，不是空洞的神秘的民俗符号，也

---

① 金惠敏：《全球对话主义：21 世纪的文化政治学》，新星出版社 2013 年版，第 24 页。
② 同上书，第 91 页。

不是为了吸引西方观众而存在——它就是那样。

虽然都涉及中国文化，但这三部影片关注的重心是人性的普遍的东西，都以家庭为载体和切入点，回归到人的本质层面，探讨现代人的情感与家庭观念。在李安心目中，家庭与父亲都占据了十分重要的位置。李安曾经说过："父亲对我确实影响很大，因为从小他就是家里的大树干，我们家里又是典型中国式以父权为中心的家庭。"[①] 因此，这三部影片既构成了家庭三部曲，也是父亲三部曲。《推手》讲述的是一个退休的老父亲，来到美国跟儿子以及洋儿媳一起居住。语言不通，文化观念也有差异，导致家里矛盾不断，最终父亲选择搬出去自己一个人住。《喜宴》的故事情节比较荒唐，父母一直催促儿子早点儿结婚生子，让儿子十分为难，因为他是个同性恋，还有一个美国男友。为了能让父母安心，他跟自己的女房客假结婚，不料假戏真做，妻子怀了孕，最后她决定把孩子生下来，三个人也达成了一种默契，共同抚养这个孩子。《饮食男女》则讲述了父亲和三个女儿各自的爱情故事，一个大家庭分裂成几个小家庭，每个人各自去追求自己的幸福。父亲跟女儿好朋友的"忘年恋"在让人震惊的同时，也让人折服，老年人也可以拥有轰轰烈烈的爱情。

家庭与情感是所有人都绕不开的话题，无论在东方还是西方。李安将电影的主题定位于此，既是在书写东方家庭在现代文明冲击之下的变革，也容易引起西方人的共鸣。影片中所出现的东方文化元素成为故事的点缀，而非影片的重心。这也是李安与其他华语影片导演的不同之处：不以他者自居，追寻普世价值。

二　与他者对话

在全球对话主义理论中，"全球化作为全球对话主义，既包含了现代性，也开放了后现代性，是对二者的综合和超越。作为'他者'的对话参与者是其根本。这样的'全球'以他者为根基，是'他者间性'之进入'主体间性'，是他者之间的主体间性的相互探险和协商，没有任何先于对话过程的可由某一方单独设计的前提。'他者'一旦进入对话，就已

①　转引自吴琼《对父爱情节剧的一种考察》，《北京电影学院学报》1998 年 3 月。

经不再是'绝对的他者'了，对话赋予'绝对的他者'以主体性的维度。就其定义说，所谓'主体性'就是有能力去改变客体，而同时也将被客体所改变。'主体间性'的一个主要意思就是对主体之间相互改变的承认"。① 李安站在多元文化背景之下，面向东、西方观众进行创作。在影片中，东、西方文化各自以"他者"身份在一个场域中相遇并产生对话，其中并没有一种先入为主的文化占据主宰力量。两种文化互相影响，互相"协商"，既有各方的主体性表达，也有彼此的相互沟通与承认。

（一）他者化主体间的差异性对话

　　每种文化的形成都经历了特定的历史选择，其存在必然有其合理性。不同文化相互比较会各有弱点存在，随着时代的发展与进步，也都有需要改进的地方。但从整体来看，正是多个独特的"一"组成了世界文化上的"多"。当下，全球化的发展凸显了自我与他者的相遇。在与他者相遇并且对话的过程中，要将他者作为主体，进行差异性的交往。家庭三部曲正是建立在这样的基础之上的东西文化对话，承认差异的客观存在。具体来看，影片所表现的东西方文化的差异主要集中在伦理道德观念方面。

　　《推手》中，朱师傅退休后不远万里来到美国和儿子一家团聚，美国儿媳对此却表示十分反感。双方的生活习惯迥然不同，在教育孩子的问题上也没有达成一致，公公觉得儿媳对孩子太客气不把孩子当孩子，儿媳却觉得这是民主，民主就是没大没小。矛盾和争吵不断，最终的解决方式是朱师傅搬出去自己住，儿子家里预留了一个房间给他，他可以随时回来短暂居住。朱师傅之所以要到美国跟儿子一家团聚，根植于中国传统伦理道德观念的影响。中国传统文化注重集体，讲求"大家"的概念，甚至上升到家国同体的高度。传统、典型的中国家庭应该是以父权为中心，几代同堂，长幼有序，讲求孝道。这种家庭观念在很多文学作品中也可以看到：巴金的《家》《春》《秋》，老舍的《四世同堂》等。而西方文化更讲求个体意识，父母鼓励孩子独立成长、独立生活。观看西方的影片，很少会看到几代人共同居住在一个大家庭里。孩子成年之后就会离开父母独

---

① 金惠敏：《全球对话主义：21 世纪的文化政治学》，新星出版社 2013 年版，第 20 页。

自生活，而父母年老之后一般也是独自生活，不依赖于子女的照顾，孩子只是定期回来探望。当中国传统的"大家"与西方的"小家"相遇，不可避免地产生了很多碰撞与摩擦。

《喜宴》中，高父是退休的国民党高官，儿子高伟同在美国工作。老两口一直在张罗儿子的婚事，希望早日抱上孙子。而高伟同是个同性恋者，有一个美国男友。为了应付母亲安排的相亲，高伟同跟上海偷渡来的女房客顾威威办了假结婚。原本是一件两全其美的事情，却因为威威的意外怀孕发生了改变。在这个荒唐的故事里，高父、高母都抱着传统的"不孝有三，无后为大"的道德训诫，一定要伟同为高家延续香火。这让伟同的男友赛门难以理解，因为他的父母完全可以接受他跟伟同的同性之恋。20世纪90年代初的中国，同性恋是一个有悖伦常、让人难以启齿的话题，更不用说将它搬上银幕了。但自1969年纽约"石墙事件"掀起美国同性恋解放与权利运动以来，同性恋在美国早已不是什么新鲜话题。李安对同性恋没有什么兴趣，也无意于拍摄一部同性恋题材的影片，同性恋情节只是来源于好友提供的一个素材。在《喜宴》的主人公伟同身上，恰好体现了东、西方文化差异所引发的一对矛盾：既想尽孝道，又想拥有自由的爱。

《饮食男女》跟前两部影片有所不同，不再以旅美家庭为表现对象，故事背景设置在台湾地区，讲述的是父亲和三个女儿的关系。尽管如此，在他们的故事中还是有很多与中国传统文化观念相悖的西方文化观念的流出。在这个家庭里，母亲的角色是缺失的，三个女儿都想取代妈妈的空位，但都没有成功。即便每周末一家人都会一起吃团圆饭，也无法阻挡这个大家庭慢慢走向分裂，每个人都想走出去独立生活。小女儿家宁外表乖巧，却未婚先孕，是第一个离开家庭的人。大女儿家珍是家里的老姑娘，快30岁还没有结婚，大学时代感情受挫之后，本能地排斥所有男人。当她的激情被点燃之后，立马离开家去追寻自己的爱情。二女儿家情是最像母亲的那一个，聪颖漂亮，也是第一个想出走的人，尽管到最后只有她一个人没有归宿。三个女儿都敢于追求自己的幸福，有西方人的自由精神。而影片中最离经叛道的恰恰是看似传统的老爸，女儿们都在担心他晚年的幸福时，他却突然戏剧性地向大家宣告说他一定会好好照顾锦荣和姗姗。而锦荣，是家珍的同学和好朋友，一直被看作家里的第四个女儿。这样的结合是有悖中国传统伦理道德的，但放在西方文化语境之下，朱爸不过是完成了感情上由压抑到解放的自我救赎。

（二）他者之间的相互协商

全球化不同于殖民主义或文化帝国主义，它的最终导向不是同质化与标准化，而是各种文化形式在"一个场域"之中相互"协商"，达成一种"在异之同"，或者说是对话性的"和而不同"。"'和'意味着对他者的承认，意味着与他者的相互作用；'不同'则强调了我们作为对话一方的主体性。'不同'不停地被'和'所消解，被'和'所丰富、更新，由此或形成一个新的不同的'不同'，而这一不同接着又会以自己的不同即特殊和主体性而进入新一轮的'和'即相互作用的过程，如此循环往复，以至永无穷期。"① 表现在"家庭三部曲"中，中西文化经历差异性对话，彼此之间进行沟通与协商，以中国传统文化的妥协告终。

《推手》以太极功夫命名，太极推手贯穿于影片始终，你来我往，推来挡去，不顶，不丢，外转云和，以柔克刚。推手在影片当中不仅是老朱强身健体的手段，也体现了中国传统哲学的精髓。作为太极拳大师，老朱将这种生存方式内化为一种精神气质，并以这种方式来处理生活中的矛盾与冲突。就像晓生对玛莎说的那样："对爸来说，太极拳是他逃避苦难现实的一种方法，他擅长太极推手，是在演练如何闪避人们。"因而，在与洋媳妇因文化差异而引发的冲突里，他选择了退让和妥协，让儿子在中国城附近给自己租了一间房子，自己一个人居住。儿子家换了大房子，给老朱留了一个房间，随时欢迎老朱回来。儿媳也开始慢慢理解老朱，将老朱练功用的剑挂到了墙上，还跟晓生学起了太极推手。

《喜宴》荒唐的假结婚出人意料地以形式上的大团圆收尾，伟同把事情的真相告诉了母亲，为了高父的身体健康着想，大家都在尽力圆这个谎，彼此相安无事。事实上，高父早就看穿了这个谎言。身为国民党高官，他听得懂英语也会说英语。在伟同、赛门在为威威怀孕的事发生激烈争吵时，他就已经明白这是个谎言。他突发高血压住院就是因为听到了事

① 金惠敏：《全球对话主义：21世纪的文化政治学》，新星出版社2013年版，第99页。

情的真相，但他努力压抑自己的情绪，始终表现得十分淡定、自然，一副毫不知情的样子，直到离开美国也没有拆穿这个骗局。在片尾过机场安检时，他举起双手，做了一个投降的姿势，这也在暗示对儿子大逆不道的同性恋行为，他表示了默认与接纳。

《饮食男女》的主人公朱爸是一个很复杂的形象，他试图用美食来维系跟三个女儿的感情，维持大家庭的和睦。当努力失败之后，他开始追寻自己的幸福，尤其是在好兄弟老温突然去世之后。他没有接受女儿们对他和锦荣母亲的撮合，而是选择了比自己小几十岁的锦荣，并跟她有了爱情的结晶。李安还精心设置了一个隐喻，老朱的味觉由丧失到恢复象征着他实现了自我解放，也意味着他作为中国父亲形象所代表的传统文化的退让。

三　世界不外于我们

《饮食男女》入围奥斯卡最佳外语片时，"《亡命天涯》的监制阿诺德·科派尔森颁发证书时在典礼上致辞时美言：我们怎么好意思说世界电影的中心在好莱坞，你看人家，所有电影里需要的元素都有了"。[1] 李安的电影成功走向世界，确实给华语影片创作提供了很多启示。当今世界，文化的主导权已并非西方国家的专利，每个国家、每个民族都有机会参与创造。就像李安自己所说的那样："美国以外地区的创作者，有了更广阔的创作空间，不再一定要用异国情调来吸引美国观众，如英国人压抑，爱尔兰人沮丧，中国人比较变态、折磨女人，澳洲人就得是怪胎等等，实际上大部分的澳洲人、中国人也不是这样，我们也和美国人一样都是人，并非异类。"[2] 李安的电影不以西方人想象中的中国文化奇观取胜，而是表现东西方人共同关注的人性中普遍的东西。在他的电影中，有一种国际化的视角：世界不外于我们，我们在世界之中。面对全球化，李安有一种自觉的对话意识。在一定场域之中，自我与他者相遇并发生碰撞。对异己文化持尊重和包容的态度，平等沟通，互相承认，在协商与妥协中解决矛盾

---

① 张靓蓓：《十年一觉电影梦——李安传》，人民文学出版社 2007 年版，第 283 页。
② 同上书，第 277 页。

与冲突，不断超越自己。全球化就是这样一个无终点的对话过程，文化"们"总是在流动，在碰撞，在裂变，在融合，在寻找新的融合。华语电影要成功走向世界，应当以全球对话主义哲学观为指导，抛弃以守持"中国特色"为满足的文化心理，创作有全球性意义的中国好电影。

关于全球对话主义与中国
后殖民主义的思考

王一帆

摘要：在《全球对话主义》中，金惠敏教授提出了一个新的哲学概念——"全球对话主义"，并以此作为贯穿全书的线索，论述了什么是"全球对话主义"与如何进行全球对话等问题。其中《别了，中国后殖民主义》一文，以于会见绘画作品作为切入点，论述了作者对属于世界的、"世界主义"的艺术作品的赞颂，对"文化后殖民"语境中存在的以"中国特色"供养西方猎奇心理的哗众取宠之做法的批判。本文主要通过对后殖民主义脉络的简要梳理，以对张艺谋早期电影的探讨，介入金先生所说的"中国后殖民主义"弊端，以期可以进一步理解金先生对中国后殖民主义所持的明确的批判态度背后对中国文化自觉进入全球对话的殷切期待。

关键词：全球对话主义，东方主义，中国后殖民主义，张艺谋

在《全球对话主义》一书中，金惠敏教授提出了一个新的哲学概念，即"全球对话主义"。作者在对全球化的各种表述的探究过程中体会到全球化对哲学支援的渴求，以及哲学同样需要回到全球化以获得自身丰富性这一状况。全书以"全球对话主义"作为主旋律，串联起作者在近年来关于全球对话理论从萌芽到自成体系的若干文章。在"现代性"与"后现代性"两种文化研究模式之外，作者提出超越二者的第三种模式——"全球性"文化研究模式——作为现如今文化研究应有之模式。这种新的哲学概念，内蕴着"现代性"与"后现代性"的同时，又完成了对二者

的窠臼的破除。在全球化面前，作者提供给读者的是一种宏大的眼光和超越性的思考。

难能可贵的是，金先生对"全球化"的探讨，并未满足于新的哲学概念的提出，而是又进一步回答了当今文化语境内，何为"对话"的双方、如何对话等更具体的问题，更在《别了，中国后殖民主义》一文中，从"全球对话主义"出发，提出了对中国"后殖民主义"的批判。在文中，作者肯定了于会见艺术的"世界主义"视野和胸怀，并提出了他对中国这一全球性大国应有的全球意识形态的要求。这提醒我们进一步去思考，在全球对话的时代，曾经"半殖民半封建"的中国，在文化层面，是否已经走出"文化后殖民"而走向全球化，在"中国特色""中国差异"的背后，是否还存在"后殖民"的余音需要被进一步清算。

一　于会见艺术的"世界主义"

在《别了，中国后殖民主义》一篇中，金先生层层剖析深入，指明了于会见艺术中的"后现代崇高"的哲学内蕴，从而以"世界主义"告别了中国后殖民主义。而于会见的艺术正是"因其所处理的是现代性及其后果这样一般性'世界史'问题，且不再局促于什么后殖民主义文化政治学的'中国特色'和'差异'"[①]，而获得了"世界主义"视野与胸怀。

在文中，作者并未着意于对于会见艺术作品的具体介绍，而是更倾向于将于会见读作艺术的哲学家，以其作品传达出的哲学内蕴、文化指向为切入点，探讨中国的文化现实与当今世界文化的关系，在对这一关系的探讨中，明显可见金先生对在中国破除中西二元对立、获取"世界"视野与胸怀的殷切期待，对"全盘西化"与"以中拒西"两种倾向的否定。作者在文中大声疾呼"随着全球化的急剧膨胀，随着中国作为大国地位的日渐确立，如今中国后殖民主义已到了不得不清算的时刻！……世界不外于我们，我们在世界之中，我们对世界有责任，有责任共建国际意识形

---

①　金惠敏：《全球对话主义：21 世纪的文化政治学》，新星出版社 2013 年版，第 83 页。

态，有责任共建国际文化"。① 可以预见，如果我们继续蒙昧地满足于由"特色""特殊性"带来的来自世界的"关注目光"，如果我们仍旧满足于作为西方的猎奇对象而存在，如果我们仍对后殖民文化带来的"被看"角色保持无意识心理，我们将无法进入对"世界史"的建构。当我们自绝于世界史，就意味着我们自动放弃了捍卫自身价值的武器，自动退出了全球对话的公共话语空间，自动将自己列入西方文化的"博物馆"中，成为西方世界的"他者"，被授以"东方""民族"这类含混的名字。这是当代中国文化进程中绝不可允许的倒退。

在此，笔者简要对中国在后殖民理论的范畴中的特殊性进行考察，以期可以进一步了解金先生在文中对中国后殖民主义所表现出来的明确的批判态度的背后，对中国文化自觉进入全球对话的期待。

后殖民理论主要的研究对象，即是在殖民时代结束后，宗主国与殖民地之间的文化权力关系，它是由多种文化政治理论和批评方法共同组成的，意在揭示出帝国主义文化对第三世界文化的霸权实质。而萨义德的《东方学》为这一理论的成熟奠定了基础。在《东方学》中，萨义德由其独特的文化视角，以东方文化身份，去"看"西方文化，从其切身的经历和处境出发，去挖掘后殖民文化的实质。

在萨义德的理论中，可以明显看到葛兰西"文化霸权"理论的影响。他说："在任何非集权的社会，某些文化形式都可能获得支配另一些文化形式的权力，正如某些观念会比另一些更有影响力；葛兰西将这种起支配作用的文化形式称为文化霸权（hegemony）……欧洲文化的核心正是那种使这一文化在欧洲内和欧洲外都获得霸权地位的东西——认为欧洲民族和文化优越于所有非欧洲的民族和文化。此外，欧洲的东方观念本身也存在着霸权，这种观念不断重申欧洲比东方优越、比东方先进，这一霸权往往排除了更具独立意识和怀疑精神的思想家对此提出异议的可能性。"② 萨义德有关东方主义研究的意识形态分析和政治权力批判是十分明显的。他在殖民地与帝国主义之间，看到了二者明显的二元对立格式。边缘国与宗主国的话语权力关系，存在明显不平等。宗主国作为一种"强大"的

---

① 金惠敏：《全球对话主义：21 世纪的文化政治学》，新星出版社 2013 年版，第 90 页。

② ［美］萨义德：《东方学》，三联书店 1999 年版，第 9 页。

象征，昭示着殖民地国家的"虚弱"。而这种强大与虚弱的对照，并非来自真正的文化角力。这种话语神话（或称之为东方神话），实际上来自"东方主义"的虚构。在这一虚构中，"东方变得更东方，西方变得更西方——并且限制了不同文化、传统和社会之间的相互接触"。①萨义德主张，应打破东西方文化的二元对立模式，解构西方控制东方的"中心地位"，取消"东方主义"虚构出的"伪东方"一极，使东方以其真正的面目出现，而非"被塑造"或"被看"，让东方成为其自己，承认"东方"这一观念其自身具备的历史与思维，强调东方与西方是以一种相互支持并相互反映的关系存在。

当我们将目光由萨义德和其《东方学》拉回到《别了，中国后殖民主义》，我们发现，金先生所强调的"全球对话主义"，亦是力图打破一种中西二元对立模式的纠结状态。

近代中国的社会性质是"半殖民半封建社会"。也就是说，与印度等殖民地国家相比，近代中国并未被完全殖民化。这使得我们在考察中国的社会、文化心理时，往往将后殖民因素隔绝开来，而更倾向于将其作为一种相对遥远的、西方的理论进行观照。而这也恰恰成了中国后殖民主义的首要的特殊性——国人心中对"殖民"语境的集体无意识。而实际上，鸦片战争以来，后殖民因子就已在中国生根发芽，成为中国文化的一层不可抹去的背景色；"崇洋媚外"的种子，早已广泛播撒在中国文化的多个领域。"中国特色"的建构，在使中国被世界所认识的同时，也是一种在全球文化场域内的故步自封。在这一层面，金先生的批判并无讳言——"于会见没有像张艺谋、先锋艺术和'新左派'的个别人物那样投机取巧，哗众取宠，捏造出一种'中国特色'、'中国差异'的拟像，以中国的'他者性'喂养西方的'主体性'"。②于会见的绘画作品，正因为其对"中国特色"的疏离、对"世界史"构建中普遍问题的关注、对中西二元格局的破除而寻求超越性的艺术旨归，而获得了可以"与世界照面"、与中国后殖民主义告别的"大音希声""大象无形"的艺术品格。从金先生对于会见艺术的褒扬可以看出，他所批判的是个别人那里，以

---

① ［美］萨义德：《东方学》，三联书店 1999 年版，第 57 页。
② 金惠敏：《全球对话主义：21 世纪的文化政治学》，新星出版社 2013 年版，第 91 页。

"被驯化了的东方"去迎合西方对东方的想象的一种"献媚"姿态，是取消自身"主体性"以换取自身更持久的"被西方看"的诱惑力的自我解构。这在金先生看来，都是对"世界主义"的背离、对全球对话的权利的放弃。与萨义德强调的"个体的特殊性"相通，金先生毫不讳言其对于会见艺术中体现出来的"个人性的对现代性的独特体验"的赞颂。只有由真正的个体特殊性焕发出来的艺术，才是属于大地、面向大地，在全球化时代中，不曾迷失自我的艺术。

金惠敏警惕那些依照西方对东方的理解而消解艺术真实的"东方"艺术作品，而张艺谋的电影可以说首当其冲。下文中笔者试从中国后殖民主义文化出发，考察张艺谋的几部电影，探讨在其电影中"中国后殖民"色彩以外，是否还存在"个体特殊性经验"。以期进一步挖掘出在当下"全球对话主义"带给我们的重要方法论意义与启示。

二　张艺谋电影的"东方主义"

在张艺谋执导的众多电影中，《红高粱》具有不容忽视的纪念碑般的重要意义。这部影片于 1987 年上映，由陈剑雨、朱伟、莫言任编剧，姜文、巩俐等任主演，获得了 1988 年的柏林电影节金熊奖。由影片自身和获奖事件所共同引发的文化热潮，都促使《红高粱》在中国电影走向世界的路程中扮演着重要一环。而 20 多年过去了，对这部影片的讨论从未停止。其中，"东方主义"的指摘或许可以与金先生所说的"投机取巧""哗众取宠"有着相似的指向性。但具体而论，张艺谋的电影，是否凭借其"第三世界"电影去屈就西方的东方想象而放弃自身的独立品格，是否以其"中国特色"有意创造出一种差异性来换取西方关注的目光呢？这是值得我们进一步思考的。下面仅以《红高粱》和《大红灯笼高高挂》这两部电影为例，分析张艺谋电影中对"东方主义"（后殖民文化）的"迎合"，与对自身"个性经验"的展示的共生状态。

《红高粱》的上映，有着十分独特的历史、文化背景。当时市场经济进入试水阶段并初露端倪，人们对现代性有着既盼望又警惕的双重心理，而快速变革的社会文化，同样冲击着受计划经济捆绑多年的社会群众的心理格局。《红高粱》中，所体现的野性的、蒙昧的、生命力旺盛的"寻根

的""怀旧的"艺术风格，在此时就具有了更加复杂的内涵。影片在艺术
造型上，体现了张艺谋独特的影像美学观，造型的力度在光、色、声、画
等层面，都体现出一种强大的气势。这与莫言的原文本达到了异曲同工的
效果。电影中，红色充斥着画面。张艺谋利用红色，传达出人物身上旺盛
的生命力、抵抗性与挣扎，传达出"我的家乡"这片土地上的神秘感召
力。这种红色来自光影的利用，也来自人物的性格色彩与服装、道具搭
配。这抹红色，给予这片土地上的人们以不羁的品性，他们冲破伦理礼
法，冲向人性的自由；给予人们以傲岸不屈的品格，让他们捍卫生命的尊
严，不屈于外来强力的侵害与收编。影片中对历史的去政治化表述，拆解
了革命历史的一元叙述，将历史语境背景化处理，而选取民间的、原始生
命力量的角度，复归民族精神的力量。这种处理方法，一方面，来自张艺
谋的叙事策略；另一方面，也无法排除当时历史语境中，文化寻根热潮对
当时电影创作的熏染。

　　《大红灯笼高高挂》在"东方特色"的表达上，并不逊色于《红高
粱》，一以贯之的是对"红色"的迷恋。高高挂起的大红灯笼，增强了视
觉上的冲击力，同时也隐秘地营造出一种神秘、暧昧、混杂的氛围。在红
灯笼下，并不是红火的民间日常生活，而是丑陋、晦暗、压抑的人伦关
系。夜里传来的"嗒嗒"的捶脚声所传达的隐秘信息、关于枯井的种种
传说等，都使影片在传达封建人伦等级制度压抑人性等控诉之外，散发出
"神秘的东方气息"。这与《红高粱》中，火红的高粱地中的颠轿、野合
等情节处理，有相通之处。由此看出，张艺谋的影片中塑造的中国与东
方，与真实的中国、东方相比，更是一个"镜像"中的中国、东方。在
这里，他将有关民族的独特因素做表征化、抽象化处理，而不是做具象
化、普适性的思考。

　　我们应该看到，电影反映社会文化心理的同时，亦是对文化产业层面
的反映。当我们将《红高粱》《大红灯笼高高挂》等电影，放置于经济、
文化产业的层面，或又可看出，其与世界经济大潮的勾连。可以说，电影
在从属于艺术的同时，又在艺术追求之外，始终无法摆脱经济利益带来的
巨大诱惑。影片传达着来自导演等创作者创造的多元信息，这一信息群
体，在经济利益与文化影响两个层面共时地衍生其价值。文化影响更多地
体现在显的供奉于观众欣赏层面，而经济利益，则更无形、深在而有力

地牵动着电影产业的走向与影片的审美取向。在国内市场与国际市场面前，选择一种更加便捷的走入世界范围的经济与文化场域的途径，从而提升影片的经济效益，使导演、编剧、主演等影片创作者获得国际层面的声望，在很大程度上，已经成为一种普适化的选择。而由这种"知名"所带来的利益，将在国内被进一步扩大化，从而给影片制作团队带来更广泛的经济收益。这种对"国际"影响力、对西方认可度的追求中，不难看出全球化时代给全球文化带来的不可抗拒的卷入力量。

笔者并不认为，对"东方主义"或对西方想象中国的迎合是张艺谋电影的全部。但不能否认的是，张艺谋影片中的红色东方，确实在扮演一个为他打开西方电影大门的敲门砖角色。而张艺谋的执导思路，的确可能存在一种无意识的东方主义心理结构。"东方主义"虚构出一个东方，使其成为"被看"的一方，使西方可以居高临下地评判东方，按其带有偏见和猎奇的眼光去看待东方，在接受中，相对于对真实的挖掘，他们更倾向于去接受一个空虚的、灾难的、神秘的东方世界。而张的影片，尤其是影片将红色与中国绑定的处理，或许在某些方面正暗合着东方主义对中国的想象，成了西方确认自身主体性地位的"镜像"与"他者"，而获得了某种进入西方视野的捷径。当然，这种暗合抑或无意识，绝不可被夸大利用，成为对西方话语权力的"注脚"。张艺谋仍在创作着多元类型的影片，故而任何定论都显得为时过早。也许在金先生对张艺谋的影片的批判中，存在他的某种非学理式的评判。但是对东方主义的侵入、对中国后殖民主义的叙述，确实应引起我们的重视与警惕。

三　如何告别"中国后殖民主义"

在一个日益全球化的时代，我们并非排斥来自"他者"的眼光，抑或被"看"的身份。看与被看，原本就是存在于每个个体之间的。我们需要分辨的是，这种他者的"看"的眼光，是否包含着东方主义的乃至西方殖民主义的优越感和猎奇性因素。对他者眼光的一概排斥，或可成为对西方迎合献媚的另一极，同样走向对"全球对话"的背离。故而，应该说，在看到民族文化无法排除外来文化的影响与这种影响可能带来的弊端的同时，也应积极去寻求来自这种影响的有利因素，用他者的眼光观照自身，在文化层面进行更深入的自省，亦是这个全球化时代，应该具有的开放态度。"拿来主义"是可以被利用的，以一种积极、进步的态度对民族文化进行甄别，对后殖民文化、东方主义保持持久的警惕，并远离对全球化进程中外来文化侵入的过度焦虑，才能有助于中国文化进行真正的自我解剖，换来进一步的更新与发展。

就"对话"而言，当代中国的文化创作者和研究者，都向内面临着自身传统文化的重新书写与重建，向外面临着如何在保有自身主体性的同时输出国家文化，获得平等的对话权利与资源。我们需要时刻保持警惕，绝不能自甘堕于"他者"的境地，而失去话语权利、服膺于西方的话语霸权。东西方话语视角的对立化设定，本就与全球化的文化潮流相背离，是霸权文化的产物。我们无法割除曾经"臣属"西方的历史，但历史上的"无言"状态，已经被打破，我们应该在当今的话语场域中，完成对"臣属"历史的清理、对西方的"想象性的东方"的修正。在中西双方关系中，东方不应继续充当西方理性文化的印证工具。一种世界性的眼光、自足自立的态度，需要在文化的各个领域中被建立起来。我们需要看到，"殖民"的历史已经远去，但"后殖民文化心态"的余孽仍未完全革除，崇洋媚外的历史文化心态仍要进一步得到清理。

在全球化时代中，"对话"既是金先生在哲学高度对如今的全球文化的概括，也是他对如今中国文化提出的殷切期待。要使东方不再扮演文化弱者的角色，使对话的双方同时获得"主体性"，就必须打破二元对峙的东西方理论，引入一种世界性的、全球性的发展的视野来看待文化在当今时代的总体发展。东西方的多元对话，必须认可文化的多元并存，而非冠之以"民族""特色"等限制性称谓。任何一个民族、国家的文化，都是一种特色文化，而在全球化时代，每一种特色文化，并不单纯属于其民族或国家，而更是属于人类文化的范畴。我们必须剔除任何试图谄媚西方或文化西化的做法，代之以"互补""共存"的处理法则。使东西方文化的发展结果，不再是一方压倒一方，或一方对另一方进行文化或意识的强加，而是成为尊重差异、消弭隔膜的对话文化形态。我们无法禁止西方话语的渗入，但我们可以选择以何种方式和态度消化西方话语、理论。我们期待以一种开放的心态接受世界话语的涌入，以一种理智、自强的"主体"与其进行对话，以一种勇于自省和自我改造的胸襟随时完成对自身文化处境的定位。

　　通过考察中国后殖民主义里外的两种艺术样态，我们可以具体地感知到于会见的创作对其实现了克服并成功拥抱了世界主义；而张艺谋却在其自我局限化了的红色东方的泥潭里越陷越深。在全球化时代，知识者的眼光显得尤为重要。而全球对话主义正是在这一特殊时代中，给予了我们急需的方法论指导，让我们得以找到使世界了解真实的中国、使中国的艺术创作以及文化政治的其他领域能更理性地走向世界的途径。

全球对话主义与后殖民理论

高丽萍

摘要："全球对话主义"含纳了现代性和后现代性，承认两者之间的双向互动，既坚持现代性的主体、理性、普遍、终极，也不否定后现代的差异、他者、身体与过程，是超越了现代性与后现代性的认识范式。"全球对话主义"既能够深入认识全球化中的同一与差异、冲突与融合等现象，也能够分析和把握后殖民理论对主体性痕迹、暂时的普遍性和整体性的坚持及其对西方现代性主体、二元认识论模式、绝对普遍主义和整体性思维的颠覆，从而揭示后殖民理论如何在反对西方强权的过程中避免将反霸权话语与实践转变为另一种霸权，如何避免宗族主义、民族主义和原教旨主义，为在全球化背景下构建公平合理的国际关系提供理论支撑。

关键词：全球对话主义，后殖民理论，现代性，后现代性

"全球化"这一术语出现于 20 世纪 60 年代，流行于 20 世纪 90 年代，通常指经济、政治和文化领域中的各种关联与越界。这种"全球化"是一组进程，不仅转变了社会关系和事务在空间上的组合，而且带来洲际、国际或跨地区之间的广泛、迅速和强烈的流动，构成一个相互之间互动的权力运作网络，使世界范围内社会关系得到空前强化，把距离遥远的各个地方联系起来，并相互影响。"全球化研究"在 20 世纪的最后十年和 21 世纪头十年中持续升温，研究内容由原来侧重经济全球化中的不平等现象，逐渐发展深入到对其政治和文化影响的分析与批判。近几年，对全球化现象深入的哲学反思逐渐出现并日渐深入，全球化研究的论题由原来关注"本土主义"与"全球化"之间关系，"全球化"以欧美为中心还是平等的双向交流，"全球化"带来的是冲突还是融合、是同一还是多元

等，逐渐发展为探讨"全球化"现象的现代性和后现代性，逐渐认识到现有的全球化状态将所有的国家民族裹挟进一个动态的过程之中，全球化在其进程中被本土化，本土也不再是原来的本土，而是全球化了的本土，全球化中同一与断裂并存，现代性与后现代性并存，这使现代性和后现代性等范畴已不能把握现有的世界。要把握全球化这样的复杂现象需要一种综合的认识模式，全面而合理地把握现有世界，这种情况下"全球对话主义"应运而生。"全球对话主义"含纳并超越了现代性与后现代性的认识范式，不仅能全面合理地把握现有世界的全球化现状，而且为我们理解后殖民等理论提供了认识论指导。

后殖民理论一贯坚持用后现代主义理论工具抵抗西方中心主义霸权，这一特征使它们在消解中心、主体和普遍性的同时，必须坚持一种有限的主体和暂时性的稳定结构，兼具现代性和后现代性特征。这一特征使后殖民理论同时遭受现代主义和后现代主义批评家的批评，前者认为后殖民理论失去抗争的立足点，沦落为西方霸权的帮凶，后者则认为后殖民理论往往再次落入其所批判的现代性认识模式，陷入自相矛盾的境地。"全球化对话主义"作为一种现代性与后现代性协商结果的认识模式，综合考察后殖民理论，能够合理把握后殖民理论，并对已有的针对后殖民理论的各种批评形成再批评，为建立公平正义的全球化关系提供合理的理论借鉴。

一　全球对话主义

"全球化"在社会关系和事务方面造成空间组合的变化，生成了洲际或跨地区之间广泛的、迅速的和强烈的流动，并构成一个活动、互动与权力运作的网络。政治、经济和文化层面的实践，引发了对"全球化"现象的理论思考，诸多学者努力从不同角度，各异的立场概念化这个全新的时代，形成了甚嚣尘上的论争。

目前纷繁复杂的全球化论争中的主要论题为：全球化带来同一还是差异、全球化进程中全球与地方之间的关系如何、全球化将带来融合还是冲突，以及这一进程是以欧美为中心还是各国间平等的双向流动。总体而言，强调全球化的整体性、主体性、普遍性和发展主义特征的学者，看到了全球化的现代性，而强调全球化的无目的性和不可控性的学者，则是看到了全球化的后现代性。以欧美利益为出发点的学者，鼓吹全球化的多元性、地方性和双向流动性，强调全球化是一个平等协商相互融合的过程，是后现代性的；而居于世界边缘和社会边缘的学者在全球化中发现的却是同一性、欧美中心主义和冲突，力证全球化的现代性。我们认为这些分别从现代主义或者后现代主义的角度出发的观点都有失于偏颇。① 如果单纯从现代性出发，那么对这个世界的认识只能是对同一性和整体性的强调，差异会被归纳为一种令人不安的断裂和碎片；如果单纯从后现代主义出发，那么所有的整体性和同一性都会被视为压制性的结构和中心而被质疑、悬置和颠覆。现代性努力将后现代性纳入其整体框架，主张"未完成的现代性"（哈贝马斯）或者"激进的现代性"（吉登斯），将后现代视为一种脱轨游离，并尽量将其拉入正轨；后现代性则力图摆脱现代性的压制，如利奥塔反对所有的元叙事，德里达在延异、散播中消解中心，福柯在权力话语理论中将历史设定为一种阐释，拉康将主体的构建置入一个与他者不断协商的过程。无论现代性还是后现代性都不能独立完成解释全球化现状和把握后殖民理论等对全球化现象的反映的任务。

　　不可否认，全球化与现代性关系密切，甚至在某种意义上是现代性发展到一定阶段的产物，这一点是很多研究者的共识。比如吉登斯在《现代性的后果》一书中提出"现代性确立了跨越全球的社会联系方式"②，"现代性正在内在地经历着全球化的过程，这明显体现在现代制度的大多数基本特性方面，尤其是这些制度的脱域与反思方面"。③

　　全球化的现代性首先体现在对发展主义的推崇上。欧美国家积极推进全球化进程，在这个过程中，他们基于发展主义的思维，极力促进全球的同一。发展主义或社会进化论是现代性的特征之一，这种观念认为历史受某种普遍性动力原则支配，朝向一个总的方向发展，人类历史会按照既定阶段从低级到高级发展。这种发展主义预设的前提是单向线性的时间模式，按照这种时间模式，现在总是比过去和未来重要，这种具有决定论特征的因果思维模式，按照"前/后"的顺序，在社会存在中进行等级划

---

① 关于全球化的研究现状将有另文详述，此处不赘述。

② Anthony Giddens, *The Consequences of Modernity*（《现代性的后果》），Cambridge：Ploity Press，1996，p. 4.

③ Ibid. , p. 63.

分，将经济发展较快的民族和国家视为先进的和优越的。全球化扩张推衍着一种关于秩序和进步的目的论假设，在按照线性的时间观"把欧洲人作为目的论的归宿——最终成为人类的归宿，同时巩固了 19 世纪历史写作中的进步意识形态"。① 虽然很多研究者认识到全球化中这一基于现代性的思维模式裹挟着压迫和支配，但是发展主义因为许诺经济水平的提高所以在全球范围内产生了广泛影响。世界上很多国家内化了这种发展主义观念，甚至一些批判剥削的社会主义国家也从未质疑这种带有目的论特征的发展主义，为了在全球化中取得一席之地，积极地向欧美资本主义国家学习经济、政治和文化管理方法，期望尽快赶上它们。

全球化的现代性还体现在对主客体二元对立思维的坚持上。以欧美国家为主宰的全球化状态中，国家之间的关系是一种根本的不对称的关系，这种"不对称性"主要体现为交往中的单向性，是以欧美国家为主导性和支配性中心的，不是真正的"交往"，这种状态的思想前提便是现代性的主客体二元划分。"是否承认主体性是现代性与后现代性在哲学上的分野。"② 对主体性的强调是现代性的一个主要特征。自笛卡尔开始，"自我"认识主体获得了不可质疑的地位，自我主体的确定扭转了从主体之外的客观世界来规定、检测知识可靠性的思维。笛卡尔之后，经过康德、费希特直到胡塞尔的一系列努力，形成一种"笛卡尔主体"。这种主体"强调理性、自我先验化、逻辑化和绝对化"③，拉开了主体与客体之间的距离，赋予自身在自身不参与、不卷入、不改变的前提下远距离观察的权力。主体从一个理性的距离之外根据逻辑图示观察客体，形成一个观点，不仅为自然立法，而且通过实践理性、判断力为自由和艺术立法。④ 在这种主体中存在一个不能被"思"、被对象化的"我"，"它端居于世界的发端处，像造物主的'我是我所是'，界定他物而自身却不为任何他物所界定"。⑤ 这赋予理性先于经验或现象的能力，将客体视为一种现象或者自在之物，形成与主体的

---

① ［美］阿里夫·德里克：《全球现代性：全球资本主义时代的现代性》，胡大平、付清松译，南京大学出版社 2012 年版，前言第 1 页。

② 金惠敏：《走向全球对话主义：21 世纪的文化政治学》，新星出版社 2013 年版，第 16 页。

③ 金惠敏：《媒介的后果：文学终结点上的批判理论》，人民出版社 2005 年版，第 135 页。

④ 同上书，第 137 页。

⑤ 同上书，第 141 页。

对立，在主客体之间设立了一条不可跨越的鸿沟。① 主体永远处于优越的地位，客体只能作为主体的对立面而卑微地存在。全球化中欧美国家将自己设立为主体，将自我设立为中心，赋予自我政治经济和文化思想上的优越性，将其他国家设立为客体，并根据等级制二元对立论（binarism）把人类区分为我们与他们、文明与野蛮、先进与落后、白人与黑人、宗主与从属、人类与野兽、中心与边缘、自我与他者、高贵与低贱等互为对立、不可融合的对立群体。在这一系列的二元对立中前者是本质的、完满的和优越的，不需改变也不能改变，他们为世界设立标准，并要求"他者"服从。那些作为"他者"的国家和民族的多样性与差异性存在被化约，而且被视为劣等的、不变的和单一的。欧美国家极力推行的全球化是以欧美为中心的，而且是本质主义的，是一种单向的运动，根本不存在来自另一极的"全球化"运动，即使存在与另一极的交互作用，也只是一种主体的刺激和他者对刺激的被动反应之间的关系。很多研究者和民族运动对全球化的抵抗，正是因为全球化中所蕴含的这种主客体等级二元思想。

普遍主义是全球化的另一现代性特征。在全球化时代欧美国家将现代性决定论和发展论等宏大叙事通过普遍性推演到世界各地，为世界建构一种以它们为中心的同一模式，用一种井然有序的结构规划纷繁复杂的人类事件，创造一种不允许差异出现的"总体性"。这种普遍主义围绕"同一"与"他者"的辩证法运转，在现代尤其是全球化时代，使时间与空间脱离了具体的时间和地点，并在形式上重新组合，对社会关系进行反思性定序和再定序，挪用他者的知识形式，并将占有、征用他者的形式作为基本的运行方式来建构知识。从自我出发客体化并挪用他者，将他者本质化为一种不变的实体，同时"寻找对于他者的权力和控制"。在这种关系中，他者被先行设定，"他者在被吞并到辩证结构之前被同一通过其否定性规定为他者"②，在主体与客体之间不可能有真正的对话和交换出现。普遍主义是现代性的突出特征，它会用一个普遍结构扯平存在的差异，是全球化同一性的思想基础。在普遍主义的暴力下，"场所完全被远离它们

---

① 金惠敏：《媒介的后果：文学终结点上的批判理论》，人民出版社 2005 年版，第 140 页。

② Robert Young, *The White Mythology*（《白色神话》），London And New York：Routledge, 2004, p. 37.

的社会影响所穿透并据其建构而成。建构场所的不仅仅是在场发生的东西，场所的'可见形式'掩藏着那些远距关系，这些关系决定着场所的性质"。① 法国历史学家费尔南·布罗代尔（Fernand Braudel）发现资本主义本身蕴含着全球性，全球化的过程是一个资本主义普遍扩张的过程，"垄断"与"全球化"是同义词。"资本主义始终建立在开发国际资源和潜力的基础之上，换句话说，它的存在具有世界规模，至少它的势力向全世界伸展"②，全球化是西方的政治、经济和文化的普遍扩张的过程，其中包含强权、种族主义和性别歧视等不平等关系。

全球化中的现代性特征使得帝国主义和殖民主义时期的权力关系得以延续，仍以欧美国家为中心。欧美发达国家以自我为中心想象客体，按照自我与他者的等级二元结构在全球范围内进行权力配置。它们根据普遍主义和整体性的观念将自己的经济运行模式和社会组织方式及社会进步观推衍到世界其他地方，在此过程中按照发展主义的线性思维和主客体二元对立将这个世界进行等级划分。这种体现在全球化中的现代性使欧美国家从各个方面操控并支配着现有世界，这种强权带来民族国家对欧美中心的抵抗，在当今世界中制造种种冲突。这种消极性正是霍克海默和阿多诺在《启蒙的辩证法》中所指出的现代性的消极性："使人从自然中解放出来并控制自然的理性力量，同时变成控制他自己的工具手段。"③ 理性不仅要控制和利用自然，还要将人自己的主体性塑造成一种自我认同的工具，区分出他者，并统治他者，现代性会带来人类的自我挫败和非理性统治。从这个角度讲杰姆逊对全球化、现代性和帝国主义之间关系的界定是有道理的："现代性就是帝国主义，或者换言之，全球化就是现代性的帝国主义阶段。"④

另外，全球化进程中的后现代性也不能否认。全球化从欧美中心出

① Anthony Giddens, *The Consequences of Modernity*（《现代性的后果》），Cambridge：Ploity Press, 1996, p. 19.

② ［法］费尔南·布罗代尔：《什么是资本主义》，载费尔南·布罗代尔《资本主义论丛》，顾良等译，中央编译出版社1997年版，第118页。

③ Robert Young, *The White Mythology*（《白色神话》），London And New York：Routledge, 2004, p. 38.

④ 转引自金惠敏《走向全球对话主义：21世纪的文化政治学》，新星出版社2013年版，第34页。

发，在发展过程中与本土的政治、经济和文化碰撞与协商，产生了很多混杂性变体，其现代性特征不断地进行自我调整和自我否定，后现代特征越来越明显。如很多研究者所发现的那样，当今世界的现状是民族国家并没有消失，西方同质性的消费主义也没有湮没地方差异和特色，地方更加强调差异和民族特色，作为对全球化同一性的抵抗，而且在全球与地方的交流互动中，跨界和融合颠覆了原来的主客体二元对立，以及发展主义的等级划分，一些新的文化形式在不断形成，而且很多原来处于边缘的国家民族在全球联结中发挥着越来越重要的作用，这个世界并没有按照欧美中心设计的统一计划发展，而是呈现出无目的和无序的特征。比如吉登斯认为全球化虽然从现代性出发，但在具体发展过程中不断粉碎和整合，欧美中心的主体统治性力量被削弱，全球化中的民族和国家不再围绕在西方周围，而是以与西方一样的个体存在，西方与非西方之间相互依赖，原来的那个欧美主宰的可控世界，变成一个"失控的世界"，"他者"不是因为征服或同化而在同一中被抹灭，而是不再作为一种界限分明的单独存在，与主体一道消融于"世界相互依赖的新形势"。

　　汤姆林森认为全球化是一种"复杂的联结"，那种臆想的单一可能的联结根本不存在，资本主义根本没有也绝不可能单向地将世界纳入自身的意义体系，意义是由相遇的各方通过相互交流融合共同构建的。在他看来全球化有别于帝国主义，帝国主义蕴含一个目标明确的计划，从一个权力中心出发将自己的社会体制推向全球，而"全球化"更具有后现代性特征，因为它没有明确目标，只是相互联结和相互依赖，而且全球化将削弱包括欧美在内的所有单个民族国家的文化一致性，这使主体不再具备完满性，这种有限主体的出现使控制成为不可能，各个民族国家都不能成为全球化的中心，制定统一的合法性规则，知识和社会规则都是在约定中形成的，不同的言说方式之间存在异质性，也具有平等性。因为不存在对这些言说的既定标准，所以每一种话语都有自己特定的价值和地位。从这个方面来看全球化是一个没有既定中心和目的的开放的后现代性协商过程。

　　对全球化后现代特征的强调往往将全球化的过程视为一个中心缺席的"延异"链条，各个民族或国家都不会由中心决定，也就没有同一性，它们在全球化这一场域中以差异的形式存在，彼此平等协商。这种观点只揭示了目前全球化状态的部分事实，在将欧美中心主义放在过去，或者直接忽略不计，有意无意地掩盖了全球化中存在中心这一事实，也抹灭了各种不平等和不平衡现象的存在。

全球化是一个复杂而具有多重向度的现象，本是一项现代性计划，或者一项帝国主义计划，但在其持续发展的过程中脱离了原来的中心，具备越来越多的后现代性特征。现有的全球化是一个兼有现代性和后现代特征的存在状态。如果片面强调其现代性，会突出其帝国主义的一面，忽视各个国家和民族间的交流合作的事实，或者否定所有反抗的可能性；如果只关注其后现代性，则容易否认其中的帝国主义，对其中存在的强权和压迫视而不见。很多研究者都发现了全球化兼具现代性和后现代性的特征。比如吉登斯认为虽然全球化的前提是现代性，然而其结构却是后现代性的，"现代性的根本后果之一是全球化。它不只是西方制度向全世界的蔓延和其他的文化毁灭的过程；全球化是一个发展不平衡的过程，它既在碎化也在整合，带来了相互依赖的世界新形势，在这种新形势中，'他者'再一次不存在了"。① 德里克从社会学的角度指出全球化最近阶段表现出的特征不是现代性的"新世界秩序"，全球化中发生了后现代性重构。后现代性培育一种文化导向上的多样性，这些变化"具有解放效果，它使那些在现代性制度下遭受压迫的人发出了自己的声音"②，当代的现状是后现代性"新世界无序"。同时德里克也认识到资本全球化是全球化中突出的现代性特征，他认为这种经济模式从欧美资本主义国家出发被推广到世界各地，与之相伴的剥削和压迫也世界化了。

面对全球化的多重性，单纯的现代性和后现代性等认识模式都已不能完整地把控这个世界，我们需要一种能容纳现代性和后现代性的认识模式，使其代替诸如现代化、殖民主义、后现代主义和后殖民性等较早的范式，作为观察世界的一种新视野，并将现代化、殖民主义、后殖民主义和后现代主义等原有范式纳入这一认识范式的考察范围，使其问题化。"全球对话主义"作为对"全球化"现状的哲学沉思，对"全球化"研究的哲学沉淀，将"全球化"视为一个超越现代性与后现代性的研究视角，

---

① Anthony Giddens, *The Consequences of Modernity*（《现代性的后果》），Cambridge：Ploity Press，1996，p. 175.

② ［美］阿里夫·德里克：《全球现代性：全球资本主义时代的现代性》，胡大平、付清松译，南京大学出版社2012年版，中文版序第55页。

并将现代性、后现代性和作为政治经济文化范畴的"全球化"置于一种哲学的"全球化"的视域内进行重新审视。"全球对话主义"一方面承认我们的主体性存在是不可否定的事实，即我们必须承认意识和行动是理性的，但是"另一方面我们又总是解释学的'辞不达意'，总是无法认识论地完全支配我们的意图和预料我们的行为后果"。① 是一种超越或"扬弃"了现代性与后现代性及其对立的"全球化"。

"全球对话主义"承认所有的认识活动都必须设定在一个可以统领各视域的逻辑起点，但在认识活动中任何一个逻辑起点都是暂时的，都将被过渡成一个被认识者，这一"悬置"过程无穷无尽没有永恒的极点。② 同时，"全球对话主义"认为目前没有彻底的后现代性，因为虽然我们现在批判"自明性"是理性的虚构和僭越，但是我们不得不承认任何认识必须以理性为前提并且坚持再现式的意指方式。后现代主义对中心、整体性和连续性等的解构未能解构能指和所指模式，因为虽然所指被无限搁置，但理性在认识过程中仍起到一定的作用。只要理性在起作用我们就不能完全解构理性，因为如果完全解构了理性，自我就会消失，认识就不能完成。总之，"全球对话"是一个"超越了现代性与后现代性之对立的新的哲学概念。它是现代性，也会是后现代性，更重要的是，它同时也是这二者，以及这二者之间复杂的动态关系"。③

"全球对话主义"坚持现代性维度，其所承认的后现代性是为现代性理性或主体性所制约的后现代性，但后现代性差异个体或主体不会被统一彻底掩盖，因为"全球对话主义"既拒绝用统一掩盖差异，也拒绝用差异代替统一，统一与差异被认为是认识的一体两面。"差异如果单就其作为具体的差异而言，它是另一个层次上的统一。以任何事物为起点我们都可以无限地差异下去，除非我们不想取消差异本身，我们就永远面对一个差异的统一。差异并不危及一个事物的实体性存在。"④ 但是个体不会固守本质主义的自身，另一主体也不把自己视为一个不可划分的实体，会在对话中改变自身。个体与个体之间的关系是一种平等对话关系，这种关系

---

① 金惠敏：《走向全球对话主义：21 世纪的文化政治学》，新星出版社 2013 年版，第 53 页。
② 金惠敏：《媒介的后果：文学终结点上的批判理论》，人民出版社 2005 年版，第 150 页。
③ 金惠敏：《走向全球对话主义：21 世纪的文化政治学》，新星出版社 2013 年版，第 2 页。
④ 同上书，第 51 页。

不再是"主体间性"的关系，因为"主体间性"假设一个本质性主体存在，个体与个体之间的关系是有限的主体之间的关系，将"主体间性"转变为"他者间性"。

"全球对话主义"是一种含纳了现代性和后现代性的认识论范式，这种全新的认识范式既具有现代性又具有后现代性的特点，能够筹划一场真正意义上的"对话"。对话者将自己置于一个对自己进行不断超越、否定和"重构"的过程之中，在这个没有终结的过程中，"对话者永远保留着无法被表述的本己，无论经过多少轮的对话，一方对话者都不可能变成另一对话者"。① 主体和他者都不再是现代性意义上的封闭实体，两者之间不再存在尊卑的等级关系，而是一种霍米·巴巴的"杂交"观念所指代的你中有我、我中有你的动态关系。因为没有一个可恢复的本质，也从根本上排除了主体对客体的压迫或屈尊降贵的"宽容"。对话双方相互承认对方的主体性，他们之间进行相互探险和协商，拒绝任何先于对话的过程，也拒绝任何一方单独设计的前提，对话双方在对话的过程中不会固守边界和本质，而是可以相互改变的。总体而言：

> 作为一种范式的全球化既坚持现代性的主体、理性、普遍、终极，同时也将这一切置于他者、身体、特殊、过程的质疑之中。或者反过来说，全球化既不简单地认同现代性，也不那么肯定后现代性，而是站在他们之间无穷无尽的矛盾、对抗之上，一个永不确定的表接（articulation）之上。这种全球化是现代性与后现代性（即解构性的力量）的双向互动。全球化内在的同时就是现代性的与后现代性，即是说，它同时超越了现代性和后现代性。②

作为一种超越性的认识范式，全球对话主义不仅能更全面地认识和把握现有的全球化现状，而且能够更合理地认识和评价后殖民理论等对现有世界理论的认知，能够为构建平等、自由和公正的世界秩序提供认识论指导。

---

① 金惠敏：《走向全球对话主义：21世纪的文化政治学》，新星出版社2013年版，第20页。

② 同上书，第19页。

二　全球化对话主义与后殖民理论

后殖民理论纷繁复杂，观点各异，论题复杂，但是目前学术界普遍认同后殖民理论的一个共同之处——反西方中心主义。在全球化背景下，后殖民理论对现有的政治、经济和文化现状作出积极回应，出现了全球化转向。[①] 全球化转向之后，后殖民理论将全球化现象中隐秘的强权现象作为研究和批评重点，仍沿用其意识形态批判和后现代主义理论工具，力图重置被压迫者的主体性，但后殖民理论并非简单地主张自决和自主权，而是通过对诸如杂糅和差异等的强调，反对基于本质主义的身份认同与族性观，致力于解构诸如普遍主体、文化统一性等源于西方的神话。后殖民理论一方面采用后现代主义变动的、不稳定的和交叉的表接特征，反对稳定的诸如政治和文化实体，还有阶级、性别、种族等范畴，同时坚持一种从边缘向中心的挑战，具有鲜明的政治伦理立场，坚持被压迫者和被主宰者的主体身份。后殖民理论使"当前和传统并存"，将现代性与后现代性结合，虽然在某些方面接受后现代主义对于西方的解构和批判，但对其进行了后殖民主义的整编，在接受现代性的同时也伴随着对它的重构与改造。后殖民理论的这一特征使其一方面遭受后现代主义学者的批评，比如罗伯特·杨和克利福德等批评者指责萨义德在反抗的过程中不时返回他所反对的知识框架，将福柯的后现代理论与葛兰西的思想悖论性杂交；巴巴的写作修辞再生了他所分析的材料的形式和结构，在自我论证的过程中损害了自己的权威；斯皮瓦克虽然与帝国主义交战，但是又"经常无意的，又是甚至是有意地保持他们所反对的系统的结构和假设"。[②] 另一方面，后殖民理论为现代主义者所诋毁，被指责为一种导向文化帝国主义高级阶段的共谋倾向的资本主义的帮凶，其批判方式被批评为只见树木、不见森林，有可能成为全球资本主义的先锋。就连后殖民主义文学理论家阿希克洛夫特也认为"近来

---

① 关于后殖民理论的全球化转向，将有另文详述。

② Robert Young, *The White Mythology* (《白色神话》), London And New York：Routledge, 2004，p. 204.

致力于把后殖民写作吸纳进国际后现代话语的后现代主义，事实上，从殖民实践的文化影响和后果中得到的好处比大家周知的更多"。①德里克和阿罕莫德等也认为后现代性逐渐削弱后殖民理论的革命性，使后殖民理论由原来的积极抵抗转变为一种消极抵抗。我们认为后殖民理论同全球化现象一样不能被定义为现代性或后现代性的，也不能用单纯的现代性或后现代性范式进行分析批判，需要利用"全球化对话主义"这样的认识范式进行综合考量。

后殖民理论具有突出的后现代特征是目前大多数研究者的基本共识。有学者甚至认为后殖民主义是后现代主义在东方和第三世界国家的变体。随着文化和精神的发展，"后现代主义和后殖民主义在北美和欧洲被认为是一回事，也说明了它们彼此之间的理论联系"。② 本文认为后殖民理论的后现代性主要体现在理论方法上。

首先，后殖民理论反对二元对立，力图恢复被殖民者的主体。虽然萨义德在《东方主义》中尚强调东方与西方的对立，但是在其后期作品中逐渐强调各种文化间的交流。斯皮瓦克和巴巴明确表明反对二元结构，他们认为二元结构是对原有殖民主义或现代性思维模式的复制，这种复制重新设立一个主导中心，会重新设立被压抑的他者。斯皮瓦克曾指出大多数第三世界国家的"反殖民斗争"的"公然断裂令人厌倦地通过巩固公认的风格重复着殖民化的节奏"。③ 巴巴认为殖民主义存在"矛盾性"，殖民者与被殖民者之间的关系不同于黑格尔所言的主仆关系，也不同于他性的想象学投射，而是出于一种混杂状态。所有的后殖民理论都认为基于二元思维倒置中心的做法，不能把"他者"从殖民主义再现中解放出来，解放需要进入被殖民者多形态"差异"。"差异"是一个典型的后现代概念，是指在场缺失情况下，中心或本质缺失，只存在痕迹，痕迹则标志着在场的缺席，是一种始终缺席的在场，标志着

---

① Bill Ashcroft, Gareth Griffiths & Helen Tiffin, *The Empire Writes Back*（《逆写帝国》），London and New York：Routledge，2002，p. 154.

② ［美］阿里夫·德里克：《后现代主义、后殖民主义和全球化：当代马克思主义所面临的挑战》，王瑾译，《当代世界与社会主义》2007 年第 2 期，第 144—149 页。

③ ［美］佳亚特里·斯皮瓦克：《后结构主义、边缘性、后殖民性和价值》，载陈永国、赖立里、郭英剑主编《从解构到全球化批评：斯皮瓦克读本》，北京大学出版社 2007 年版，第 185—212 页。

思维与经验状态起源的缺乏。① 在场缺席的情况下，痕迹既是起源的消失也意味着起源并未消失，因为我们必须从某个地方开始认识，需要痕迹成为起源的起源，认识过程是由一系列"痕迹"构成的差异链条，"这些差异没有中心，也不接受任何修补，'完全的他者显现在它的异在中——没有任何单纯性、同一性、相似性或是持续性'"。② 差异不同于现代性主体所设立的"完全的他者"，具有永远不可抹消的特点。正如哈琴所言后现代主义的特点在于"拒绝把他者变成同一"③，这种对于他者的承认和尊重使得后现代主义对后殖民主义有着特殊的意义。后殖民主义利用后现代主义的解构方法，拒绝二元主义、等级制和终极论，使客体消失，从而达到抵制帝国主义对他者和差异进行贬低的目的。

在某种意义上后殖民主义之后字"如同后现代主义之后，也是挑战早期合法化叙事作品的一个后字"。④ 后现代主义认为现代性宣布符号引出了所指的出场，假定叙事的自明性，本质上假设一个中心存在，将多样性压缩进一个统一体。后现代性主张符号只是一个场所，"词和物或思想从来就不是一体。我们由特别的词语组合想到了、谈到了词语常规所建立起来的物或思想。指涉结构在起作用，并且继续起作用，不是因为符号的两个所谓的成分间的同一性问题，而是因为它们之间的差异关系。符号标志着差异的场所"。⑤ 符号并不自明地代表一个中心，而是一个由永远缺席的他者痕迹或踪迹来决定的结构，而且这个他者也不具备完全的本质。所以文本的权威性只是暂时的，起源不是本质只是痕迹。⑥ 后殖民理论同

---

① Gayatri Chakravorty Spivak, "The Translator's Preface of *Of Grammatology*"（《德里达〈论文字学〉译者前言》），Baltimore and London：The Johns Hopkins University Press, 1997, p. xvii.

② Ibid. , p. xvi.

③ ［加］琳达·哈琴：《"环绕帝国的排水管"：后殖民主义和后现代主义》，载罗钢、刘象愚主编《后殖民主义文化理论》，中国社会科学出版社1999年版，第490—511页。

④ ［美］克瓦姆·安东尼·阿皮亚：《后现代主义的"后"是后殖民的"后"吗?》，载罗钢、刘象愚主编《后殖民主义文化理论》，中国社会科学出版社1999年版，第470—490页。

⑤ Gayatri Chakravorty Spivak, "The Translator's Preface of *Of Grammatology*"（《德里达〈论文字学〉译者前言》），Baltimore and London：The Johns Hopkins University Press, 1997, p. xvi.

⑥ 参见 ［美］佳亚特里·斯皮瓦克《德里达〈论文字学〉译者前言》，载陈永国、赖立里、郭英剑主编《从解构到全球化批评：斯皮瓦克读本》，北京大学出版社2007年版，第1—90页。

后现代主义一样不信任表达或表现的合法性，揭示现代性中存在的理性自我循环以及知识和权力之间合谋关系，质疑殖民话语或者现代性话语对这个世界认识本身的稳定性。萨义德认同福柯的话语理论，认为西方将东方"东方化"的过程是一个以权力为依托的阐释。斯皮瓦克以德里达的解构主义思想为基础，强调文本性。她认为就像文本没有稳固的同一性、稳固的原文、稳固的结尾一样，文本的每次阅读都是下一个文本的前言，那些已经被接受为正确的叙事往往缺乏合法性。意指过程是一个变幻不定、浮动嬉戏的所指链条，意义和所指经过"延异""撒播"等被涂抹，要想知道意义需要借道语境，语境相对稳定，但不完全封闭，异质因素通过语境中的空隙，进入同质的语境，因此所指或意义只剩一种"踪迹"，而不再是不变的存在。"踪迹"取代了现代性的本质，本质的不在场使寻找事物的原因和起源的努力失去意义，人们只能通过差异和通过指涉结构认识事物，因此所有的知识都是一种解释，事实根本无法接近。人们通常所认为的知识实际上是对世界的一种文本性阐释，这种认识许诺了阐释的多样性，为差异保留了可能性，从而消解了二元对立和中心论的绝对合理性，"看到了对知识的异质要求之多样性"。[1] 巴巴则坚持再现与真实之间的关系不是对应的静止存在，话语中包括特定的表达者和被表达者的致意过程。他同样强调文本性，明确提出"再现之外无知识"[2] 的论断，认为写作是构成主体感和社会感的东西，质疑因果关系和逻辑的确定性，在他看来意义也不是透明性的。

后殖民理论同后现代主义一样，关怀边缘化和中心性的状态，强调原地生成性或本土性，并向任何充当中心的霸权力量挑战。斯皮瓦克在其理论中质疑包括康德、黑格尔和马克思在内的哲学家对"本土信息提供者"的忽视和贬低，巴巴通过强调被殖民者的反凝视和"第四世界"居民的混杂性质疑整体化观点。他们突出强调人类行为的不可预知性和阐释的多种可能性，所以他们不再信任概念和叙事而是关注人类实践的细节，这种特征在萨义德理论中体现为对巴勒斯坦人们生活的细致描写，在斯皮瓦克

---

① Anthony Giddens, *The Consequences of Modernity* （《现代性的后果》）, Cambridge：Ploity Press, 1997, p. 2.

② Homi K. BhaBha, *The Location of Culture* （《文化的定位》）, New York and London：Routledge, 1994, p. 23.

那里体现为对"本土信息提供者"的尊重,在巴巴那里则体现为对"第四世界"居民的关注。

后殖民理论的后现代性还体现为否定主体预知性。后现代主义坚持认为主体是社会关系和论述的复杂产物,并对启蒙运动(或笛卡尔主义)的观点提出了质疑。从笛卡尔的"自我"肇始的启蒙思想把主体视为对世界发挥作用的完整的理性存在,是无始无终不受具体条件限制不可分割的圆满实体。殖民主体通过声称拥有这种理性主体而使自己拥有文化优越性,赋予其殖民统治合法性。后现代主义认为主体不是圆满的实体,而是由多种因素决定的,是有条件的,而且既是情感的产物,同样也是理智的产物。这一思想在后殖民主义理论者中尤其重要,他们认为西方现代性主体观区分自我与他者,将它们的陈述建立在主体与客体的差别之上,用主体证明客体,建立不平等的等级二元关系。后殖民理论致力于消解主体的稳定性和确定性,塑造一种异质性和不连续的主体,利用这种方式抵抗西方现代性和殖民主义。斯皮瓦克主张主体只是一种暂时性结构,蕴含不确定性。同样,在霍米·巴巴的理论体系中主体也被分裂,他认为虽然殖民者或欧美中心的主体看起来是支配性的,但其中蕴含着一种裂缝,主体与客体在这个缝隙中界限模糊而且相互交叉。被殖民者被创造为他者,这种他者被再现时被挪用和控制构成更大结构的一部分,形成一种复合式矛盾,从而拆解了殖民主体的完整性,被殖民与殖民主体中的矛盾性,将静止的启蒙主义的主体转变为矛盾的、开放的、混杂的、演现性的后现代主体。这种对主体的质疑和拆解,从理论基础上赋予曾被他者化的个体主体性,为强者与弱者之间的平等对话创造了基本的理论基础。

后殖民理论将后现代理论作为自己的理论工具,并与后现代主义一样批判相同的目标,后殖民理论与后现代性在抛弃处于启蒙批判理论核心的"批判性超越"概念,揭示隐藏在启蒙主义本身背后的先设假定的过程中,面临的难题是一样的:单纯的后现代主义解构了所有连续性和稳定性,是一种单纯的消极拆解,使被压迫者的反抗没有可以立足的稳定支点,拒绝系统认识的可获得性使他们的理论失去了反抗的根基。但是后殖民主义与后现代主义在政治方面存在许多重要差别,作为一种建设性的政治事业,后殖民主义在拆解欧洲中心的同时积极地建立被压迫者的主体性,旨在促进社会行动和社会变革,为此后殖民理论仍需要现代性的思维方式：确立历史的连续性并确定我们在其中所处的位置。关于后殖民理论的这一特点，斯皮瓦克有明确的认识，"要重建一直就被铭刻的东西，就要拆解。这是核桃壳里论解构。但没有了文本的权威性、批评家的控制以及意义第一性的保证，这种结构式的占有是无法做出保证的"。① 所以"批评家会暂时忘记他自己的文本是需要自我解构的，并一直就是一个重写的文本"。"解构永远都只是充满延异的自我解构运动。从没有一个文本能够做到完完全全的解构或被解构。然而批评家只能是暂时地将形而上学的批评理论召集起来，扮演着自称是解构的一种（单一，unitary）行为的角色……这种关系包括了主体和分析者。"② 所以后殖民理论家们在解构的同时保留了一定的现代性思维。

学术界对于后殖民理论的现代性特征鲜有论述，为数不多的相关批评主要集中于对萨义德理论中人文主义倾向的批判，因为人文主义仍然在现代性的主体性思维模式中运作。根据"全球对话主义"后殖民理论的现代性特征不但不应受到指责，而且应得到赞扬。与后现代主义反抗任何形式的罗格斯中心相比，后殖民理论是非西方学者从边缘向西方中心的挑战，将西方文化视为一种释放话语权力的中心，矛头指向整个西方文化，并抵抗西方文化中的帝国霸权主义，有"现代性"文化研究，才有"文化帝国主义"，只有这种视西方为威胁的总体立场才能形成对强权的有力抵抗。

后殖民理论进行了一系列的解构努力，强调差异，其最终目的是与西方强国进行平等对话。在不同的文化之间和主体之间建立对话性与交往性的关系是后殖民理论最迫切追求的理想状态。对"对话"的坚持召唤"主体性"的出现，这种主体性不能是现在性的完满主体，因为如果坚持原始的主体性，坚持将其作为先验的形而上学特征，则必定将另一方视为他者，根本无法进行对话，其结果只能是冲突或者一方对另一方的压制。后殖民理论所坚持的主体性是一种"有限的主体性"，是一个在与他者对话的过程中经过改变的先在的主体性。这一先在的主体性也是经过与他者

---

① Gayatri Chakravorty Spivak, The Translator's Preface of *Of Grammatology*（《德里达〈论文字学〉译者前言》）, Baltimore and London: The Johns Hopkins University Press, 1997, p. lxxvii.

② Ibid.

的对话而形成新主体性。后殖民主义"回到主体"具体体现为强调本土性、民族性和自我性，这种主体的意义在于"使对话在前提上成为可能，而绝不能说在对话中虽身经百战而毫发未伤的自我确证"。①

后殖民理论中主体的内涵发生了改变，但仍保留着主体的痕迹，旨在抵抗压迫和干预。萨义德保留个人主体性的概念"以便于保留他自己的批评和改变能力的可能性"。② 他虽然采用了福柯后现代主义的话语分析理论，但仍然坚持人的范畴和人的整体解放的可能性。他在坚持批评家必须揭穿与反对西方文化霸权观念和规训手段时，从未摆脱"历史、主体性或环境"，萨义德所坚持的主体性是承认了东西方之间相互交流和融合之后的有限主体。斯皮瓦克"仍然坚持认为被殖民化了的底层主体是无法改变的异质主体"。③ 这些被压迫者的未被破碎的主体性使他们能够为自己说话而反对一种同样统一的"统一体制"。④ 斯皮瓦克在把"边缘性"确立为文学和文化批判的一种主体，但是这种主体由差异和延宕共同构成⑤，"而且文本性不但适用于研究的'客体'，而且适用于进行研究的'主体'。它抹去了主客体之间纯粹的区别"。⑥ 这种主体性可以让他者说话，但又不会导致以他者的名义建立新的霸权和支配性。巴巴也预设了殖民主体和被殖民主体的存在。这种主体是通过一种神秘的、不可把握的场合构建出来的，这种主体是一个网络。殖民者和被殖民者在权力与文化的相互关系中通过互动和协商而构筑着各自的主体性。尽管这些主体容纳了过程性、差异和"悬搁"，否定了"自明性"的主体存在，但是主体的痕迹仍被保留，这使得对霸权和支配的抵抗立场具有发出点。后殖民理论这种差异性主体类似于金惠敏在《全球对话主义》中提出的主体，这种"主体"被置于一种"主体间性"的框架，一个主体只要进入"主体间

① 金惠敏：《走向全球对话主义：21世纪的文化政治学》，新星出版社2013年版，第98页。

② Robert Young, *The White Mythology*（《白色神话》），London And New York：Routledge，2004，p. 174.

③ ［美］佳亚特里·斯皮瓦克：《底层人能说话吗?》，载陈永国、赖立里、郭英剑主编《从解构到全球化批评：斯皮瓦克读本》，北京大学出版社2007年版，第90—137页。

④ 同上。

⑤ Gayatri Chakravorty Spivak, The Translator's Preface of *Of Grammatology*（《德里达〈论文字学〉译者前言》），Baltimore and London：The Johns Hopkins University Press, 1997, p. xliii.

⑥ Ibid. , p. lvii.

性"，就进入与另一个主体的对话过程，在这个对话过程中主体发生不同程度的改变。这样现代性的完满主体，转变为有限的主体，对话是在有限主体之间进行的，只有这样的"主体间性"才能筹划一场真正意义上的"对话"。在这种对话中对话者对自己"不断"超越和"不断"否定，同时也进行不断"重构"。这种对话不追求稳定和原本，而是承认一个无法表述的本己，但是"无论经过多少轮的对话，一方对话者都不可能变成另一对话者"。① 虽然后殖民理论反对主体的预知性，但是他们对对话的追求假定了一个先在的主体，对这种有限主体的坚持是现代性的。

　　另外后殖民理论还在一定程度上保留了整体性和普遍性思维。它们一方面反对启蒙现代性将存在和历史总体化，反对从自我中心出发的普遍主义；另一方面又坚持一种过程中的暂时稳定性。这是由后现代主义的内在难题决定的。利奥塔在提出反对所有宏观叙事，承认不一致性，强调差异时，忽视了一种对包容性构架的需求。完全的后现代陷入不稳定和无法把握现实的恐慌，因为把握世界需要一些普遍性的结构，至少是一些临时方案或前提，作为一些组成知识的手段。话语论述方式本身也决定了一种普遍性的必要性，德里达在面对解构主义的自我解构问题时，承认"一旦有了语言，普遍性也就出现了"，普遍性或整体性仍然有效。萨义德采用了他自己所坚决反对的历史主义整体化立场，仍然局限在内/外在的二元思维结构之内，仍然坚持人文自由主义诸如忍耐、宽容、文化多样性和相对性等理想，在批评欧洲中心主义与西方现代性的同时，又持有一种本质主义的认同观念与族性观念，又退回到他所攻击的本质化思想模式，与西方人本主义的总体化习惯契合。斯皮瓦克策略性地采用本质主义，在主张特异性的同时，又回到个人主义或者马克思主义叙述的连续性，她认为"每一位学者都知道没有标签将一事无成。然而，对于这个特殊的标签，必须应用福柯的谨慎，而且我们必须注意到它的出处或出身"②，她号召有节制

---

　　① 金惠敏：《走向全球对话主义：21 世纪的文化政治学》，新星出版社 2013 年版，第 20 页。

　　② ［美］佳亚特里·斯皮瓦克：《后结构主义、边缘性、后殖民性和价值》，载陈永国、赖立里、郭英剑主编《从解构到全球化批评：斯皮瓦克读本》，北京大学出版社 2007 年版，第 185—212 页。

地使用理性。① 虽然她有时会使用"阶级"和"经济"这样的标签，但是她认为阶级意识是一种属于民族联系和政治组织的群体感，阶级意识和意识转换都是不连续的②，是一种容纳了异质性和反自我中心的内在整体性的阶级和经济运作方式。她有时将"自我"设立为临时的中心，但与传统现代性不同，这种自我是为了论述的必要而设立的"效果结构"，它所造成的分界不再是清晰的而是模糊的。巴巴主张认识活动中需要一个逻辑起点，在过程中保持稳定性，但这个起点是暂时的，都将从认识者转变为被认识者。

　　对后殖民理论的现有批评要么从现代性角度否定其革命性，要么从后现代性角度指责其理论中的矛盾性，都未能全面把握后殖民理论的特点。从"全球对话主义"的综合认识范式出发，不难发现后殖民理论所坚持的意识形态批评需要一种稳定的"中途歇脚之地"，以作为反抗立足点，所以后殖民理论必须坚持一种主体性并且暂时坚持一种普遍性和整体性。同时要从根本上拆解西方中心主义，不再陷入对现代性思维的复制，需要颠覆西方现代性主体观、二元的认识论模式、普遍主义和整体性思维，需要将原有的思维方式颠覆，需要拆解"形而上学和修辞结构，目的不再于抵制或者丢弃，而是以另外一种方式来再次铭刻"③，所以后殖民理论必须将现代性方法与后现代性策略相结合。后殖民理论家并非如德里克和阿罕莫德等所认为的那样是全球化的同谋，而是从不同的理论基础出发提出各种抵制霸权的全球化策略。认为后殖民理论"去政治化"的攻击也是有失公允的，因为它们将文本政治作为将意识形态批评和各种社会力量关联的方式，力图将文本政治作为解放的一种途径。后殖民理论也不像杨和克利福德等所批判的那样重新返回现代性框架，而是坚持一种经过后现代主义整编的现代性。这种结合了现代性和后现代性的后殖民主义不仅避免将反霸权思想话语与实践转变为另一种霸权，而且批判狭隘的民族主

---

　　① ［美］佳亚特里·斯皮瓦克：《底层人能说话吗？——2006 年清华大学演讲》，载陈永国、赖立里、郭英剑主编《从解构到全球化批评：斯皮瓦克读本》，北京大学出版社 2007 年版，第 411—421 页。

　　② 同上书，第 90—137 页。

　　③ Gayatri Chakravorty Spivak, "The Translator's preface of *Of Grammatology*"（《德里达〈论文字学〉译者前言》），Baltimore and London: The Johns Hopkins University Press, 1997, p. lxxv.

义，避免原始主义思维造成的宗族主义和原教旨主义，而且能够对殖民主义和各种压迫进行最深入的批判和有力的抵抗。总之，后殖民理论不仅揭露和批判政治经济领域的剥削和压迫，更重要的是从认识论和文化上进行愿望重排，用一种全新的结构和新的阐释框架颠覆原有的自明认识，重置被殖民者或被压迫者的主体，从而使个体之间能进行真正的平等对话。

走出故乡的莫言

——兼谈全球对话主义对中国当代文学的启示

代　洁

摘要：对于全球化研究这个国际学术界的热点话题，金惠敏的新作《全球对话主义》从哲学角度对其概括，对对话中的"他者"进行了深入而辩证的论说。这对于中国当代文学的某些"纠缠"——如何摆正中西各国在世界文学中的地位，如何对待古今中外的文化资源，如何看待翻译的有效性和局限性，等等，具有一定的启发意义。而当代著名作家莫言的创作，对于我们理解上述问题不失为一个很好的例证。

关键词：全球对话主义，中国当代文学，莫言

20世纪90年代以来，全球化研究已然成为国际学术界的热点，与之相关的论著也有很多。金惠敏的《全球对话主义》一书，从哲学角度对全球化进行研究和概括。他将"全球性"作为一个扬弃了现代性和后现代性的新的哲学范畴，认为"全球性"将带来"世界文学"的终结，并同时出现一种"全球文化"。但是，全球文化并不是单一文化，而是永远处在一种"对话"的过程中，即"全球对话主义"。"对话"包含了对自身的超越，因而具有全球性和抽象性，而"对话"也同时假定了参与对话者的不可通约性，"对话"由此得以持续。金惠敏认为，"全球对话主义"将是一种新的全球意识形态，包括中国在内的国际社会需要这样一种理论，一种眼界，一种胸怀，或者，一种态度。笔者在阅读过程中，认为"全球对话主义"对于中国当代文学的某些理论构建不无启发意义，而中国当代著名作家莫言的创作与之又有很多不谋而合之处，将两者结合来看，或者会对当代作家的创作以及对作家作品的认知有更为深入的

理解。

1934 年，鲁迅在《致陈烟桥》的信件中谈论中国木刻时曾说："现在的文学也一样，有地方色彩的，倒容易成为世界的，即为别国所注意。打出世界上去，即于中国之活动有利。"① 后来被人们演绎出"越是民族的，越是世界的"的说法，鲁迅的原话在他的文章有其特殊语境，但这也引发了一个思考：写作如何从个人经验出发，走出地方、民族的局限，走向世界？

一　莫言的故乡

在中国当代文学进程中，一直伴随着世界性的焦虑，"诺贝尔文学奖情结"是这种焦虑的鲜明体现。这与中国后发达国家的地位有关，要求我们奋发直追，紧跟国际潮流。也正是因为这种焦虑，中国当代作家有意无意中有着向西方作家看齐、获得西方文化认同的心理，并在潜意识中认为西方的价值观念或者思维方式更具有"普世意义"。因而，莫言对故乡的发现和超越启发意义在于：如何从自己的"血地"，找到"异质文化"，并发现自身的"异质文化"与其他的"异质文化"的对立和共存，并进一步地从这种对立和共存状态中，完成对某些"相通"经验的书写。

在莫言的小说《丰乳肥臀》中，中国的母亲和外国的牧师结合，生育了一对双胞胎儿女。然而，私生女儿上官玉女的天生残疾和儿子上官金童的"恋乳癖"与"性无能"，却说明了"杂交"这一模式存在极大的缺陷。这让人不禁深思中国在现代化进程中，应该如何对待"西化"的问题。小说批评了某个层面的中西融合再造的模式，但是却并没有提供现成的解决方法。然而，《丰乳肥臀》仍然可以看作中国知识分子寻找一种确保国家在世界上可以生存，可以持续发展模式而做出的努力。

之后，莫言在 2001 年出席台北出版节时，作了《华文出版人的新角色与挑战》演讲。他表示，面对着技术和利润的多重压力，新世纪的出版人有两条路可走，一条是疯狂地追赶，一条是大步地后退。而出版家面临着的问题，其实与作家的困境十分相似。对此，莫言的策略是："避开

---

① 《鲁迅全集》第 13 卷，人民文学出版社 2005 年版，第 81 页。

热闹的地方，回到民间，回到传统，回到边缘地带。"①

　　小说《檀香刑》可以看作对这个策略的试验。在写作中，为了使作品具有比较浓郁的民间气息和比较纯粹的中国风格，莫言将有关火车和铁路的描写大量删减，而十分突出了猫腔的声音。在对西方文学的借鉴远远超出了对民间文学的继承的今天，莫言创作过程中的这次"有意识地大踏步撤退"，具有了某种"以退为进"的意味，也是他对不同于西方的中国现代化的进一步思考。

　　我们应当承认中国当代文学所具有的个性。首先，这与中国近代历史上发生的重大事件密切相关，譬如战争、暴行、饥饿、全民性宗教狂热等，这些都影响了当代作家心灵并被文学作品反复表现。另外，中国灿烂辉煌的历史文化和文学遗产，譬如唐诗、宋词、元曲、明清小说和戏剧，像遗传因子一样渗透在作家的血液中，发挥着持久的作用。

　　但是，这并不等同于具有鲜明的中国特色的中国当代文学便是一个"特例"，莫言认为："真正的文学，从它产生之日起，就自然地具有了世界文学的特性，也就是说，好的文学，无论它是用何种文字写成，必然地具有文学的共性，成为世界文学的组成部分。"② 他以自己的作品《红高粱家族》为例，《红高粱家族》既是具有鲜明的中国风格的小说，但它同时又具备了能使不同国家和地区的人受到心灵震撼与审美愉悦的普遍性元素。这也就是说，好的艺术作品，除了具有鲜明的地区性和民族性之外，还必须具有艺术的共性。这种共性的基础就是人的基本情感。

　　因而，莫言以故乡记忆为根基开创出自己的文学王国——高密东北乡，将其打造成为具有哲学高度的人类历史的缩影。莫言宣称："高密东北乡是一个文学的概念而不是一个地理的概念，高密东北乡是一个开放的概念而不是一个封闭的概念，高密东北乡是在我童年经验的基础上想象出来的一个文学的幻境，我努力地要使它成为中国的缩影，我努力地想使那里的痛苦和欢乐，与全人类的痛苦和欢乐保持一致，我努力地想使我的高密东北乡故事能够打动各个国家的读者，这将是我终生的奋斗目标。"③

---

　　① 莫言：《华文出版人的新角色与挑战》，《用耳朵阅读》，作家出版社2012年版，第50页。

　　② 莫言：《没有个性就没有共性》，《用耳朵阅读》，作家出版社2012年版，第135页。

　　③ 莫言：《福克纳大叔，你好吗?》，《用耳朵阅读》，作家出版社2012年版，第27页。

《红高粱》作为莫言的成名作，它的主题不是战争，不是去歌颂中国人民抗击日本侵略者的英雄业绩；也不是民俗，不是去展现中华民族的古老而独特的传统风情；而是表达对生命意志的张扬，对酒神精神的赞赏。"我奶奶"在临死前这样说："天，什么叫贞节？什么叫正道？什么叫善良？什么是邪恶？你一直没有告诉过我，我只有按着我自己的想法去办，我爱幸福，我爱力量，我爱美，我的身体是我的，我为自己做主，我不怕罪，不怕罚，我不怕进你的十八层地狱，我该做的都做了，该干的都干了，我什么都不怕。"① 体现了一种雄强的生命本能。因而，《红高粱家族》为古老的题材赋予现代意义，获得超越历史、民族的审美价值，引起海内外读者的普遍共鸣。

在《丰乳肥臀》中，莫言充分肯定了身体的存活和欲求。对"丰乳"与"肥臀"的书写，其实是对世俗的隐秘的权力话语、审美观念的一种反叛，但他显然又超出了对小说所书写的具体的历史阶段。小说以上官金童躺在母亲坟墓前仰望星空、回忆母亲，迷迷糊糊中脑海里似真似幻地飘满乳房结束全书："后来在他的头上，那些飞乳渐渐聚合在一起，膨胀成一只巨大的乳房，膨胀膨胀不休止地膨胀，矗立在天地间世界第一高峰，乳头上挂着皑皑白雪，太阳和月亮围绕着它团团旋转，宛若两只明亮的小甲虫。"② 这在完成批判权力话语的同时，也重现了歌颂生命的主题。

《生死疲劳》表面上是对新中国成立后中国农民和土地关系的书写，其实小说着重表现的是对佛性、人性、兽性的深层思考。西门闹带着杀身之仇、夺妻之辱到了地狱，在经历过畜生道里的五次轮回之后，原本人性中的仇恨和恶念被消解。当他最终转世为"大头儿"后，只剩下一个局外人的身份。而这恰恰是佛性拯救的有意安排，人之所以为人，应该是善的。所以我们每个人都应葆有人性最初的善良和本真。

在《蛙》的台湾版序言中，莫言写道"他人有罪，我也有罪"。所以小说并非直指计划生育政策，而是带有普遍而深刻的忏悔意识。从一开始出现在读者面前的信件里，就出现了萨特的《苍蝇》和《肮脏的手》的样板，也就是说，小说探讨的是萨特式的带有人类普遍性的忏悔意识。在

---

① 莫言：《红高粱家族》，作家出版社 2012 年版，第 64 页。
② 莫言：《丰乳肥臀》，中国工人出版社 2003 年版，第 450 页。

小说中，不仅杉谷义人要忏悔父辈们在中国战场上的邪恶罪行，姑姑要忏悔自己在执行计划生育政策过程中的强暴行为，"我"也要忏悔自己在金钱的罪恶下侮辱和损害人的生命与尊严的所作所为。莫言通过对人性中自私、懦弱、残忍等弱点的反思，进而推广到对人类自身的罪过的忏悔，以及对人的生命和地球上其他的生命的价值进行新的确立。

莫言对"高密东北乡"的书写，实际上是故乡对一个作家的制约，也是一个作家对故乡的发现。莫言并不是一味地迷信故乡，他既是故乡的民间文化和传统价值的发现者与捍卫者，也是故乡的愚昧思想和保守停滞消极因素的毫不留情的批评者。他对故乡爱恨交加的态度，借助西方理论对故乡文化的批判扬弃，最终实现了他对故乡的精神超越，使他的作品具有了人类经验的普遍意义。

二　在对话中走出故乡

1960 年，德国哲学家伽达默尔的著作《真理与方法——哲学解释学的基本特征》出版，他在书中阐述了"对话本体论"，这一理论包含两个向度，既可以是在一个传统内部的古今对话，也可以是与另外一个陌生文化的对话。对于现代性表现出的与传统的断裂、拒绝和否认，伽达默尔警告，我们不能在传统之外展开对传统的批判，我们归属于我们试图去理解的传统。在与他者对话中，伽达默尔认为，文本的他者既是"真理"，也是"方法"，他者具有不可穷尽的神秘性，而又通过与他者相遇我们自己被认识、被扩大、被更新。

全球化运动中，如何与传统对话，如何与他者相遇，凸显为当今时代的两大人文思想主题，其一纵一横甚至构成了我们整个的理论世界和生活世界。然而，中国当代文学面对中国传统文化和西方现代文化，往往表现出手足无措的"窘态"，较难平衡两者的关系从而滑向某种极端。在众多当代作家中，莫言的姿态显得较为从容。

从《秋水》中第一次打出"高密东北乡"的旗帜，出现了"我爷爷"和"我奶奶"的创世记。莫言逐渐体悟到，故乡记忆、故乡情结对于作家创作的重要意义。很多人、很多事，直接构成了莫言小说的原型。其中，齐文化的自由恣肆和蒲松龄的花妖狐怪，对莫言的创作风格影响巨大，它既是潜移默化的，也是根深蒂固的。

莫言在很小的时候，常听村里的老人讲狐狸变美女、公鸡变青年、大树成精等传说故事，这是他在没有走上文学道路之前便十分熟稔的。莫言曾说："我之所以能成为一个这样的作家，用这样的方式进行写作，写出这样的作品，是与我的二十年用耳朵的阅读密切相关的。我之所以能持续不断地写作，并且始终充满着不知天高地厚的自信，也是依赖着用耳朵阅读得来的丰富资源。"①《生死疲劳》的一开始就是阎罗殿上，西门闹在阎王面前喊冤，他是一个很善良的地主，但在1947年的土改时被枪毙了，所以冤魂不散，不断地投胎，变驴、变牛、变猪、变狗、变猴，最后终于变成人。这个故事的原型就是来自蒲松龄《聊斋志异》中很有名的一篇《席方平》。莫言说："我这是用这样的方式向祖师爷致敬。"

中国作家在20世纪80年代受到域外文学、外国作家驳杂而深刻的影响。莫言对西方现代主义文学的借鉴也相当广泛，福克纳、马尔克斯、海明威、卡夫卡、结构主义、新感觉主义、意识流小说、弗洛伊德等方面的因素，在莫言的创作中都能找到影子。

金惠敏认为，今日的全球化可以理解为现代性的扩张，在扩张中它势必会遭遇他者文化的抵抗。因而，全球化结果将不是单方面的"美国化"或"西方化"。美国学者罗伯逊将其看成"普遍的特殊化"和"特殊的普遍化"的一个"双向过程"。对此，金惠敏并不赞同，他认为"在全球化运动中，或许根本不存在普遍性与特殊性的对立，所有的只是特殊性对特殊性。全球化是一种地方性对另一种地方性，只不过强势的一方往往被错误地称作全球性或者普遍性。真正的全球性超越了所有的地方性包括强势的地方性，是各种地方性的可交流性"。② 这是对现代性扩张的清醒警惕。

由此，文学的对话就显得颇为必要，它不带有那么强大的殖民气息，而是类似一种再理解之后的再创作。在这种对话空间里，对话的双方都能自由发声。2000年在美国的加州大学，莫言作了题为《福克纳大叔，你好吗?》的演讲，在讲话中提出了一个颇有意思的观点："一个作家读另一个作家的书，实际上是一次对话，甚至是一次恋爱，如果谈得成功，很

---

① 莫言：《用耳朵阅读》，《用耳朵阅读》，作家出版社2012年版，第58页。

② 金惠敏：《全球对话主义：21世纪的文化政治学》，新星出版社2013年版，第24页。

可能成为终生伴侣，如果话不投机，大家就各奔前程。"① 他又说："我承认许多作家都很优秀，但我跟他们之间共同的语言不多，他们的书对我用处不大，读他们的书就像我跟一个客人彬彬有礼地客套，这种情况直到我读到福克纳为止。"②

三　走向世界文学

2012 年莫言获得诺贝尔文学奖，引发了人们关于中国当代文学如何走出国门、进入世界文学领域的深入思考。不少专家认为，如何成功"翻越"翻译的"围墙"，是中国作品走向世界文学极为关键的一环。

的确，翻译对文学的影响是巨大的。只有通过翻译家的创造性劳动，文学的世界性才得以实现。如果没有翻译家的劳动，中国的文学作品也不可能被西方读者阅读。我们知道，莫言的几乎每一部作品都被翻译成英文、法文、德文、日文等多种语言，但是作品中的地域性很强的本土经验能否被有效地翻译并且被海外读者感受和欣赏？

著名翻译家葛浩文曾分析过美国人喜欢的中国文学作品的类型：第一种是性爱多一点儿的，第二种是政治多一点儿的。因而，葛浩文在翻译莫言早期作品《红高粱家族》《天堂蒜薹之歌》《酒国》时，在译本里添加了一些关于性的描写。此外，由于中国的政治体制和意识形态跟西方国家不同，西方读者不可避免会以猎奇心态，从中国文学中猎取异域文化和管窥中国的政治特征。例如在英文版卓越网上，一位叫 wbjonesjr1 的网友评论道："《生死疲劳》是了解二战后中国社会内景的一种简捷方式。"

不少学者就此质疑莫言的创作是否捏造出一种"中国特色""中国差异"的拟像，以中国的"他者性"喂养西方的"主体性"？其实不然，对于文化翻译中的文化误读问题，莫言表示这是难以避免的。他以中国传统男尊女卑、传宗接代的思想为例，表示西方人可能很难理解中国的生育观念。但是，他又指出，在文化差异、认识差异甚至是人性差异之外，还有一些人类共同、共通的情感，这样的作品才能够被更多的人所理解，而且

---

① 莫言：《福克纳大叔，你好吗？》，《用耳朵阅读》，作家出版社 2012 年版，第 23 页。
② 同上书，第 25 页。

能够打动他们、影响他们。莫言坚持写人，写人性，他运用各种现代技巧，直刺人性深处的善性和恶性，"把好人当坏人写，把坏人当好人写"，"别人有罪，我也有罪"，使故乡成为历史和人性的展览场。

伽达默尔在《真理与方法》中对"翻译"有着独到的论述，在他看来，"文本的可翻译性，即翻译所容易传达的东西，常常就是我们自己的文化编码系统，而其不可翻译性则是起于那不接受此编码的他者文化的他者性"。[①] 因而，翻译会使文化间的差异、距离和冲突得以显现，使我们清晰地意识到自身的文化局限，于是一个文化间的对话成为必要，否则我们将会局限于内部的自体循环。

不同文化的交汇往往是一个非常复杂的过程。西方文学在接受中国文学传播的过程中，总会在有意无意中烙上了本土文化与偏好的印记。但是，随着中国开放程度的加深，与世界的联系日益紧密，海外对中国当代文学的阅读和接受也由社会学材料向文学本身回归，从而使作品的文学艺术性得以更多的彰显。德国作家马丁·瓦尔泽就曾在读完《红高粱家族》之后评价说，这部作品与重视思辨的德国文学迥然不同，它更多的是在展示个人精神世界，展示一种广阔的、立体化的生活画面，以及人类本性的心理、生理感受等。莫言得到这些反馈信息时感到很欣慰。他说：这首先说明作品的翻译比较成功，其次国外的读者、同行能够抛开政治的色彩甚至偏见，用文学艺术以及人文的观点来品读、研究作品是件很让人开心的事。他希望国外读者能以文学本位的阅读来体会中国小说。

四　结语

在一个全球化的时代，每个民族、每种文化都有"话"说，但是说什么以及如何说，我们对此无法预料。但是，面对各种言说，我们应当具有一种包容的姿态：既"求同"，更"存异"，不在求同中抹杀差异，而是将求同视为理解、宽容差异，让差异成为我们思想的活水。因而，德国哲学的"主体向性"必须改写为"他者间性"，在对话中对话者对自己的"不断"超越、否定、重构，只有做到了互为他者，互为主体才能真正实

---

① 金惠敏：《全球对话主义：21世纪的文化政治学》，新星出版社2013年版，第24页。

现，否则无异于缘木求鱼。唯其如此，全球化时代的文学才可能筹划一场真正意义上的"对话"。

同样，作为世界文学组成部分的中国文学，以往那种动辄对立的态势已经发生改变，而趋于共融与共生的方向。莫言谈及自己获得诺贝尔文学奖的原因，认为打动评委们的最主要的应是文学素质，"这是一个文学奖，授予的理由就是文学。我的作品是中国文学，也是世界文学的一部分，我的文学表现了中国人民的生活，表现了中国独特的文化和风情。同时，我的小说也描写了广泛意义上的人，一直是站在人的角度上，一直是写人。我想这样的作品就超越了地区、种族、族群的局限"。我们期待，未来中国会有更多文学作品成为承载这个社会痛与乐、悲与欢、苦与喜的佳作，以文字向人性致敬，并由此走向世界。

浅谈全球化与文学关系的几个方面

蒋　博

摘要：本文旨在梳理文学与全球化的关系，以及文学全球化的表现，尤其是"五四"以来的文学全球化表现，并从文学翻译、比较文学、外语创作、诺贝尔文学奖等角度对之进行详细的阐述。本文认为随着经济全球化的不断发展，文学的全球化也在不断加深；文学全球化是文学发展的必然阶段和历史趋势。

关键词：文学，全球化，诺贝尔文学奖，翻译

我们现在都在谈全球化，什么是全球化呢？20世纪90年代，全球化问题就已经逐渐引起西方学术界的注意，并且引起了一股不小的研究浪潮，英美法德各国的全球化研究都曾经一枝独秀过。然而，关于全球化的含义却一直没有权威的界定，它也因此成为学术界关于全球化的研究最重要的课题之一。当然，相比较而言，施密特、达伦多夫、哈贝马斯·贝克等著名学者的论述都比较有代表性。

那么我们应该如何理解全球化呢？由于对全球化含义的研究还存在不少分歧和争议，所以我们的理解就只能从一个较为宽泛或者说相对模糊的角度来进行。我们认为，全球化并不是一个单向度的概念，它是多元的、多层次的；它是人类社会发展到一定阶段的产物和现象，是一个历史进程；它是指全球的联系不断密切，全球意识不断增强，国家之间在诸多领域的相互依赖、相互影响。其中媒介在全球化过程中起到了不可替代的巨大作用。由于全球化没有主语，所以它既可以指政治的、经济的、文化的全球化，也可以指社会的全球化。目前，由于生产力的迅猛发展，高科技，特别是信息技术迅猛发展，已经为经济全球化奠定了坚实的物质基

础；此外，市场经济在全球范围内的广泛发展以及国际贸易与投资自由化，都为经济全球化起了巨大的推动作用。当前，经济全球化已经成为当代世界经济的重要特征之一，也是世界经济发展的重要趋势。

一　文学的全球化

随着全球化的不断发展，文学也不断走向全球化。早在 1848 年，马克思和恩格斯就在《共产党宣言》中说：

> 资产阶级，由于开拓了世界市场，使一切国家的生产和消费都成为世界性的了。……物质的生产是如此，精神的生产也是如此。各民族的精神产品成了公共的财产。民族的片面性和局限性日益成为不可能，于是由许多种民族的和地方的文学形成了一种世界的文学。①

马恩以哲学家的深刻和经济学家的远见预言了"世界文学"的产生。但是关于"世界文学"这种说法，著名学者金惠敏先生似乎不太同意，在其《现代性、后现代性与全球化——"球域化""全球化"与"世界文学"的终结》这一长文中，金惠敏教授说：

> 由于这样的"世界文学"是伴随着资本主义全球化的"物质生产"而来的一个现象，我们就可以视之为"现代性的后果"，或者"现代性的诉求"。颇具乐观主义色彩的是，作为共产主义者的马克思和恩格斯将"世界文学"想象成由无数的民族的和地方的文学而"形成"的一个新的共同体。其中原先的"片面性和局限性"、原先的"民族性"身份被克服了而共同拥有一个"世界文学"的新身份。
> 　　而尚需进一步指出的是：其一，"世界文学"在很大程度上同时就是帝国主义经济列强对其民族或地域的文学的世界化、普遍化，因而也就是真空化；其二，尽管如此，其他民族的和地方的文学的抵

---

① 马克思、恩格斯：《共产党宣言》，《马克思恩格斯选集》第 1 卷，人民出版社 1972 年版，第 254、255 页。

抗，而且这种抵抗的持续性，将使"世界文学"永远停留于一个未竟的计划；于是其三，要形成这样一种"世界文学"的认同是困难的，没有人能够认同一种不确定的因而可能是空洞的存在。

现在，我们倾向于以"全球"取代世界，以"全球文学"取代"世界文学"："全"已经包括了"世界"，而"球"则呈现出立体的、动感的、旋转的、解中心的趋势，这样的"全球"就是我们全球化时代的文学的特征。①

显然，在当前社会语境下，金惠敏教授的"全球文学"显得更恰当一些。

其实，文学的全球化尽管是近些年才提出的一个观点，但是关于不同国家之间文学的交流、对话却是源远流长。以中国为例，远的不必说，在五四新文化运动时期，中国文学就有全球化的倾向了。现代作家几乎都有留学经历，其中鲁迅、周作人、郭沫若、陈独秀、郁达夫、田汉、张资平、郑伯奇、夏衍、冯乃超、成仿吾、胡风、李大钊、欧阳予倩、穆木天、周扬、刘呐鸥等都曾留学日本，胡适、闻一多、徐志摩、林语堂、梁实秋、钱钟书、艾青、巴金、戴望舒、李健吾、林徽因、冯至、冰心、丁西林、李金发、洪深、朱湘、俞平伯、冯沅君、王独清、陈西滢、熊佛西、陈衡哲、杨绛、苏雪林、饶孟侃等都曾留学欧美。留学经历极大地开阔了现代作家们的创作视野，许多作家接受西方的哲学思想以及文学思潮，并将其引进国内，于是各种欧洲文艺思想如潮一般涌入中国，如人文主义、批判现实主义、浪漫主义、自然主义、表现主义、唯美主义等，这些主义极大地影响了现代作家的创作。其中，鲁迅深受尼采哲学和契诃夫、果戈里小说的影响；郭沫若的历史剧有莎翁戏剧的痕迹；闻一多深受济慈和佛来琪的影响；曹禺《雷雨》中既有古希腊悲剧的影子，又能看到易卜生社会问题剧的痕迹；老舍曾在英国执教，自言深受狄更斯和康拉德的影响……

文体革新是五四新文化运动的一大成绩，这跟西方文学的影响不无关系。"五四"前夕，我国文学的文体还很僵化，旧体诗词、章回小说、八

---

① 参见金惠敏《球域化与世界文学的终结》，《哲学研究》2007 年第 10 期。

股文还盛行文坛。"五四"之后，在新文学家的大力改造之下，新散文、新诗歌、新小说，甚至话剧、杂文、散文诗都纷纷产生，并且产生了大批佳作。以小说为例，"五四"时期，鲁迅先生的小说质量已经达到同辈人难以比肩的高度，如《孔乙己》《药》《故乡》《阿Q正传》等，这些小说的问世和成功，使得中国小说彻底冲破了章回小说的藩篱，并不断走向世界。而鲁迅的成功离不开西方文学的滋养，所以鲁迅谦虚地说"所仰仗的全在先前看过的百来篇外国作品和医学上的一点常识"，还说"最爱看的作者，是俄国的果戈里（N. Gogol）和波兰的显克微支（H. Sienk iew itz)"。而中国话剧的开山之作《终身大事》显然是在易卜生的《玩偶之家》的影响下创作的。

到了20世纪80年代，思想界、文学界开始活跃了起来，文学风气弥漫在整个中国的大地上，可谓是一个"全民文学"的时代。很重要的一个原因是80年代各种各样的西方哲学著作、西方文艺理论和作品纷纷被介绍到国内。在70年代末筹备、80年代初出版的著名的《外国现代派作品选》，是由当时几位知名学者如郑克鲁等主编，包括了大量的西方文艺流派，比如表现主义、未来主义、存在主义、超现实主义以及荒诞文学、垮掉的一代和黑色幽默等流派。这一部丛书的问世，在学术界和文学创作界产生了深远的影响，许多后来的先锋小说家和非先锋小说家都曾经受到这部丛书的影响。在这部丛书的引领下，各种介绍西方文艺理论思潮和作品的图书如雨后春笋般层出不穷。正是在这些作品的影响下，又在中国的作家主要借鉴西方作家作品的基础上，开始了对小说艺术的探索，并在80年代中期形成浩浩荡荡的创作队伍，造就了马原、残雪、苏童、格非、余华等一大批先锋文学新秀。

上面我们讲的是中国文学对外国文学的接受，其实中国文学也对外国文学产生了很大的影响。我们以英美的意象派为例。意象派创始人庞德曾经说过："读中国诗即明白什么是意象派。"① 作为意象派的创始者和领袖人物，庞德对文学的贡献是巨大的。20世纪初，中国古典诗歌曾一度风行美国诗坛，引起美国当时文学界的广泛关注，庞德就是其中的代表。庞

---

① 黄正平：《跨越国度的永恒魅力——意象派和中国古典诗歌诗论中意象说比较》，《上海大学学报》（社科版）1987年第2期。

德首先是翻译了李白、白居易等人的近 30 首诗歌，并将其收录在许多作品集中。随着对中国文化了解的不断深入，庞德又对汉字的表意方法产生了浓厚的兴趣，希冀将其与诗歌创作融会贯通，产生一种特殊的美学效果。之后，庞德还对中国优秀的传统文化，比如《诗经》等著作进行了译介。在此基础之上，英美意象派逐渐产生，并对英美现代派产生了重要的影响。

二　全球化、文学翻译及比较文学

翻译在文学走向世界的过程中也起到了巨大的作用。全世界在没有一种统一的语言文字之前，可以说，没有翻译就是没有文学的全球化。甲午战争之后，著名翻译家林纾开始了自己文学翻译事业。据统计，林纾翻译的作品多达 163 种。[①] 他翻译了《巴黎茶花女遗事》《迦因小传》《鬼山狼侠传》《撒克逊劫后英雄略》《黑奴吁天录》《凯撒遗事》等世界经典文学作品，并使中国读者认识了狄更斯、司各德、哈葛德、雨果、大小仲马等世界一流作家。尽管其翻译方式受到许多人的诟病，但是林译小说的巨大影响是无可置疑的。大多数的新文学家都或多或少地受到了林译小说的影响，比如周氏兄弟、茅盾、郭沫若、胡适、冰心以及庐隐等作家。周作人曾说："老实说，我们几乎都因了林译才知道外国有小说，引起一点对于外国文学的兴味。我个人还曾经很模仿过他的译文。"[②] 在当时以及后来产生很大影响的由周氏兄弟翻译的《域外小说集》重点关注的弱小国家的文学作品，像芬兰、波兰和波西尼亚等国家以及批判现实主义作家的经典著作，比如法国的莫泊桑、英国的王尔德、美国的爱伦坡以及俄国的安特列夫、迦尔洵等，因为这些作品的题材和内容贴近当时内忧外患的中国现实。《域外小说集》共收录 7 个国家的 10 位作家的 16 部作品。《域外小说集》的问世，使中国大多数读者首次领略到西方这种短小精悍的小说的魅力。

---

① 根据陈伯海、袁进的统计，参见陈伯海、袁进《上海近代文学史》，上海人民出版社 1993 年版。

② 周作人：《林琴南与罗振玉》，《语丝》1924 年第 3 期。

　　而作为现代著名诗人，卞之琳同时也是一位优秀的翻译家。《西窗集》出版于 1936 年，它是卞之琳第一部翻译集子，主要节译了欧美的现代派作品。在这之后，卞之琳又翻译了纪德和贡思当以及里敦·斯特莱切等著名作家的作品。当然给卞之琳带来极大盛誉的译作还是《英国诗选》和《莎士比亚悲剧四种》。《英国诗选》精选了从莎士比亚到奥顿这一阶段的 30 位英国诗人众多诗歌，使中国读者对英国诗歌有了进一步的了解，对我国的诗歌创作也产生了极大的影响。而他的《莎士比亚悲剧四种》以诗体译莎剧更是取得了极大的成就，在中国文学翻译史上占有极其重要的地位。

　　提到对莎翁作品的翻译，显然不能忘记朱生豪先生。朱生豪是中国第一个优秀的莎翁作品的翻译者，他的翻译得到了海内外的文学界和广大读者的一致好评，而广为流传。也正是这个版本的莎翁作品集让中国文学界认识到世界上最优秀的文学作品和最伟大的作家，从而深深地影响了我国众多作家的文学创作，并间接地影响到中国读者和文化。

　　在中国翻译史上，傅雷无疑是一个里程碑式的人物。他从法国留学归来之后，一直致力于对法国文学的译介，他翻译过巴尔扎克、伏尔泰、梅里美、罗曼·罗兰、月纳等法国作家的作品，其中傅译本罗曼·罗兰的《约翰·克里斯朵夫》是其代表作，语言优美、明白晓畅、简练传神，是该书最经典的译本。傅雷的译介使得广大的中国读者和作家对法国文学有了更进一步的了解。

　　而莫言的作品也是在翻译家的帮助下才进入西方世界，尤其是走进诺奖的殿堂。瑞典翻译家陈安娜（Anna Gustafsson Chen）是莫言作品的第一位瑞典语译者，被人认为是莫言通往诺奖的第一道门槛。其实，早在 20 年前，美国翻译家葛浩文就开始对莫言作品进行翻译，先后将莫言的 9 部作品带入西方世界，为莫言获得诺奖、走向全球作出了巨大的贡献。

　　再来看比较文学。比较文学从 19 世纪末兴起至今已经有了百年的历史，并且已经发展成全球化语境下的当今国际文坛中最具成就、最具活力的学科之一。有人认为，运用比较的方法进行文学研究就是比较文学，这是比较粗浅的看法，是对比较文学的误解。比较文学应该是一种跨民族、跨语言、跨学科、跨文化的文学研究，其中跨民族是最根本的；所谓比较实际上就是一种跨越、沟通、交流，最后形成对话。在全球化语境下，跨民族、跨语言、跨学科、跨文化的文学研究已经越来越重要，越来越迫切。

三　用外语创作

还有许多中国作家坚持用外语创作，这无疑有利于作家走向全球。

陈季同是我国较早用外语创作的作家，代表作有《黄衫客故事》。20世纪30年代，蒋希曾用英文创作普罗小说。最著名的是作家林语堂的英文创作，他创作了8部英文长篇小说，在英美以至于西方世界获得了极大的盛誉，而且《京华烟云》曾获得诺贝尔文学奖提名。90年代后期，尤其是21世纪以来，越来越多的中国作家开始用外文创作。著名作家程抱一在年逾古稀的时候显示出了极大的创作能量，他用法文创作的《天一言》（*Le Dit de Tianyi*）获费米娜奖；之后的《此情可待》（*L'Eternite n'est pas de trop*）又使他登上了法兰西院士的宝座。用英语进行创作的作家有哈金、张耳、王屏、黄运特、李岩、张真等，其中哈金英文小说《等待》获得美国国家图书奖，此后频频夺得各种重要奖项，在美国文学界产生了巨大的影响，受到美国文学界格外的关注。

尽管汉语是世界上使用人数最多的语言，但是汉语还没有成为一种世界性的语言，相比而言用英文、法文进行创作显然更有利于作家得到西方文学界，以至于全球的认可。

四　走出去

近年来，官方和民间每年都会举行各种大大小小的国际笔会，如2005年索菲亚国际笔会、贝尔格莱德国际作家笔会等，这些笔会加强了中外作家、编辑的交流，使作家对彼此的创作现状、创作题材、创作手法、创作成就都有了一定的了解，在与许多名家大师接触之后许多作家的创作思路也发生了重大的转变，许多中外作家还建立了深厚的友谊。

孔子学院也是中国文学逐步走向全球的一个重要渠道。目前，我们已经在全球100多个国家建立了400多所孔子学院、700所孔子课堂，这些机构的大量出现对汉语和中华文化的传播有着极其重要的作用。而汉语和中华文化往往离不开中国文学，汉语言和中国文学密不可分，而中国源远流长的文学史更是中国文化的重要载体。实际上，各大孔子学院经常会举办一些文学活动，比如澳大利亚孔子学院就曾经举办过大型的国际学术会议来研讨华人文学，哈佛大学、耶鲁大学、德国波恩大学、日本一桥大学、瑞典斯德哥尔摩大学、马来西亚大学、马来西亚普特拉大学、悉尼大学、悉尼科技大学的几十名世界一流学者都参加了会议，对华人文学的发展提出了很好的建议。可见，这些孔子学院和孔子课堂在一定程度上有利于中国文学走向世界，走向全球。

五　诺贝尔文学奖与全球化

诺贝尔文学奖作为全球最重要的文学奖项，在全球范围内有着极其重要的影响。尽管诺贝尔在遗嘱里说："在颁发这些奖金的时候，对于候选人的国籍丝毫不予考虑，不管他是不是斯堪的纳维亚人，只要他值得，就应授予奖金。"但是由于种种原因，早期的获奖者大多来自欧美国家，随着历史的不断发展才逐步向其他国家敞开怀抱。尽管如此，一个世纪以来，诺贝尔文学奖的获得者还是涵盖了各种流派、地域、民族或者是政治立场的作家，也正是因为这样，诺贝尔文学奖才得到了全球的广泛关注。

在当前全球化语境下，各个国家、民族的文学正在不断地渗透、融合，并逐渐形成一种对话机制，使文学走向全球化；文学全球化反过来又会促进各民族文学的交流和对话，促进文学的民族性的发展。所以说文学的全球化不是文学民族性的丧失，而是文学民族性的强化。越是民族的，越是世界的。

大部分的中国作家有一种"诺奖"情结，所以许多当代作家千方百计地向诺奖"献媚"，更有甚者竟然向诺贝尔文学奖评委马悦然行贿，这不得不说是作家的堕落。莫言的《生死疲劳》采用古典章回小说的模式，同时借鉴了西方魔幻现实主义，尤其借鉴了曾获得过诺贝尔文学奖的马尔克斯的《百年孤独》，这种中西合璧的创作方式或许在某种程度上也是为了博得诺奖的青睐。其他如贾平凹、苏童、余华，甚至是路遥也都表现出对诺奖的渴慕。

应该说，直到莫言获得诺贝尔文学奖之后，中国人才真正了解到了诺贝尔文学奖，诺贝尔文学奖才深入中国人内心；中国文学也在文学全球化的大道上迈出了很大的一步；也引起了世界读者对中国文学，尤其是中国当代文学的关注，也包括那些所谓已经对中国当代文学"失望"的中国读者。

　　总之，文学的全球化与经济的全球化息息相关，它是历史的趋势，是文学发展的必然，它是不同民族的文学的交融、渗透，并形成一种对话，并有可能走向全球对话主义里所构想的理想状态。

"对话"的难度

——全球化背景下的中国文化想象

陈若谷

摘要：当代文化的发展与演变是在全球场域中进行的，全球化的基本单位主要是民族国家，文化的想象主体也主要指涉各个主权国家。世界各民族文化基本上都走着"挑战与回应"的道路，伴随着全球化的进程与其他文化相遇、冲突、交融，进而生成新的文化关系。全球化背景下的文化政治是建立在各个文化主体的基础上，中国一直致力于实现国家形象的重建和掌握文化发言权，由此生发一系列的话语推进。文化价值也许是我们可以借助的一个立足点，但是中国的文化价值体现在文学文化实践中仍旧相当模糊和暧昧，我们仍然面临着难以独立诉说自己和面对国际消费图景冲击下的尴尬与无奈。

关键词：全球化，对话，中国文化，主体，他者，消费化

全球化的文化冲突和交汇是建立在文化主体的基础上，汤因比为解释世界各民族文化的产生、发展提出"挑战与回应"的理论。每个民族的文化就是该民族对其所生成环境所作的挑战的一种回应①。但是全球化对于每一个单个国家的影响并非平均同质的，针对进击的国家，国际化是一种扩展；而对于另一些国家，全球化进程中的首要任务是取得发言权，让世界听到自己的声音。对这一部分国家，包括中国在内，我们当下对全球化的期许在于，以后现代方式对中心和本质等的弱化与消解，否定近代以

---

① 参见［英］汤因比《历史研究》（上），曹未风译，上海人民出版社1986年版，第109页。

来的西方中心话语和西方霸权话语，从一种全球多边对话中重思世界的本质，并且确立自己的主体地位，取得国际性的文化认同。

民族文化乃是这一期许的基础。共同的文化传统是一个民族的黏合剂。进入全球化时代，文化之中的民族含义日益彰显，这时常表现为国家主权的象征性发言。并且以一次次成功的发言逐渐完整建构一个国家的主体想象。

一　从"美国梦"到"中国梦"

1994 年，中央电视台在黄金时间推出一部电视剧《北京人在纽约》。这部电视剧讲的是一个北京的大提琴演奏者王启明和妻子一并，离开中国去纽约寻求新的发展空间。片头音乐前有一段旁白是这样讲的：

> If you love him, bring him to New York, for it's a heaven; If you hate him, bring him to New York, for it's a hell.

这句话向我们描述了纽约对中国人的双重象征意义：前半句话意味着美国可以实现个人价值；后半句话突出了美国的社会生态和文化政治对中国人的摧毁性影响，它挤压了你所有的想象，阻断你全部的希望，美国是一个梦想幻灭之地。这是电视剧展现的认同分裂。

在主人公王启明踏上纽约土地的那一刻，他大喊："美国，纽约，我王启明来了。"这句话似乎在宣布中国走进"西方"，但正是这种激动和得意，却显示了中国的自卑。其实无论从哪一个层面上讲述，美国都是一个具有魅惑引力的他者，无论是好是歹，它都在与我们相对的西方闪烁着幽光。从泛化层面讲，美国是西方世界最杰出的代表。在过去漫长岁月里，"西方"那个巨大的所指时刻压迫着我们脆弱的神经。正如张颐武和戴锦华已经论述过的那样，由刘欢献唱的主题曲《千万次地问》讲的其实是中国人和西方的关系。[1]

---

① 关于主题曲《千万次地问》，张颐武在《大转型——后新时期文化研究》（黑龙江教育出版社 1995 年版）第 173—183 页有详述；戴锦华在《隐形书写——90 年代中国文化研究》（江苏人民出版社 1999 年版）第 169—170 页中也有相关论述。

长久以来，世界和中国关系框架就是走进与疏离，"闭关锁国"和"打开国门"这两个高频词汇本身就足以描述中国的疏离者与参与者形象，当然，我们所企图走进的那个"世界"几乎只是单向度地指涉西方世界，我们所谋求的是进入西方先进的系统与之平等对话。所以我们可以很清晰地看到，中国所面临的那些所谓普适性原则，其源头实则来源于西方自身的特殊性或主体性。对这一种价值的认同姿态可能是我们进入那套体系的敲门砖，这就是中国的社会发展所选择的轨迹：先变强再说话，一切以发展为第一要务。但是这一套价值在中国的移植和生长过程又有太多的间隙和裂痕。

正是出于对疏离于世界的焦虑，"国际化"逐渐成为寻求与世界接轨、重建民族自信的途径，蓬勃兴盛的城市发展和日益程式化的市民生活刺激了"世界想象"，比如北京申奥乃至举办第 28 届奥运会，再比如上海举办 2010 年世博会，都是进击的中国巨人甩出的大手笔。这种对于自身想象的变迁折射在了近几十年的文艺作品里，比如 2013 年的电影《中国合伙人》的强力凸显。

《中国合伙人》讲述了中国青年创业的故事。主人公是三个男青年，成东青、孟晓骏、王阳。诡异的是，他们创业的基石是中国人的美国梦，所以影片的英文名字叫作 *American Dreams in China*。影片展示了主人公从80 年代至今的奋斗轨迹。

成东青大概在 1993 年被留学美国的女朋友抛弃，那时候，中国申奥落败澳大利亚，北京大街小巷的墙面上还粉刷着"给中国一次机会，还世界一个奇迹"的申奥口号。这是一个多么卑微的口号！中国人将举办一次奥运会当作世界赋予自己手中的机会。中国迫切地需要一个万众瞩目的时刻向世界证明自己的发展成果。这就是一个弱者对于强者的仰望。所以 80 年代的美国梦在中国的大地上蓄势待发，中国人渴望去美国获得自由的成功。

然而这只是故事的一半。

影片后半部分，我们还是看见了中西对峙的比武式场景，一般这种充满民族情绪的电影中，无论是主动还是被动，"霍元甲们"必须直接面对异域勇士，双方要进行一场真正的体魄、武术，还有人格的较量。通常中国会赢，这当然使得我们古老种族的优越性不证自明，但也有输的时候——也许是由于卑鄙的阴谋或毫无公正性可言的比赛规定。但是，我们的勇士却必定会赢得外国对手的尊重。然后在我们虽败犹荣的困境中咀嚼着东方的自尊。《中国合伙人》中对中西对峙的处理几乎也是如此套路。"新梦想"学校的三位负责人因侵犯知识产权而与美方对峙，这是在进入游戏之后违反规则的行为，但是在片中则被建立在了中美文化差异这个大基础上，并且被归纳为，美国人对中国人有极深的文化隔膜和成见问题。

"你们不了解中国。今天我们来到这里，其实只想告诉你们一件事：中国在改变。但很遗憾，你们一直没有变。"这是成东青对于剽窃侵权问题的形而上回答。三位中国青年才俊扬言要"攻陷美国"，最后掷地有声地声明虽然会输了官司，但新梦想学校会借此炒作上市，"到时候你们会真正尊重我们，就不会再通过打官司和我们沟通"。用不断提升的营业额度争得美国人尊重的目光，用强暴的力量逼得人不得不正视，这正是我们中国人在百年历史眼光下构建起的"狼图腾"，也是我们遵循的"落后就要挨打"的丛林生存法则，是我们心照不宣的文化逻辑。只是这一次（在电影中），是中国人在用充满骄傲的胜利者口吻讲述这一法则。

中国合伙人们创立的学校叫作新梦想学校，这是个有意思的暗喻。东方曾经是西方梦想，历史绕了一个轮回后，中国重返世界，梦想的中心又回到东方。American Dreams in China，字面看是美国梦在中国，其实并没有什么美国梦。只是中国现实，并且用美国作为虚幻的对象来表现中国梦而已。

2008 年北京奥运会开幕仪式，由刘欢献唱奥运主题曲。不过此时刘欢的身边多了一个英国歌手莎拉·布莱曼，她用汉语普通话清晰熟练地唱："我和你，心连心，同住地球村，为梦想，千里行，相会在北京。"如果说奥林匹克运动会是一个全球的盛会，那么春节则是中国人自家大门内部的保留项目，然而在 2013 年蛇年春晚的舞台上，美国流行音乐天后席琳·迪翁应邀以一曲《茉莉花》向中国观众拜年。

这些令人激动的"强势幻相"似乎表明，中国正在和西方平等对话。

举办北京奥运会和上海世博会等一系列大动作被认为是中国进入"世界"的必然途径。通过此途径，中国才获得了实实在在的"自主性"地位。如果我们承认进入世界已经不存在难度，那么，当中国完成了它的"走向世界"，是否就丧失了自己的主体性（或建构起了主体性）？我们的文化有没有秉持一种稳固的价值观以供我们更加自信稳健地与全世界进行对话？

二 "对话"的难度

寻找中国在全球化进程的特殊"位置"，是中国话语中最强劲的声音。源于此冲动，我们也一直在进行自我的想象。正如安东尼·吉登斯指出的那样，民族国家是现代社会的基本标志，中国的现代民族国家意识更多的是在面对外部侵入力量的高压和现代性逼迫之下形成的。这种民族国家意识完全在文化想象中得以推进。文化想象凸显了对于中国本身想象的深刻的变化，最鲜明的表征就是，首先中国人将自我与他者的关系谙熟于心，虽然时刻警惕着他者视角，却又无时无刻不陷入泥潭无力自辩；其次，消费成了中国日常生活的新中心，文化中透露着的一切信息似乎都影影绰绰显现着商业价值的考虑。

（一）中国的文化想象：他者定位

黑格尔在《精神现象学》中对主人—奴隶关系的分析表明，他者的显现对构成我的"自我意识"是必不可少的。"独立的意识的真理乃是奴隶的意识"，"奴隶在他自身完成的过程中，也过渡到他直接的地位的反面。他成为迫使自己返回到自己的意识，并且转换自身到真实的独立性"。① 萨特从摒弃"我本学"的立场出发指出，只是由于他人意识的出现，自我意识才会显现。也就是说，"他人"是"自我"的先决条件。"在这个水平上，他人是一个让自己被世界定义的世界的对象。""正是在揭示我是为他的对象时并通过这揭示，我才应该能把握他作为主体存在的在场。"②

无论是黑格尔，还是萨特，都强调了"他者"对主体"自我意识"形成的重要的本体论的意义。但是，主人与奴隶关系不是相互的，他们之

---

① ［德］黑格尔：《精神现象学》（上），贺麟、王玖兴译，商务印书馆1981年版，第129页。

② ［法］萨特：《存在与虚无》，陈宣良译，三联书店2007年版，第323页。

间"发生了一种片面的和不平衡的承认"。① 奴隶是主人与物发生关系的中介，他的地位是工具性的。"他者"是手段而不是目的，"他者"自己显现为无本质。在萨特看来，主体间的相互注视也是不可能的。二者之间任何一方都不能在没有矛盾的情况下被抓住。赛义德给了我们一个更具有冲突对立视角的解释支点——"每一文化的发展和维护都需要一种与其相异质并且与其相竞争的另一个自我的存在。""每一时代和社会都重新创造自己的'他者'。因此，自我身份或'他者'身份决非静止的东西，而在很大程度上是一种人为建构的历史、社会、学术和政治过程，就像是一场牵涉到各个社会的不同个体和机构的竞赛。"②

那么，既然中国完成了对那个世界的进入，我们不得不问，作为一个后发现代型国家，中国何时建立起过自身的主体性？是逐渐增加民族认同的今天，还是在久远的前现代社会？考察这个问题固然需要宏大的历史眼光，我们暂时只着眼于眼下的文化实践。

"如果说在 80 年代，我们关心的是如何建设中国，那么 90 年代我们关心的重点偏移向了'如何给中国在世界定位'。我们可以大致勾画这样一个脉络：第三世界批评及后殖民理论—《北京人在纽约》及《曼哈顿的中国女人》—'国学'热与'儒家资本主义'—'文化保守主义'与'文化激进主义'的论争—《中国可以说不》—'全球化'理论。在这些话语纷争的背后，一个支配性的框架是中国/西方框架。"③

全球化为个体的多样性选择提供了更多机遇。"全球性尤其在性与性别、种族与种族划分、国籍等方面，包括并显示出多样性与差异性。此外，这里的每一样人类特征以及其他特征正日益变得具有选择的任意性。选择性别，国籍，种族甚至自己的全球性形式。"④ 全球化的包容性对我们的巨大意义在于我们可以进行自我选择了，为自己构造一个新的形式证明自身的价值。

---

① ［德］黑格尔：《精神现象学》（上），贺麟、王玖兴译，商务印书馆 1981 年版，第130 页。

② ［美］赛义德：《东方学》，王宇根译，三联书店 1997 年版，第 426 页。

③ 胡少卿、张月媛：《"中国—西方"的话语牢狱——对 20 世纪 90 年代以来几个"跨国交往"文本的考察》，《文艺理论与批评》2004 年第 1 期。

④ ［英］罗兰·罗伯逊：《西方视角下的全球性》，生安锋译，《外国文学研究》2002 年第1 期。

　　"国学"的风行顺应了民族文化心理的需求，亦是商业的需求，但是它更是利用了全球化背景下的包容的文化政治生态。在知识分子和主流话语的共同操纵下，"国学"很容易成为可以直接拿来为我所用的一个道具，季羡林就曾经说过"激发爱国热情"的作用，是"我们今天'国学'的重要任务"①。中国近现代知识分子对"民族性"的强调与其说是被压迫民族顽强抵抗帝国主义的文化策略，不如说是第三世界一种保持文化自尊的无奈无能的方式。然而，在当代，对这种强调的重复已徒具形式。不是在中国文化的层面上"国学"这个词被制造和流通，而主要在于其"民族认同"乃至消费的意义，它才披上了这么一层金光闪闪的外衣。但这种暧昧不明、纠缠不清的关系是对民族文化的破坏，它不仅破坏了我们的文化伦理，也不具备重建民族文化的力量和价值。所以，今天的"国学""复兴"，在商业上属于营销的成功案例，在文化实践上则从头到尾都是失败的。可以说，这是一次失败的自我确立。

　　本土文化作为东方的发言立足点，在全球化浪潮里已被策略性地"他者化"，作为"自我东方主义化"的东方主体，自行完成文化语言上被殖民的过程。回到传统，不是回到哪个文本、哪个规范，而是重建自身历史的连续性，同时重建讨论自身历史的知识和价值框架的连续性。如今任何一种学科，强调的都是"断裂"。的确，发现一处文化的断裂层是研究者最大的动力，可是也许发现断裂背后的延续更具有传承的价值。但是如何操作，这当然是一个更大的难题。

　　这揭示了我们的巨大困境：在全球化的时代，我们实际上无法离开世界历史的语境讨论"中国"；我们无法跳出世界历史的语境讨论中国，更无法在西方之外建构出一个自给自足的中国。

　　中国要把本身的普遍性再一次叙述出来，首先要经过一个内部的"去特殊化"，要让那种普遍性的价值能为别人认同。这并不是说，面对全球化和种种普遍性价值论述，我们必须为自己找到一种特殊性；恰恰相反，它要求我们介入和参与到对普遍性问题的讨论和界定中去，最终为当代中国内在的普遍性价值找到理论上的表述。

　　重新回到奥运和世博会，毫无疑问这二者都是举全国力量共襄之盛

---

① 参见《人民日报》1994 年 2 月 16 日。

举。另外，我们不得不承认，就是这样的盛事，也有相当一部分人不能融入其中，获取身临其境的参与世界意识。从内部看来，社会的各个阶层有着不同的诉求，更有着难以逾越的交流鸿沟，即便外部的全球化再如何轰轰烈烈势不可当，社会的意识也不可能得到统一的整合。有不少并且有越来越多的裂隙正在发生。

（二）中国的文化想象：消费图景

如果说"文化的经济化"指的是资本的彻底性，更多地带有传统马克思主义的色彩，那么"经济的文化化"则揭示的是商品生产的当代特征。马尔库塞已经在《单向度的人》中揭示过此变化趋势，杰姆逊则表述得更集中："在这种意义上，经济变成了一个文化问题；也许我们还可以推断，在庞大的金融市场上，我们抛出或购入股票的公司的形象也有一个文化的方面。……我们松散地谈到许多有关政治的物化，观念的物化，甚至感情和私人生活方面的物化；现在我们必须补充的是，今天的物化也是一种美学化——商品现在也以'审美的方式'消费。"①在中国内部，"消费"不再是一种次要的和附带的行为，它本身就成了人生的重要目的。生产和劳动已经被视为消费的条件，而不是生存的目的。消费的主导性不仅仅合法化了对于物质的追求，而且将文化的消费也合法化了。

随着中国在世界格局中位置的改变，中国人的形象已经被新的想象所替代，作为世界公民，中国人的消费与贸易行为变得甚至比西方人更加洒脱和充满自信，一个有力年轻的中国新形象已经生成。在这样的进程之中，全球化带来的深刻的文化后果业已彻底改变了中国文化想象的走向。中等收入人群由于掌握了话语的权力，他们对于生活和价值的想象支配与影响了"我们"这个整体的文化表达。如果"中产阶级文学"这个概念还没有得到中国当代文学历史的认证，有一句话却实实在在展示了我们难以否认的现象："中产阶级文学又以特殊的形象符号描绘了中产阶级时代的价值观念、思想感受和心理情绪。它已经走出了'理论预设'和'文

---

① ［美］弗雷德里克·詹姆逊：《全球化和政治策略》，王逢振译，《江西社会科学》2004年第3期。

学想象'的阶段，变成了一个文学阅读的事实。"①

电影《小时代》里对上海的勾画是通过弄堂女孩林萧一次次地仰望完成的，她仰望的对象有好朋友顾里，她一次次地为几个普通女孩提供物质与智力上的援助；还有老板宫洺，他具有非凡的品位和巨大的财富，有意味的是，宫洺背后有实力雄厚的跨国财团支撑，他父亲的 Constanly 是美国驻中国的三大跨国公司之一。除了宫洺和顾里，顾源的家庭更是财大气粗。电影里描写的是这一部分人的爱恨情仇，平凡的男孩女孩只存在于被忽视的角落。林萧家境一般，她甚至连宫洺一只水杯的价钱都难以支付。林萧不再是传统当代小说中可以经历痛苦和磨难后获得成长的女孩，她只是一个在国际化大都市中，在一群新贵的夹缝中求生存的无产阶级青年而已。当然电影以她为主角，展现的是她被保护、被关爱的一面。《小时代》展现的是中产阶级以及所谓上流社会的生存景况，也是城市消费图景的一个侧影。用福柯知识考古学的观念看来，展现的对象不是那么重要，而在于这场上海都市"秀"产生的背景。《小时代》作品的主创郭敬明，完全就是我们时代的励志人物，无论是他个人的世俗化成功，还是他为普通饮食男女描绘的优渥生活，都是每个人渴望触摸的美好图景。郭敬明身上的各种现象当然可以被辖制在大众文化的图谱中加以分析和批判，说他只是消费时代运时而动的弄潮儿。但更具有深意的是，郭敬明自己在采访中直言不讳：公众选择《小时代》，不选择贾樟柯，是民族文化审美问题。这就是全球化背景下的中国本土想象之无效而世界消费想象大行其道。

上海，关于它的文化书写充斥着霓虹、洋场、舞厅，关于它的政治书写则满载着国际化、大都市、中心等赞誉。其实 21 世纪起最早的上海就是通过"怀旧"来建立自己的历史意识的，并且一步一步走向今天的"世界主义"，这种"世界主义"正好是全球化语境的现代中国的新象征。李欧梵指出："上海无疑是 30 年代最确凿的一个世界主义的城市，西方旅行者给她的一个流行称谓是'东方巴黎'。撇开这个名称的'东方主义'含义，所谓'东方巴黎'还是证实了上海的国际意义。"② 这种历史意识正是试图将所谓上海的"世界

---

① 程光炜：《中产阶级时代的文学》，《花城》2002 年第 6 期。

② ［美］李欧梵：《上海摩登》，北京大学出版社 2001 年版，第 319—351 页。

主义"直接接上全球化的强烈的冲动，一种新的历史观在全球化时代突然伴随着全球资本的降临而合法化了。它们似乎通过这样的历史意识将自己的历史成功地转化为全球化时代的消费品。

也正是在上述前提下，阎连科的《日光流年》如同一个恶托邦，生生将全球化给民族文化的美好允诺击穿。三姓村独立于现代社会，默默潜藏在耙耧山脉深处，因为痼疾对于生命的压抑，村民们执着地走在求生存的道路上，他们前仆后继凿渠引水。然而，他们最后得知的真相是，日夜思念的灵隐河早已变成了城市的下水道——城市的生活用水和商业用水早已将其污染。引进这条脏水河，不仅不可能治病，还斩断了几代三姓村人的希冀。

全球化的"市场"概念更多地表述了"解放"的含义，它意味着一种公正和自由，"某些时候，市场的权力关系以及产生的利润可能得到民族国家的认可与分享——前者并未形成瓦解后者的威胁。如同德里克观察到的那样，一些第三世界的民族国家并没有对跨国资本表示敌意，相反，它们更乐于为全球主义的来临提供方便"。① 但是当真正的国际大市场近在眼前地向我们敞开胸怀，"世界是平的"的美好景象倏忽消失不见了。全球化的一些预设，很难一抬脚就可以将其踏平。比如有一个经典的"民族"概念是这样被创造出来的——"越是民族的就越是世界的"。却不知这说法本身已经包含一个价值等级差异：因为有"世界"的最终所指，所以"民族"才有存在的价值。此外，民族的价值在这个时代又是如何呈现的呢？湘西印象、大理印象、乌镇印象……一系列的富有地域特色的旅游策划最后都在用旅游带来的财政收入进行评比，剩下贫瘠的"印象"二字供人琢磨和揣测。

我们始终无法绕过这样的疑问：全球化的书写为第三世界国家留下了什么余地和空间？

关于第三世界的文化特征，杰姆逊提出了"民族寓言"的说法。他所关注的"民族寓言"之中包含了第一世界文化的价值观所忽略的内涵："这些文化在许多显著的地方处于同第一世界文化帝国主义进行的生死搏斗之中。"他们的作品之中，"关于个人命运的故事包含着第三世界的大

① 南帆：《全球化与想象的可能》，《文学评论》2000 年第 2 期。

众文化和社会受到冲击的寓言"。① 这一切构成了全球化背景下的对话障碍，也对充满自信的"我们"展示了对话的难度。

三　结语

　　杜威·佛克马提倡过一种"新世界主义"。在他那里，"新世界主义"来自一个基本的假定："在所有文化中，在所有文化成规系统中，我们至少可以假设一种一切文化都共有的成规。"佛克马以文学为例论证了多民族谋求共识的可能，"文学阅读将使我们克服文化障碍，它使我们变成具有参与意识的观察者，这样当我们返回我们自己的场所时，我们就将以不同的眼光看到我们自己的境遇"。② 文化想象通常是我们确立自身为自己创建形象的必经步骤，那么是否就可以通过文学，甚至缩小到文学的范畴里去谈论世界对话的可能性？

　　这个答案虽然并不清晰，但佛克马所说的"共有的成规"倒是一个路径的前提。哈贝马斯使"自我"与"他者"处于平衡的立场。他认为，"参与者自身可以通过协商，对语境加以明确，因此，就新语境所展开的每一次协商，同时也明确了关于生活是接到表现内容"，"对语境的明确造就了一种秩序"。③ 如果我们预设所有的人都可以同等参与对话，在对话中合理的论证能够被接受，所以我们的关注点必须从近现代对主体意识的强调转向对主体间意识交流过程的关注之上，关注自我与他者之间的对话和交流。

　　"中西文化冲突"也许只有在亨廷顿那里具有实际的意义，对后来的诉说者，这只是一种习惯性说法，真正的问题是"普遍性论述"后面的主体性和价值指向，也正是在问题中蕴含着解决的动力。从这个角度看，全球化背景下的"对话"仍旧有相当的难度，却必须也必然继续。

---

　　① ［美］弗雷德里克·杰姆逊：《处于跨国资本主义时代中的第三世界文学》，载张京媛主编《新历史主义与文学批评》，北京大学出版社 1993 年版，第 234—235 页。

　　② ［荷］杜威·佛克马：《走向新世界主义》，王宁译，《马克思主义与现实》1998 年第 6 期。

　　③ ［德］哈贝马斯：《交往行为理论》第 1 卷，曹未风译，上海人民出版社 2004 年版，第 100 页。

全球化视域下的民族文化身份体认

崔静雅

摘要： 全球化语境中中华民族在处理文化的历时性和共时性问题上经历了三个阶段，而这三个阶段也出现了对民族文化身份的不同体认方式。本文拟从对待中国传统文化和西方文化的不同立场与态度中分析这三种不同体认方式形成的原因及表现，试图在更为超越的视域下对其进行反思，指出它们产生的合理性和共同存在的思维缺陷并提出可能的解决方式。

关键词： 全球化，民族文化身份，反思

在全球化的进程中，民族文化身份的确认回答面对几个问题：如何认识传统文化，如何对他者作出反应以及如何处理二者的关系。也就是要解决文化的历时性和共时性的关系问题。在这一问题上持何种立场和态度，直接决定了我们如何体认民族文化身份。中国自"五四"以来，由于历史语境的不断变化，对于如何处理文化的历时性和共时性的关系问题也不断发生着变化，建立在此基础上的民族文化身份也呈现不同的样貌。而这些不同的认识也是基于大致相同的思维方式，我们需要在更为超越的视野之下来反思这些文化身份建构的方式。

一 不同阶段的民族文化身份体认方式

（一）落后、野蛮的弱国子民

"五四"时期，以鲁迅为代表的启蒙知识分子深受尼采强力意志思想的影响。尼采在其创作于 1887 年的《论道德的谱系》中提出了"强力意志"一词。"将伦理范畴（道德意志）与现代政治经济范畴（强权力量）

视为一体。'弱强',本来是外部力量关系的区分,尼采却将其扩展至道德这一内在的人性区隔,转化为'主奴'的伦理对立。他宣布:现代世界的主人是强权拥有者……具体到他所处的现代资本主义世界来说,拥有经济和军事霸权成为通向现代世界之'善'的唯一途径;如果财富被剥夺,则意味着从道德伦理上也将沦丧。'不道德'内在于'弱者'自身,是他们之所以弱、之所以需要被强者'克服'的先天命运和伦理原因。"① 面对中国遭受西方殖民侵略国将不国的危险,救亡者们对中国之弱的原因经历了从器物、制度到文化的指认,而最终将救亡中国的根本途径归于文化恐怕也是基于以上的逻辑。而将中国贫弱归因于文化也就意味着启蒙知识分子们必须在塑造中国人性格的传统文化和培养了西方船坚炮利的现代文明之间作出价值选择。不难分析,在经济和政治上占有绝对优势的西方更加映衬出我们的落后,中国传统文化必然面临非道德、非文明的指认。这种进化论式的经济决定论思维方式将世界文化在共时上的差异转化为历时性的先后顺序,并以此建立起世界文化的等级秩序。

　　而中国知识分子在将民族和国家整合进这种现代世界的等级秩序时便出现了自然而然的价值选择,即自觉地将民族传统文化扔进历史的垃圾堆,与此相对应的自然是对于西方文化的强烈欲求并将西方价值内化,这也成为当时代民族身份建构的基础。陈独秀在《东西民族根本思想之差异》中对东西文化价值判断作出了具有代表性的论述:"西洋民族性,恶侮辱,宁斗死;东洋民族性,恶斗死,宁侮辱。民族而具如斯卑劣无耻之根性,尚有何等颜面,高谈礼教文明而不羞愧!"② 中国现代启蒙主义知识分子一方面将西方价值本质化,即将它们置于文明等级中较高的地位,作为人类文明先进的榜样;另一方面,他们也必将民族的衰落归结为中国传统文化所滋生出来的国民劣根性。"吾苟偷庸懦之国民,畏革命如蛇蝎,故政治界虽经三次革命,而黑暗未尝稍减。其原因之小部分,则为三次革命,饥饿虎头蛇尾,未能充分以鲜血洗净旧汗;其大部分,则为盘踞吾人精神界根深底固之伦理、道德、文字、艺术诸端。"③ 这一认识几乎

---

① 卢燕娟:《〈在延安文艺座谈会上的讲话〉与人民文化权力的兴起》,《中国现代文学研究丛刊》2012 年第 6 期。

② 《陈独秀文章选编》(上),三联书店 1984 年版,第 97 页。

③ 同上书,第 172 页。

同步反映到当时的文学作品创作上，鲁迅的《阿Q正传》就是典型的代表。而启蒙知识分子在这一现代性的逻辑基础上也必然面对着深刻的焦虑和痛苦，对于民族文化身份的体认也陷入了一种无地的彷徨：不仅是中国传统文化被割断，而且在民族内部，率先接受西方先进文化的知识分子们必须将自己的同胞视为落后野蛮的象征而被他者化，成为被启蒙的对象，这种分裂必然带给知识分子们巨大的矛盾和痛苦，在激烈的民族劣根性批判后必然面临一种无力感和自我怀疑。而这一点也注定了我们在文化上所面临的"原罪"，借助西方文明改造中国国民精神并进而进入世界文明的等级秩序之中不可能成功。

（二）理想的社会主义新人

　　1949年中国正式建立了统一的现代国家政权，而这一政权的建立是以马克思主义为理论基础的，从新中国成立直至"文化大革命"结束这一时期的民族文化身份的建构一直是由主流意识形态控制，政治力量在这一过程中起到了主导性的作用。而这一过程实际上可以追溯到20世纪40年代。在《新民主主义论》中，根据经济基础决定上层建筑的马克思主义原理，毛泽东提出："中华民族的旧政治和旧经济，乃是中华民族旧文化的根据，而中华民族的新政治和新经济，乃是中华民族的新文化的根据。"而在如何对待中国传统文化和西方文化资源的问题上，则有这样的观点："中国的长期封建社会中，创造了灿烂的古代文化。清理古代文化的发展过程，剔除其封建性的糟粕，吸收民主性的精华，是发展民族新文化、提高民族自信心的必要条件。""中国应该大量吸收外国的进步文化，作为自己文化食粮的原料。"①《在延安文艺座谈会上的讲话》中也有类似的观点。但是，正如洪子诚所分析的那样："毛泽东'发展民族新文化'的战略目标，在文化遗产的继承与变革、断裂的关系上，强调的是后者；特别是在对待西方文化遗产上。40到70年代中期他发动的文学运动，所实行的文化政策说明了这一点。"②

　　正是基于经济决定论，文化在这一时期处于与几乎所有文化割裂的状

---

① 毛泽东：《新民主主义论》，《毛泽东选集》第2卷，人民出版社1991年版，第664页。
② 洪子诚：《中国当代文学史》，北京大学出版社2010年版，第13页。

态，一方面，批判封建文化，将中国传统文化基本上都作为封建落后因素加以批判；另一方面，反对资产阶级的腐朽文化，用反对帝国主义的口号拒绝西方文化，与此同时又以反对修正主义来与苏联和东欧等社会主义国家的文化做切割。在这一时期，民族文化身份的建构与体认必然强调"新"，而作为革命事业齿轮与螺丝钉的文学就义不容辞地承担起这个任务，文学从新中国成立到"文化大革命"结束一直处于文化的中心地位，受到主流意识形态的极大关注和限制。在政治力量的指引下，新中国成立后的文学作品大都致力于塑造理想的社会主义新人的形象。1964 年《谈京剧革命》中将"找出当代的革命英雄形象"作为文艺的首要任务。"三突出"的创作模式即"在所有人物中突出正面人物，在正面人物中突出英雄人物，在英雄人物中突出主要英雄人物"更是将这一问题推向了极端。从十七年文学到"文化大革命"文学，社会主义新人在文学作品中不断涌现，也不断僵化，《创业史》中的梁生宝、《艳阳天》中的萧长春等都是其典型表现。这些社会主义新人的塑造反映的是意识形态的要求，这些形象所展现的特质也是在社会主义政治经济条件下人民所应该具有的精神风貌，但是其不断固化的趋势也暗示着这一全新形象的幻想性和虚空化。

（三）回归民族文化的失根者

中国改革开放后更深程度地参与到全球化的进程之中。以西方为主导推进的全球化的目的是世界的一体化，也即世界欧洲化或美国化，政治、经济、文化无一例外。但是这里存在一个悖论，经济、政治的世界一体化程度的加强却恰恰不能带来文化的同一化和同质化。经济全球化不仅使欧洲或美国的影响力增强，许多曾经被他者化的所谓落后民族和地区就是在这一进程中增强了自身的实力，他们开始发现自我，民族意识逐渐增强，这给了他们以反观自身文化传统的机会，民族传统文化被重新发现，这一行为具有明显的反思意味。同时世界范围内各个国家之间联系的加强也使西方和美国不可能再忽视曾经被视为弱者的国家和民族的话语。另外，我们也应当意识到，在这种情形下所激发的反观民族文化的潮流也带有防御性的因素，全球化的深入在政治和经济上仍表现为强势力量对弱势力量的侵蚀和同化，在经济和政治上的竞争压力必然导致在文化上的反映，不断升级的权力斗争会凸显建构统一的但又不同于强势力量所指认的新的民族文化身份。全球化在这个意义上激发了民族国家捍卫自身文化传统和经济政治利益的冲动。所以我们应该看到，在这一阶段对民族传统文化的回溯带有反思性和防御性的双重特质，区分这两种共生的性质是有必要的，在这一回望的过程中，对反思和防御的着力不同，会带来不同的后果。反思并不指向特定的结果，它在心态上是开放的，而防御性回溯则基于的是既定结果，也就是对民族传统文化一定会作出肯定性的评价，这是其前提也是必然结果。

中国就面临这样的问题，"文化大革命"的结束和改革开放的开始为我们打开了两扇门，我们需要同时面对中国传统文化和西方文明。文化在这一新的历史语境中再次成为建构民族身份的主要形式。80 年代是一个剧烈变革的时期。国家封闭状态的打破为思想的解放提供了契机，一时间文化界呈现出众声喧哗的状态，在面对民族传统文化和西方文化时也呈现出不尽相同的价值取向，而这种不同的价值取向实际上是基于同样的原因，即在这一阶段曾经的信仰被打破，人们在思想上感受着强烈的无着和失根的状态，急需重新建立价值体系，而在面对汹涌而来的西方文明和中国传统文化上都出现了在选择上的情绪化倾向。对与西方文化的追逐基本上处于一种"新的即好的"的观念，追逐更新的西方当代文艺思想成为潮流而少有理性辨别。而与此相对的就是在 80 年代中期出现的"文化寻根"思潮，这一思潮的基本价值取向是回到中国传统文化中寻找我们的"根"，虽然这一时期持寻根观点的人如韩少功、李杭育等人在对传统文化的具体认知上不同，但都是基于大体相同的认识即"中国的整个现代文化都在向西方'拿来'，艺术、科学、教育、法律、政党、共和制、性意识、女权主义、经济组织、国家观念、公共秩序、行为规范、大众传播媒介，乃至我国日常生活的格局、方式、衣食住行都能囫囵囵囵地嵌入西方文化的框架"。"在你我的身上已经没有很多中国的气味，中国的素质。我们的民族个性在一天天削弱，民族意识越来越淡薄了。"[①] 寻根观念的提出本身就蕴含着对于民族文化身份认同的焦虑，对"五四"的反思，对"文化大革命"的反思，对当前西方文化的大批涌入现象的反思共同

---

① 李杭育：《"文化"的尴尬》，《文学评论》1986 年第 2 期。

指向了对中国传统文化的重新评价，但也应该看到，这一阶段对重新进入视野的传统文化也总体上是一种反思的状态，并非完全的认同，在"文化寻根"潮流内部也就存在诸多矛盾和互动的因素。

到了世纪之交，市场经济的深入发展，而此时全球化的思维越来越否定以欧美为中心的发展目的论，文化间的差异越来越具有合法合理性。正如在本节开头所论述的，此时民族国家对本族文化的回归式探求越来越倾向于强调其特殊性来抵制西方的话语霸权，以期建立起更加独立和更具自我特色的民族文化身份。世纪之交的中国出现了文化保守主义的倾向。儒家思想及传统文化不再被指认为阻碍中国进入世界等级秩序中的垃圾，而被重新捡起并视为构成民族文化身份认同的主要的和优良的因素。庞朴在论及这一问题时毫不讳言地指出："我认为，全球化在经济、科学技术上正面因素是主要的，在文化上负面因素是主要的……对全球化，我们在文化上一定要抵制，一定要保守住我们的民族文化。"[①] 而对于全球化和民族文化关系的这一认知并没有简单地停留在学理分析层面，而是直接推进到社会实践中去，正如有的学者分析的那样："今天的文化保守主义，在对文化观问题做出探讨后，便直接向下开展，立基于现实生活世界，来落实所要确立的新的文化价值观，或进入政治哲学层面，提出一套政治儒学的主张；或进入政治哲学层面，提出一套政治儒学的主张；或进入教育活动领域，开展从倡导儿童读经、创办书院讲学到推动建立大学国学班、国学院、国学专业等多种教育活动。这一向下的开展，立基于现实生活的开展，使得今天的文化保守主义直接切入中国人当下最为关注的政治问题、人生问题、教育问题、家庭问题，与社会生活、与广大民众有了直接的联系，从而促成和推动了时下的读经热、儒学热、国学热、传统文化热。"[②] 这种现象明显具有防御性的特点，如果说在学理上对中国传统文化的意义和价值的重新解读还具有理性思考的基础，那么在其具体的推行过程中，则出现了极端化和片面化的不理性的倾向。

---

① 庞朴：《我是中国文化的保守主义者——庞朴先生访谈》，《博览群书》2004 年第 9 期。
② 李维武：《文化保守主义再度兴起的实质、原因与影响》，《学术研究》2008 年第 3 期。

二　对三种民族文化身份体认方式的反思

在不同的历史语境中对民族传统文化和西方他者文化作出不同的价值选择，并在此基础上建立起民族文化身份一定有其合理性和历史必然性。但是，我们也必须认识到，这些历史性的选择必然带有其局限性。通过前文的分析可以看出，三个不同历史时期对民族文化身份的体认方式都带有一定的极端化倾向，这来自中西、传统与现代的二元对立的思维模式，这种思维模式导致了文化本质主义的虚假想象。

"五四"时期，在现代性的秩序中，西方价值成为绝对价值，传统文化被整体性地作为封建文化遭到抛弃。这也许是一种策略性的选择，它却造成了无法摆脱的悖论，否定传统文化全盘西化的目的在于民族振兴，却在事实上造成了整个民族的自我贬抑心理，而这一心理影响了中国人的百年发展历程，"崇洋媚外"的现象在哪一时期也未曾消失。而从 20 世纪三四十年代开始对"民族形式"的提倡看似是对"五四"全盘否定传统文化的反拨，但在逻辑上却延续了中西、传统与现代二元对立的现代思维方式。发展到新中国成立后，基于对社会性质的判断和社会主义一定优于资本主义和封建主义的观念，主流意识形态也强制性地要求出现优越的社会主义文化，割断与传统文化和西方文化之间的关系也就成为题中应有之义，而社会主义新人的想象则是出于对这种新文化的同质性的强烈期望。这种极具抽象化和理想化的民族文化身份建构具有欺骗性和虚伪性，这种统一化的建构不但没有成功，还造成了社会的极大的压抑感，社会主义新人只能是毫无意义的政治口号。到世纪之交的新保守主义的出现也是一种文化本质主义的身份认同观，二元对立的思维模式仍是其摆脱不了的泥淖。对本民族文化的重新评价本是对西方中心主义的反拨，但对民族文化特殊性的过于强调以及将其视作与西方相抗衡的武器则使其陷入本民族文化绝对价值化的倾向之中。

这一行为存在两方面的危险：（1）以传统文化的绝对价值抵御西方话语霸权这种目的性极强的实用观念，将使我们对西方话语极为敏感和警惕，将西方话语与话语霸权这两个完全不同的概念等同起来，对西方话语不加甄别地完全拒绝，甚至可能以此为借口拒绝与其他文化做有效的交流；（2）文化保守主义之所以会有如此的号召力和实践力量，并不仅仅在于其思想暗合了民众的一些心态。在隐性层次上是与政治力量和经济力量所达成的合力。在意识形态上，我们国家强调的中国特色与这种强调文化差异的文化保守主义有某种同质性，即希望民族国家能够形成统一的力量来面对国际的巨大竞争压力。"这是民族建设过程中最本质的一个组成部分，在其中，国家往往都会鼓励民族精神（ethnie）或者说民族内核的培养与精细化。"①

所以这种文化保守主义观念的推行会得到政治力量的默认和支持，而经济力量也乐于参与其中为其造势进而获取更大的商业利益。然而，这是一种潜在的暴力，当我们致力于向外呈现一种统一而独特的民族形象时，往往会忽视内向的维度，即"它取决于某些群体掌握的可调动族群精神内核的权力资源。他们将动员这个精神内核中的不同层面以符合他们自身的特殊兴趣与志向；实际上，一种民族认同的文化塑造过程总是会导致部分被用来代表整体：关于民族的某种特殊表述被当作普遍的和共同成人的东西而得到了呈现"。② 这会导致文化的故步自封和对内在异质性元素的忽视，以差异性和特殊性来回避问题的解决，进而失去对自我的反思和更新能力，并再一次契合西方对东方"神秘的、不可知的"他者的想象。我们再一次重复了二元对立思维，只不过是用"东方霸权"来代替"西方霸权"。

2012 年，莫言获得诺贝尔文学奖不仅仅是一个文学事件，更是一种文化现象，集中体现了国人心态。诺贝尔文学奖对中国人的特殊意义不言而喻，莫言获奖之后其著作几乎被抢购一空，但实际阅读行为的发生却与此不成比例。这反映出两个问题：（1）在全球化背景下，任何一个文化事件再也不能成为一个单纯的文化事件，政治力量和经济力量不会放过任何可以获取利益的机会，莫言获奖在某种程度上证实了中国文学生产机制的有效性，主流话语当然乐于加大这一事件的影响力，而经济力量的造势则是因为其背后蕴藏的连带的商业利益；（2）民众的热烈反应则是基于

---

① ［英］迈克·费瑟斯通：《消解文化——全球化、后现代主义与认同》，杨渝东译，北京大学出版社 2009 年版，第 152—158 页。

② 同上。

一种矛盾的心理，一方面是自"五四"起就开始影响中国人的文化自卑心理，对"洋奖"的推崇也是这一心理下的自然反应。另一方面则是诺贝尔文学奖在某种程度上具有的"世界性"也暗合了国人对中国文学甚至中国文化普世价值的追求，更是对中国文化话语权的要求。这是自卑心理与对交流和认同渴望的结合体，而达到真正的交流与对话必须摆脱二元对立思维的束缚。

　　因而，对文化做任何本质主义的理解都只能是一种想象，会严重阻碍我们的发展，在全球化的时代，对民族文化身份应作一种流动的变化的动态理解。"应把全球化进程看做是打开了这样一种意识，即今天的世界是一个特别的地方，相互接触不了避免地会增加，我们有必要在不同的民族国家，政治集团和文明之间展开更大规模的对话；不仅仅是在一块儿工作和形成共识，而是一个可预见大量分歧、立场碰撞与冲突的对话空间。"① 对民族文化身份的体认也应该基于这样一种认识，在回答关于文化历时性和共时性的关系问题时不能单独抽出某一元素而割裂地看待。健康的民族文化身份构建和体认应将自己置于这样一种巨大的对话空间之中，同时与传统和他者对话，形成一种良性的动态关系，并在这种关系中不断重新认识自己的定位。

　　我们首先要实现与传统的对话，"现代性从某种意义上说总是表现为传统的断裂，对传统的拒绝和否认，例如为启蒙运动所结撰的那样。对于这种现代性或启蒙的狂妄，伽达默尔警告，我们不能在传统之外展开对传统的批判。我们归属于我们试图去理解的传统。……但更意味着一种深刻的自省意识：对传统的理解说到底就是自我理解"②。这是一个坚实主体的建构过程，没有这样立足点就没有可能与他者进行互相尊重的对话，对于传统文化的认识不是基于一种极端的预先设定的立场对其进行实用性的选择，而是以一种更加开放的心态进行反省，是对自身的反观。而这一自我反观的有效性也和实现与他者的对话有密切的关系，在一种内部对文化作出反思是难以实现的，最终会倒向封闭的内循环，本土文化最终会失去

---

　　① ［英］迈克·费瑟斯通：《消解文化——全球化、后现代主义与认同》，杨渝东译，北京大学出版社 2009 年版，第 152—158 页。

　　② 金惠敏：《全球对话主义：21 世纪的文化政治学》，新星出版社 2013 年版，第 23 页。

活力。

　　在这一对话过程中，我们必须将他者作为"方法"，将文化的共时性纳入视野中来，但不能陷入文化本质主义中，不能将任何主体或他者视为绝对价值，真正的对话不是谁同化谁，而是在对话中相互改变。每一个参与对话的主体都具有主客体的双重性质，进而实现在这一对话过程中相互参照、相互改变。共时性和历时性因素在这一永不完结的对话过程中相互协调平衡达到一种动态的和谐状态。当然，这是一种理想化的状态，当前在全球化中存在的诸多因素和力量的相互依赖制约使主体难以作为平等的对话者出现，但是可以基于这种理想的对话场域不断调整我们的姿态，能够对我们民族文化身份的建构起到纠偏的作用。

德意志民族主义的"摈斥"思想和行为探究

徐晓飞

摘要："摈斥"是"族群的"民族主义以二元对立的现代性思维模式对待他族或他国政治、经济、语言和文化的一种思想和行为方式。它一直贯穿于德意志民族主义变迁的过程中，并曾与种族主义和沙文主义结合而酿成历史的惨剧。在全球化的时代，现代性和后现代性的思维模式都无法单独而成功地解决民族间的问题。超越于此两者，"全球对话主义"将为处理复杂的民族关系提供全新的思维范式和可资借鉴的理论范式。

关键词："摈斥"，德意志民族主义，全球对话主义

引　言

金惠敏先生在他的《别了，中国殖民主义》一文中指出："中西二元对立的思维模式，在'左派'那里，曾经是捍卫自我价值的一个有力武器，但它显然是自卫性的、自慰性的，自绝于以'对话主义'为基础的全球公共空间，即是说，放弃进入马克思所谓的'世界史'。"① 他在这里所提及的"左派"思想，是一种带有"摈斥"思想，并有族群倾向的民族主义。它通过排斥西方的思想和文化，自我封闭，强调其本身的特殊性和"原初"性。"摈斥"原意为"排斥和弃去"。本文使用"摈斥"一词

---

① 金惠敏：《全球对话主义：21 世纪的文化政治学》，新星出版社 2013 年版，第 90 页。

来特指"族群的"民族主义以二元对立的现代性思维模式对待他族或他国政治、经济、语言和文化的一种思想与行为方式，主要有两种表现形式：一种是以"防御"的手段抵御、排斥、反抗和摈弃他族或他国的语言与文化以实现自身语言与文化的确立；另一种是以"攻击"的手段征服甚至屠杀他族或他国，以实现对其在政治、经济和文化上的殖民。

汉斯·科恩曾对民族主义的类别做出过有名的"二元划分"，他将欧洲划分为东西两部分。在西欧，公民的理性与社会、经济和政治的变革相一致，而在东欧却并未触及政治和社会的深层变革。因此，在西欧和东欧便形成了两种截然不同的民族主义。"西方的"民族主义建立在自由中产阶级概念和趋于完美的民主社会的基础之上；"东方的"民族主义则是以非理性和未启蒙的族群信仰与共同的民间文化为根基。[①] 安东尼·史密斯曾盛赞他的关于"西方的"和"东方的"民族主义两分法"是最值得称赞和最具有影响的"。[②] 并将其概括为"族群的"民族主义和"公民的"民族主义。[③] 马雪峰综合了前人的观点将"族群的"民族主义的特点概括为非理性的浪漫主义和集体权力并具有排他性和封闭性。[④] 本尼迪克特·安德森和安东尼·史密斯皆认为民族与国家是由民族主义所构建的。"族群的"民族主义在构建民族的过程中，以共同的历史、文化、语言和血统为本源，极力形成和发展本民族独特的民族性，也就是要与其他民族有着明显的区分，塑造出自身的独特性。为达到这一目的，民族主义的一个重要的思想和行为方式就是排斥甚至舍弃他族的外来元素。同样，在构建民族国家的进程中，为了确保本民族的历史文化得到良好的延续和发展，以及维护本民族利益，就必须建立政治上独立自主的民族国家。为了实现国家的独立和自主，反抗是驱逐他国入侵与统治的必要手段。而为了争取更多的民族利益，对国内他族的排斥和对国外他国的征服常常相伴而生。由此可见，"族群的"民族主义者们为了实现对民族和民族国家的构建而

---

① See Hans Kohn *The Idea of Nationalism*：*A Study in Its Origins and Background*，New York：The Macmillan Co.，1961，p.457.

② ［英］安东尼·史密斯：《民族主义理论·意识形态·历史》，叶江译，上海世纪出版集团2011年版，第40页。

③ 同上。

④ 参见马雪峰《民族主义：概念与分类》，《西北民族研究》2013年第4期，第62页。

把他族和他国置于对立的位置，对他们采取或抵御，或排斥，或反抗，或征服的行动。这就是存在于"族群的"民族主义思想和行为中的"摈斥"。德意志民族主义则在其自身的发展过程中将"摈斥"推向了极致。

一　"沉睡着的德意志民族主义"时期

民族主义发轫于 18 世纪和 19 世纪的北美独立战争和法国大革命，并与政治有着密切的关系。但德意志的民族主义却没有同政治相辅而生，其原因主要是德意志在第二帝国成立之前一直没有形成一个统一的中央集权。公元 919 年德意志王国从法兰克王国分离出来。962 年其国王奥拖被罗马教皇加冕为"罗马人的皇帝"，由此德意志王国便成了古罗马帝国的继承者，被称为"罗马帝国""神圣罗马帝国"，即"第一帝国"。"对照 20 世纪末的欧洲地图，可见 500 年前的神圣罗马帝国的疆域延及荷兰、比利时、卢森堡、德国、波兰、捷克、匈牙利、南斯拉夫、奥地利、意大利、瑞士和法国"①，这奠定了它在欧洲大陆的霸主地位。但实质上"神圣罗马帝国"是由众多诸侯国组成的，疆域一直模糊不清，国王也是由诸侯们选举产生，因此王权实际掌握在诸侯的手中，国家政权一直处于分散状态。另外，"神圣罗马帝国"的目标也并不是建立一个独立的民族国家，而是以"普世的欧洲帝国"为目标。它挥舞着维护基督教信仰神圣和续统罗马帝国的大旗走在"无民族之分"拯救全人类的理想大道上。于是，德意志人民的民族意识在"神圣罗马帝国"的光环中被掩盖了。但也正是"神圣罗马帝国"的光环和曾经缔造过欧洲帝国的辉煌历史，为其后来形成对外扩张的"帝国"民族主义埋下了伏笔。

16 世纪的宗教改革运动唤醒了德意志人的民族意识。这场宗教改革始于 1517 年，大学教授马丁·路德在威腾堡教堂贴出"九十五条论纲"，对罗马教会出售赎罪券进行抗议。这次抗议使德意志人意识到，在销售赎罪券方面，德意志的情况与英国和法国并不相同，进而激起了德意志人对于维护本民族权益的抗争。在维护民族权益的呼声和抗争中，"第一帝

---

①　刘新利：《德意志历史上的民族与宗教》，商务印书馆 2009 年版，第 231—232 页。

国"进行了宗教改革，这使得德意志的教会与罗马教会分离。这次宗教改革虽然成功地唤醒了德意志人的民族意识，但是邦国割据使德意志帝国在政治上产生分裂；"教随国定"也令德意志民族丧失了共同的信仰。因此宗教最终也没能将德意志民族统一在一起。

在神圣罗马帝国时期，政治和宗教的分裂大大推迟了德意志民族主义形成的脚步。在欧洲各民族纷纷以国家为依托形成和发展的时代，德意志民族却丧失了随着国家共同成长的契机。然而，随着宗教改革运动促使德意志民族意识的觉醒，德意志民族主义开始通过语言和共同的文化来维系并发展这来之不易的民族情感。

二　语言民族主义时期

语言被公认为界定民族的重要标准，德意志的民族语言更是将分属于国界不同地域的人民凝结成一个民族的要素。[①] 霍布斯鲍姆认为"民族语言基本上是人为建构出来的，就像现代的希伯来语一样，都是后来才创造出来的"。[②] 德意志民族语言最初的建构是以"摈弃"拉丁文为开端。高地德语原是德意志中部和南部地区所用的方言，公元 8 世纪出现在德意志，当时它只用于口语，书面语主要采用拉丁文书写。书面语依赖拉丁文在很大程度上束缚了德意志文化的发展。于是在书面语中摈弃拉丁文并用高地德语代替拉丁文成为德意志知识精英们强烈的文化诉求。于是，中古时期诗人学者的创作以及宫廷文件所用的语言开始不再使用拉丁文，而是使用高地德语，《帝王编年史》《罗兰之歌》《罗特王》等都诞生于 12 世纪中叶。以用高地德语编写的地方性法典《萨克森明鉴》为首，《德意志明鉴》《土瓦本明鉴》和《迈森法典等》等也相继颁布。在宗教改革运动中，高地德语被进一步书面化和统一化。马丁·路德将《圣经》翻译成德语，这既是民族自我意识的体现，也是民族与《圣经》展开对话和自我认同的必经之路。马丁·路德不仅统一了高地德语的书面语，也使高地

---

① 参见［英］埃里克·霍布斯鲍姆《民族与民族主义》，李金梅译，上海人民出版社 2006 年版，第 100 页。

② 同上书，第 52 页。

德语成为德意志的文学语言。在高地德语传播的过程中，正如本尼迪克特·安德森所言"受惠于印刷资本主义的宗教改革的影响"①，资本主义印刷业的蓬勃兴起，使高地德语跨越时空，得到了更快速更广泛的传播。高地德语作为印刷语言奠定了民族意识的基础。它在拉丁文之下、口语之上创造了统一的交流与传播的领域；它赋予高地德语以普遍性和固定性，使其成为与旧的方言不同的权力语言。正如安德森所言："资本主义、印刷科技与人类语言宿命的多样性这三者的重合，使得一个新形式的想象共同体成为可能，而自其基本形态观之，这种新的共同体已为现代民族的登场预先搭好了舞台。"②

在三十年宗教战争期间，欧洲各国齐聚德意志展开争夺战，欧洲各国的语言也随之进入德意志。外来语一度在德意志占据主导地位，高地德语受到外来语的强烈冲击。此时在文化界响起了摈弃外来语、拯救德语的呼声。诗人奥皮茨力图创作出与法国人、尼德兰人和意大利人相匹敌的德意志人的诗歌文学，来抬高高地德语的地位。拯救德意志语言的行动不仅发生在文学界，整个社会上自诸侯、下至市民都有所响应。诸侯们不愿做欧洲文化领域中的边缘蛮人，期待通过属于德意志自己的语言来提高他们的地位。当时的语言学会"丰收学会"便是在可腾公爵的倡导下，致力于整理高地德语的词汇和语法，规范和清理外来词汇，编写高地德语词典和语法手册。除了贵族参与之外，学会也吸纳了部分市民出身的文人。对语言和文化的重视超越了等级制度藩篱，表现出当时语言和文化对阶级的超越性。在 17 世纪上半叶，以"丰收学会"为模板，德意志出现了众多的"语言学会"，它们都为高地德语奠定在欧洲语言中的地位贡献着自己的力量。因此在神圣罗马帝国解体前，高地德语基本上实现了超越邦国的统一，德语成为德意志人身份认同和民族认同的唯一凭证。统一的语言将德意志人结成了一个大而稳固的共同体，并为思想和文化的传播提供了必要的载体。正如霍布斯鲍姆所言："语言绝对不止是经典文学或知识分子用来表现自我的工具。民族语言是唯一能使他们成为德国人或意大利人的凭

---

① ［美］本尼迪克特·安德森：《想象的共同体：民族主义的起源于散布》，吴叡人译，上海人民出版社 2003 年版，第 48 页。

② 同上书，第 54 页。

借，并可借此导出深厚的民族认同。对德国或意大利的中产阶级知识分子而言，语言是他们能否建立统一国家的核心要素。"①

三　文化民族主义时期

17—18 世纪，法国文化盛行于欧洲，德意志由于缺乏统一的文化而迷恋和模仿着法国风尚。这一现象被少数精英民族主义者所关注，同时德意志长期分裂的政治局面也令这些精英夜不能寐。他们意识到德意志民族需要形成本土文化的重要性，于是他们便展开了一场摈弃法国文化，同时树立德意志民族文化形象的民族主义运动。18 世纪后，分散在各邦国的德意志民族的自豪感和自信心在一大批享誉世界的文化名人的带领下空前高涨起来。哲学界的莱布尼茨、托马修斯、费希特、谢林，尤其是康德和黑格尔将德意志哲学推上了 18—19 世纪世界哲学的最高峰，德意志也随之被称为"思想家的国度"。在文学和艺术界，民族文学的倡导者莱辛集文学家、批评家和文艺理论家于一身；歌德将世界主义与德意志民族的民族性相结合，与席勒开启了魏玛古典文学和浪漫主义文学并存的双子星座时代；莫扎特和贝多芬则奏响了德意志民族的自由之声并开创了德意志音乐界的鼎盛时期。这些文学家和艺术家正是德意志民族意识的呼唤者。赫尔德作为"文化民族主义之父"，将语言的统一与国家的统一相联系，呼吁德意志人民团结起来将德意志民族发扬光大，同时他亦强调各民族间的平等和文化的互通与共进。赫尔德指出："没有任何一个人是为自身而存在的，他是整个人类的一分子；人类发展的链带延续不断，个人只不过是其中的一个节点。"②"一个社会的发明毕竟多于一个人的发明，整个人类的发明则多于一个特定民族的发明。"③"大自然铸成了一条新的链带，即让文明从一个民族传播至另一个民族。于是，艺术、科学、文化和语言便随着各个民族的持续进步而得到提高和完善。这是大自然所选择的最美妙

---

① ［英］埃里克·霍布斯鲍姆：《民族与民族主义》，李金梅译，上海人民出版社 2006 年版，第 100—101 页。

② ［德］J. G. 赫尔德：《论语言的起源》，姚小平译，商务印书馆 2009 年版，第 98 页。

③ 同上书，第 120 页。

的发展方式。"① 他的理论具有进步的意义，如果德意志的文化民族主义者们遵循他的理论，那么德意志民族主义将会走上一条健康的民族主义之路。然而遗憾的是，一些民族主义者却将他的理论片面化，过分强调德意志民族的特殊性，并将他的理论作为"摈斥"外来文化的理论依据。

这些闪耀在德意志历史乃至世界历史星空中的星辰力证了德意志民族是个优秀并富有创造力的民族，他们用作品将分散的德意志民族连接起来，形成了共同的文化民族认同，成为德意志人民心中永远的骄傲，但也成了后世极端民族主义者们夸谈民族优越性和唯一性的资本。德意志的文化民族主义将文化作为一种深层的"同道关系"，形成了民族和国家认同。它通过弘扬德意志民族文化来抵御外来文化和建立德意志人民对德意志民族的归属感与荣誉感，其目标是建立和壮大自己的民族文化。

四　政治民族主义时期

1799 年开始的拿破仑战争令"神圣罗马帝国"寿终正寝，德意志民族遭受到压迫和苦难。这引发了德意志民主主义者们对法兰西的反抗以及对自身优越性的心理构建。德意志与法兰西自古以来就是文化和政治上的仇雠，德意志民族主义者们一直对法兰西存在钦佩与憎恨交织的矛盾心态。他们也曾试图借鉴法兰西大革命中的成功经验，但在拿破仑的铁蹄之下，对法兰西的憎恨之心被完全地激发了出来。他们将法兰西民族视为死敌，排斥和憎恨法兰西的一切。施泰因男爵称法兰西民族是"不体面和猥琐"的民族，充满着"道德污垢"；军事家卡尔·冯·克劳塞维茨宣称要以"仇恨和敌对"还击这个"令人憎恶的民族"；柏林的历史教授 F. C. 吕思告诫他的学生要牢记法兰西人是"魔鬼一样的败坏"②，"阿德特甚至将这场战争赞誉为'全体德意志'反对'法语区'的战争"。③

在与法兰西的对抗中，为了取得战争的胜利并建立起独立自主的民族国家，精英民族主义者们以"高贵的血统""光荣的历史""伟大的祖

---

① ［德］J. G. 赫尔德：《论语言的起源》，姚小平译，商务印书馆 2009 年版，第 122 页。

② 转引自［德］汉斯－乌尔里希·维勒《民族主义：历史、形式、后果》，赵宏译，中国法制出版社 2013 年版，第 105—106 页。

③ 同上书，第 113 页。

国"和"历史的使命"为纽带，将德意志人民紧紧地联结在了一起，共同进行了一场政治上的民族主义运动。为增强人民的自信心和爱国热情，精英民族主义者们力图构建一个独一无二的神圣民族。费希特在他的《致德意志民族的演说集》中，从民族主义立场出发，认为一个民族的发展不能依赖于外力，而应以自身的语言建构一个属于自己民族的精神生活，力图通过人种和语言来塑造德意志民族的优越性。他力证德国语言是"元语言"，德意志民族是个"元民族"，也就是一个最古老的被上帝选中的民族，这是德意志民族高贵的凭证。他还强调人的现实生活需要和国家利益联结在一起，德意志民族肩负着建立统一的民族国家的光荣使命。在当时的历史环境下，德意志人太需要精神上的自信去支撑他们反抗拿破仑的入侵，因此费希特的观点得到广泛认可。德意志人普遍认同他们不但是优秀的，而且是优于其他民族的，他们是上帝的选民，因此肩负着神圣的历史使命。这种言论从个人和民族价值出发极具煽动性与诱惑力，振奋了长期以来一直萎靡的民族自信心，并激发了德意志人民的爱国热情。从这方面来看它顺应了历史的发展趋势，带有进步色彩。但是令人忧虑的是，费希特的言论也带有种族主义的色彩。他刻意突出德意志民族的与众不同和优越性，在激起民族自豪感和荣誉感的同时，也为日后德意志政治家采取德意志扩张政策提供了理论依据。黑格尔的国家—权力也加强了德意志人民对国家的责任认同，"如果国家本身，它的独立自主，陷于危殆，它的全体公民就有义务响应号召，以捍卫自己的国家"①，"为了民族国家的独立与自由"已经成了他们心中义不容辞的责任。在这个时期，"民族"作为如同宗教般的信仰令每个人只有无条件地献身于它，才能证明自己是这个伟大民族中的一员。"民族国家"的建立更是每一个人身上所肩负的光荣的历史使命。德意志民族主义与政治终于走在了一起并体现出政治民族主义的特点。但是，在建立德意志民族国家的过程中，德意志民族优于其他民族，德意志文化优于其他民族文化，德意志价值观优于其他民族价值观的理念通过学校教育深入每个德意志人的心中。因此这一时期的民族运动也呈现一种排斥他族文明、独尊本族文明的趋势。

---

① ［德］黑格尔：《法哲学原理》，范阳、张企泰译，商务印书馆 2009 年版，第 389 页。

五　"帝国"民族主义时期

随着 19 世纪五六十年代德意志的工业革命和经济的发展，德意志的分裂状态无法满足本国资本主义迅速发展的需要，统一成了历史的必然。普鲁士内阁首脑俾斯麦打着民族主义的旗号，将国家的经济和权力政治同"民族利益"结合起来，自上而下地将民族主义演变成神圣的文化符号，通过其强大的感召力快速地整合社会力量，使其政治力量具有民族和文化的合法性，赢得了德意志人民的拥戴。官方政治和民族主义的联姻使得普鲁士通过三次王朝战争，完成了国家统一，建立了第二帝国。但同时，普鲁士军国主义也渗透进了德意志民族的骨血之中，成为日后民族沙文主义的隐患。在威廉二世执政期间，经济上呈现繁荣之势，迅速赶超了英、法等国。此时的资本家为了向外经济扩张，大呼"德意志帝国的政治地位无论如何与德意志的文化价值和经济上的重要性不相称，不能满足我们经济的需要"①。但是此时世界的瓜分已经完成，于是第二帝国在对外政策上推行了军国主义和"世界政策"。它们体现了德意志从大陆强国变为世界强国并向外扩张的渴望。"德国过去曾有过那样的时代，把土地给一个邻国，把海上让给另一个邻国，自己只剩下在理论上主宰着的天空，可这种时期已经一去不复返了……我们也要为自己要求日光下的地盘。"② 毕洛的一番话也反映出大多数德意志人民的心声。普鲁士对外扩张的欲望并不仅仅体现在经济和政治方面，文化和"意志"的输出也是扩张的重要目的。德意志文化的光荣历史一直是德意志的骄傲，文化遗产就如"民族"一般神圣。正如沃尔夫·勒佩尼斯所言，在德意志"政治被视作文化的保障，而文化为政治的合理性提供支持"。③ "德国的军国主义与德意志文化似乎一体共存。"④ 因此，德意志在政治和经济上的向外扩张必然伴随着文化的向外扩张。

种族主义的排他言论为扩张打开了一扇地狱之门。张伯伦的种族主义

---

① 丁建弘、陆世澄：《德国通史简编》，人民出版社 1991 年版，第 503 页。

② 同上书，第 486 页。

③ ［德］沃尔夫·勒佩尼斯：《德国历史中的文化诱惑》，译林出版社 2010 年版，第 13 页。

④ 同上书，第 12 页。

世界观公然宣称凡是不属于日耳曼的文化都是"病毒",应该被驱逐和消灭。加之1870年德意志对法战争的胜利,更使德意志民族优越论得到了"证实"。德意志民族主义吸纳了种族主义言论,声称:"德意志国民是世界人类中最卓越的国民,有教导其他民族,诱掖其他民族的责任,即有生杀其他民族的权利。"① 张伯伦的种族主义世界观的传播与富有侵略性的泛德意志协会结合,促使德意志民族优越论发展成为民族沙文主义。泛德意志协会以联合世界上的德意志人组成泛德意志国家为手段,通过支持政府的对外强权利益政策,力促"伟大的德意志"能统治世界。其领导人遍布军队、政府、工商业和教育部门,影响范围极广。于是社会上广泛宣扬的是诸如"人类本质激起更高的使命要用文明民族统治世界"② 和"种族生物学的世界观告诉我们有治人的种族和治于人的种族,政治历史学不仅是治人种族之间的斗争历史,尤其是侵略常常是治人种族的事业……他们应是主人,他们做主人是为了他们自己和别人的福利"③ 的论调,这使得民族沙文主义空前膨胀。享誉世界的哲学家们一直是德意志人民的骄傲,他们的思想最易被认同。黑格尔提出战争是"最伟大的清洁剂,能如狂风去除海洋因平静而生长的污秽般除去其他民族腐化"的道德伦理,为帝国扩张提供了有力的辩护。清除"病毒"的种族主义也成了普鲁士对外征服的理论助力,结合当时正大行其道的达尔文"适者生存"理论,弱肉强食的社会达尔文主义便成了处理民族关系的科学理据。俾斯麦政府出于政治上的考量,为了实现内部统一,将天主教教众和社会民族主义者"作为所谓的'帝国主义的敌人'从神圣不可侵犯的帝国民族范围内排除了出去"。④ 犹太民族也被视为劣等民族而被驱逐,极端的"摈斥"思想和行为在此时已初见端倪。在普鲁士军国主义渗透下的德意志帝国,将"摈斥"思想与种族主义、沙文主义相结合,带着将其他民族社会同质化的欲望,打着为了促进优秀民族文化的传播,开化世界政治和文化的大旗,大步走上了对内驱逐和对外扩张的征服之路,发动了第一次世界大

① 丁建弘、陆世澄:《德国通史简编》,人民出版社1991年版,第503页。

② 同上书,第503页。

③ 同上书,第503—504页。

④ 转引自 [德] 汉斯-乌尔里希·维勒《民族主义:历史、形式、后果》,赵宏译,中国法制出版社2013年版,第122页。

战。德意志民族主义以极端的方式在"帝国"民族主义的道路上越走越远。

　　随着第一次世界大战的战败，德意志第二帝国也在战争中覆灭。短寿的魏玛共和国也被希特勒率领的"民族社会主义德意志工人党"赶下了台。希特勒以尼采的超人哲学为理论基础，提出"民族精英"统治的领袖原则。由此他成了德意志独一无二的独裁领袖，代表着民族意志和精神，德意志第三帝国诞生了。德意志第三帝国实质上是威廉时期的第二帝国的延续和升级。为了缓和第三次世界经济危机带来的破坏和日益尖锐的阶级矛盾，希特勒妄想通过对外扩张和对内种族清洗来缓解国内的各种矛盾。他广泛宣传纳粹理论的核心部分——"族民共同体"。这个源自纳粹历史观的理论，强调民族内部的一致性，各阶级应注重民族的整体利益，世界历史的主线不是"阶级对阶级的斗争"，而是"血统对血统的斗争"，德意志民族应一致对外，复兴民族。① 德意志民族主义在第三帝国时期因承载着战败的复仇情绪而变得更加极端而变态。就如同"法西斯"这个令人憎恶的名词一样，代表着"凶暴残忍的""反人类的战争"。在希特勒鼓动之下，德意志民族主义带着复仇民族主义的色彩，鼓吹"德意志是最优秀的民族"，理应"统治世界"。它不仅要恢复原有的地位和领土，更要将领土无限地扩大，并要消灭其他"劣等"民族。犹太民族一直以来就是德意志民族用来对比其自身优越性的"劣等"民族，也被看作德意志民族团结和复兴的障碍物。德意志复兴的愿景和国内困顿的现实之间的差距使犹太民族成了这一现状的"替罪羊"。对犹太民族的屠杀成了世界民族史上最惨痛的一页。此时的德意志民族主义已经将民族沙文主义发展到了极致，德意志民族主义进入疯狂的时代。德意志第三帝国最终挑起了第二次世界大战，并给全人类带来了巨大的灾难。

结　语

　　德意志民族主义的发展经历了语言民族主义、文化民族主义、政治民族主义和"帝国"民族主义四个阶段，"摈斥"成为其发展中的主要

---

　　①　丁建弘:《德国通史》，上海社会科学院出版社第2002年版，第337页。

思想和行为方式。从摈弃拉丁语形成德语的统一到抵御法国文化入侵建立本族文化，再到反抗法兰西入侵建立民族国家，最后发展为屠杀犹太民族和对外征服的极端行为。德意志民族主义一直在"摈斥"中塑造自身的独特性和纯粹性，以二元对立的思维方式在"摈斥"中找寻自己的定位并向前发展。在语言民族主义和文化民族主义时期，它以"他者"的身份强调着自身的独特性，建立自身存在的价值。在政治民族主义时期，它以种族纯粹性与优越性将自身身份转为"主体"对立于其他劣等民族所代表的"客体"。在"帝国"民族主义时期，德意志加强了对自我的"主体"化定位，赋予自身血统、政治、经济、思想和文化等方面的优越地位，并以二元对立的思维方式把人类划分为优等与劣等、先进与落后等互为对立、互不融合的群体。德意志民族主义无论是强调其特殊性的"防御"，还是对外扩张的"征服"，都是单向和线性的。在其发展过程中完全阻断了"主体"和"他者"的共同参与。即便如此，德意志"帝国"民族主义以征服为目的向外扩张时，其实际过程并不是它所设计的"线性的输出过程"，结果也同样是不可控制的，因为即使在第三帝国凶残的铁蹄利炮和火烧土埋下，其他民族依然以顽强的生命力延续着自己的文明，民族间思想和文化的渗透与融合亦从未间断。

历史事实证明，无论是"防御"还是"征服"都不是处理民族间关系的有效方式。具有现代性的"文化帝国主义"和后现代性的"后殖民"也都因缺少"对话"而无法令民族间的关系向健康的方向发展。在全球化的今天，无论是将全球化视为现代性的过程，强调其整体性、主体性和普遍性，还是将全球化视为后现代性的阶段，强调其个体性、他者性和特殊性，都因为切断了民族间的"对话"与交流而无法在处理民族间关系时给予单独而成功的理论指导。正如金惠敏先生所言："全球化作为一种新的哲学既坚持现代性的主体、理性、普遍、终极，同时也将这一切置于他者、身体、特殊、过程的质疑之中。或者反过来说，全球化既不简单地认同现代性，也不那么认同后现代性，而是站在他们之间无穷无尽的矛盾、对抗之上，一个永不确定的表接（articulation）之上。缺少其中任何一个维度，都不是'全球化'，都将无法正确认识全球化这个新的对象，以及发生在全球化时代的任何现象。"① 金惠敏先生所提出的"全球对话主义"兼具现代性和后现代性的特点，又超越了现代性和后现代性对立的新的认知范式，它能够筹划和建立起一场真正意义上的"对话"，使民族各抒其言，相互沟通。"'全球'以他者为根基，是'他者间性'之进入'主体间性'，是他者之间的主体性的相互探险和协商，没有任何先于对话过程的可由某一方单独设计的前提……'他者'一旦进入对话，就不再是'绝对的他者'了，对话赋予'绝对的他者'以主体性的维度"②。这样对话民族不再是各自对立与封闭的个体，而是平等对话的动态关系，同时在此基础上对话民族也都将完成对自我的不断"超越"。可以说，金惠敏先生提出的"全球对话主义"理论给复杂的民族关系提供了一种全新的思维范式和可资借鉴的理论依据。

---

① 金惠敏：《全球对话主义：21 世纪的文化政治学》，新星出版社 2013 年版，第 5 页。
② 同上书，第 20 页。

少数民族文学对话当代文学
——基于全球对话主义的思考

武晨雨

摘要： 中国当代文学场域中，少数民族文学在文学史写作与文学批评上的缺位，已是不争的事实。学界目前对这一现象给予的评价，多从"少数民族文学的他者化境遇、主体地位的缺失、汉文学霸权"等角度进行评论，落脚于建立"多民族文学史观"。以全球对话主义理论对当前的少数民族文学进行思考，摒弃单纯的"他者化"与"主体性缺失"之类的理解方式。本文主张，少数民族文学与汉民族文学同为中国当代文学进程对话中的进行方，既要将少数民族文学个体纳入中国当代文学这一大系统中进行考察研究，又要尊重其独特的审美特质与存在价值。与汉民族文学在差异中共存，实现平等而合理的对话。

关键词： 少数民族文学，多民族文学史观，失语，对话

一 少数民族文学概念辨析

目前学界对少数民族文学概念的判定仍是较为敷衍含混的态度，这就意味着，中国当代文学场域中，无论是少数民族文学与汉民族文学之间，还是少数民族文学内部之间发生的对话中，对话主体一方的界定是模糊不清的。要想较为清晰地分析这场对话，其前提必须对这一对话主体的概念做一定的梳理。

这种界定的含混主要原因是没有统一的划分标准。一种观点是"题材说"，这就将少数民族文学等同于"少数民族题材文学"，在这种标准

下，汉族作家林予的《塞上烽烟》、徐怀中的《我们播种爱情》等作品，只是因为描写了侗族、藏族人等的生活，就被列入少数民族文学；而像老舍的《正红旗下》这样具有浓郁满族特色的作品，却从未被当作少数民族文学进行分析。① 另一种观点则是概念泛化，将具有少数民族族属身份的作家的所有文学作品都算作少数民族文学。李鸿然在《中国当代少数民族文学史论》中宣称，"作者属于什么民族，其作品就是什么民族的文学"。② 事实上，不少少数民族出身的作家，他们的作品中并没有少数民族意识或少数民族生活的反映，这也是为什么大多数文学史评论李準等人时，并不会因其蒙古族的民族身份，而将其作品认定为少数民族文学。

因此，不论简单粗暴的题材说，还是概念泛化论，都没有意识到少数民族文学这一主体概念应有的含义，应该是少数民族作家创作的具有少数民族意识和少数民族特质的作品。对对话主体的认识不足，就会导致难以选出真正的少数民族作品，因此在编写文学史时，经常以弱化、淡化甚至视而不见的办法对待，这也就不难解释，为什么少数民族文学在文学史中始终处于"缺席"的状态。在这种情况下，少数民族与汉民族文学就不能实现真正意义上的对话，或者说，即使有，也是一场畸形的对话。

二　在场的失语者

其实比起"缺席"，似乎用"失语"来评价少数民族文学在当代文学史中的境遇更为准确，它是一个在场的失语者，学界常用"主体性的缺失"和"他者化境遇"来评价这一现象。"在而不见"，比起从未出席显得更为可悲。

首先是文化身份的他者化。中国历史上并没有所谓的现代意义上的"少数民族"概念，这一概念中"少数民族"是相对"主体民族"而存在的，而主体、少数这种提法本身就隐藏着一种话语的支配与被支配关系，按埃里克森的说法，"在对多数民族—少数民族的关系的研究中，很难逃避一种对权力和权力差异的分析"。而将这种政治命名覆盖文学现象

---

① 参见杨彬《少数民族文学入史现状及入史策略》，《湖北大学学报》2013 年第 4 期。
② 同上。

时，不可避免地会在一定程度上损害文学本身的艺术身份和审美自主性。"少数民族文学"这一概念是新中国成立后，茅盾在《人民文学》创刊号《发刊词》中提出的，其目的是构建一种国家意识。① 从政治层面到文学层面，概念的转移中隐形地发生了一种错位，无形中将少数民族自己的文化身份和深层心理"被他者化"了。在这场与汉民族文学的对话中，似乎在对话资格的判定上，少数民族文学就天然地处于弱势，而丧失了话语的主导权。

其次是文学史选择的他者化，这是对"失语的在场者"一词最好的注解。少数民族文学在中国当代文学史中一直处于相对缺席的状态，或者即使出场，也是作为点缀和搭配，缺乏自己的声音与主体。对中国当代文学史进行梳理，会发现在 20 世纪 60 年代及 80 年代初集体编写的文学史中，少数民族文学其实都得到了应有的重视。但是反观 90 年代以来的文学史写作，随着个人化书写的不断升温，少数民族文学的声音反而越来越弱。如果说之前的文学史对其的处理是一种边缘化，但在这段时间的文学史中，连其边缘位置也几近不保。目前几部影响较大的当代文学史，如洪子诚著的《中国当代文学史》、董健等编的《中国当代文学史新稿》、程光炜等著的《中国当代文学发展史》，对少数民族文学几乎只字不提。这一现象也引起了学界的警觉，"中国当代文学史在新时期 30 多年的编写著述过程中，关于少数民族文学的历史叙述从'有意'叙述到'有限'叙述，再到'差异'叙述，最后到'零叙述'"。② 无论是出于对文学作品选择的为难，还是有意地存而不论，这种公然将少数民族文学排除在文学史论述之外的疏离取向和忽视心理，都在客观上造成了对当代少数民族文学的无视与抛弃，这一文学现象形成潮流后，少数民族文学在当代文学对话中，必然成为"失语"的一方，与自身毫无关系地被强制性地"他者化"了。

最后是汉民族文学下主体性的缺失与构建——叙述层面的他者化。较之没有在文学史中出现，这里是更深层次的失语。在缺乏主体性的少数民

---

① 参见董乃斌、陈伯海、刘扬忠《中国文学史学史》第 3 卷，河北人民出版社 2003 年版，第 368 页。

② 席扬：《关于中国当代文学史中少数民族文学的历史叙述问题》，《民族文学研究》2011 年第 2 期。

族文学史写作中，虽然在形式上进入了文学研究的范畴，但其叙述立场、叙述观点、叙述方式都在一定程度上被汉文化化了，不能完整地保持其本来的面貌。不少文学史和文学评论家，在对少数民族文学的评析中，都是站在汉民族文化的立场上，以汉文化的叙事角度和评选尺度进行的，有意无意地为其贴上"非传统""边缘"的标签，打上了"他者"的烙印，这就使得少数民族文学在中国当代文学中，与汉民族文学相比，在潜意识中就处在了话语权的被支配状态。在这样不平衡的对话体系中，少数民族作家创作的主体地位很难避免不会弱化。[①]

每个民族有着自己独特的精神文化，其背后承载的文化传统，使之成为一个个独立的文化主体，对它主体的肯定和承认是发现其价值、进行对话的前提。如果一味固执地用汉民族文化的框架禁锢、约束和衡量，用所谓的"主流文化"作为文学史写作和文学性评价的标准，结果只能是不断地磨灭其独特的气质。丧失了独自审美标准和资格的少数民族文学创作，即使能够在文学史中争得一席之地，却因丧失了主体性的"在位的失语"，比"名不见经传"的缺位更为可悲与无奈。

另外，少数民族与汉民族文学文化的交流和吸收是双向的，片面突出少数民族对汉民族文学的靠拢与追求，是否认文化文学交流互动性的前提。虽然当下对"文化霸权主义"等词讳莫如深，但这种在中国当代文学对话中，一味地强调、拔高汉民族文学这一主体，其实是一种霸道且畸形的对话形式。当然，不能否认，在像陈思和《中国当代文学史教程》等少量坚持凸显民间意识的文学史中，少数民族文学得到了应有的重视，例如陈思和对《阿诗玛》的评价还原了权力话语下民族文学被边缘化的情景，这里不做赘述。

三　"多民族文学史观"辨析

有鉴于此，有不少学者提出要建立"多民族文学史观"，引起了学界的广泛关注。这种观点宣称能够摆脱"民族本位偏见论"，超越"大汉族

---

① 参见徐其超《文学史观与少数民族文学主体地位的缺失和构建》，《民族文学研究》2009 年第 2 期。

主义"和"狭隘民族主义",建立科学的"多民族文学史观"。宏大的名号与噱头使得这种观点在很长时间内为学界所认可,但这种貌似能够"恰如其分地凸显汉族文学和少数民族文学主体地位"的"完整意义上的中国文学史"①,仔细推敲,可被质疑之处依然很多。这种试图在文化对话中形成有机整体的文学史观,极易滑向"消除排斥性、差异性"的结果。以《全球对话主义》提供的思路分析,显然是不可行的。

"多民族文学史观"确实提供了多元化的思考方向,试图用"多民族"的共生共存来消解少数民族文学与汉民族文学之间许久的隔膜,力求站在更为开阔的视野层面,建立"一体多元"的文学形式。按这种美好的设想,在这场对话中,各民族文学的主体性都可以得到彰显,在合理公正的文学氛围中,心平气和地进行对话,全方面、多维度地完善文学史进程。

但在这一和谐美好的构想下,命题本身却存在许多令人质疑的地方。姚新勇在《关于"多民族文学史"研究的断想》一文中,进行了充分论证。这里,本文结合《全球对话主义》提供的思路,进行新的思考。首先,这种能够真正规避汉民族文学中心论,将所有少数民族文学涵括成一有机整体的架构体系,是否真的存在?② 多民族文学史观是以这种格局、架构的存在为理论基础的,其宣称的"多元一体"是否真的具有存在和被表述的可能,这点有待商榷。其次,多种少数民族文学整合为消除排斥性的多民族文学史,同时又要保持其本身的特色,其可行性有多少?③ 少数民族文学较之汉民族文学,其发展水平存在差距,这是不能否认的事实。任何试图通过掩盖、否认这种差距,达到表面上的话语平等,都是不成立的。消除排斥性、整合为一体的提法显然是抹掉了两类文学间的差异,而在全球化语境下思考对话,消除主体间差异的对话是不可行的。

经过理论的清理,我们可以得出结论:所谓的"多元一体"的多民族文学史观,它所强调的一致性其实是对民族文学进行简化。少数民族文学与汉民族文学的关系并不是能够做本质化、整体化的处理。以《全球

---

① 李翠芳:《中华多民族文学史观:理论的论证与践行的途径》,《云南社会科学》2012 年第 1 期。

② 参见姚新勇《关于"多民族文学史"研究的断想》,《民族文学研究》2007 年第 2 期。

③ 同上。

对话主义》为思考点，在中国当代文学场域中，对这两个对话主体进行交融式的处理，不过是另一种主体性的缺失，是非常可怕的。那么，在全中国当代文学场域中，如何正确地进行少数民族文学与汉民族文学的对话，就成了需要我们迫切思考的问题。

四　少数民族文学对话当代文学

（一）"平等与合理"的价值立场

前文分析提到，学界目前对于少数民族文学的研究，依旧纠结于其在文学场域中"他者化"与"主体缺失"。但如果我们循着金惠敏的思路思考，"他者"一旦进入对话，就不再是绝对的他者，具有了主体的维度。所谓的"主体间性"，也包含着主体间相互改变的承认。① 我们是否可以这样思考，在全球化语境下，汉民族文学与少数民族文学一旦进入当代文学场域，就意味着这场对话的开始。他们形成同意和反驳、肯定和否定、保留和发挥等。这场或许失控的对话，既是对彼此的兴趣与渴望，也是认识自我的必要。没有文化间的对话，两者都只能无限地自我循环。而两者一旦进入，或者以金惠敏的说法，"陷入"这场对话，就没有绝对的"他者"身份，双方是平等的。② 这就意味着，在研究少数民族文学时，我们必须用平等合理的眼光看待它与另一对话方——汉民族文学。将少数民族文学作为弱势存在而进行"倾斜"与"照顾"，是打破对话本身平衡的人为干预，是比"缺席"与"失语"更可怕的错误。③

少数民族文学有其相对独立的存在方式与评价标准，我们并不是一定要求用汉民族文学的审美对其进行束缚，反而完全可以尊重其固有的审美情趣、选择方式等。但并不意味着对少数民族文学的批评就可以降低标准。无论是对少数民族文学还是汉民族文学，"文学史著作应立足于文学本位，重视文学之所以成为文学并具有艺术感染力的特点及其审美价值，在审美的天平、艺术的标杆面前各民族文学作家一律平等，不搞'族际

---

① 参见金惠敏《全球对话主义：21世纪的文化政治学》，新星出版社2013年版，第20页。
② 同上。
③ 参见杨毅《少数民族文学史的话语缺失与价值重构》，《河池学院学报》2013年第4期。

平衡'和'政策照顾',而各民族文学作家也以'作品'说话"。① 对文学的评价,历史的责任感与文学的纯净度,比个性化的书写与选择更为文学界所需要。以全球对话主义的思路思考,无论这两类文化在发展程度上有着多大的差异,但作为当代文学对话中的主体,双方的地位是平等而平衡的,这是进行对话的最基本的尊重原则,也是这场对话能够不断继续的前提。人为刻意的"倾斜"与"照顾",只会打破这种固有的平衡,使得原本稳定的结构倒塌。因此,在对少数民族文学进行评判与选择时,需要站在"平等而合理"的价值立场上,采取和汉民族文学一视同仁的态度。

(二) 在差异中对话共存

但一视同仁并不是消除差异。汉民族文学与少数民族文学并不是衍生与分叉的关系,少数民族文学天然的民族性、地域性决定了其独特的情感价值与审美取向。它自身的独立性与汉民族文学构成了奇妙的差异,我们不能也不应该否认这些差异,那就面临着如何正确对待它的问题。

我们需要差异性,差异性在对话中至关重要,它是对话形成和顺利进行的前提与原始动因。对话只可能在有差异性的存在中进行。唯有不同的声音间的论争、唯有在思想观点与价值立场上存在分歧甚至完全对立的主体之间,才有可能进行真正的对话。失去了差异性的主体,其对话更应该表述为"异口同声",是毫无意义的复制行为。另外,对差异性的肯定与强调,实质上是对自我和他者的彼此承认与尊重。对话中的每个主体都不是封闭的,对话双方是互相沟通的存在,自我的存在离不开他者。② 同时,我们主张的"平等而合理"的对话,不仅在主体的地位上要求平等,对主体之间的差异也要给予平等的尊重,承认双方都有存在的合理性,避免出现一方完全压倒或取代另一方。只有这样,全球化语境下的对话才能够继续进行。

前文提到过,中国当代文学中汉民族文学化的倾向愈发严重,有些少数民族作家构写的作品从内容到情感都趋同于汉族作家,却失去了其独有

---

① 杨毅:《少数民族文学史的话语缺失与价值重构》,《河池学院学报》2013 年第 4 期。

② 参见满文静《巴赫金语言哲学的核心——对话主义研究》,《内蒙古农业大学学报》2010 年第 3 期。

的特殊性，牺牲了这类文学作品中最为珍贵、最有标志意义的民族性。以《全球对话主义》的角度分析，失去了差异性就是在这场对话中丧失了对话的资格。而失去民族意识与文化底蕴的作品，更难使少数民族文学保住在中国当代文学史上的一席之地了。因此，少数民族文学创作需要保持自己的主体性特质。我们并不是阻止其与汉民族文学、世界文学的对接，反而希望通过这种对接能够激荡出少数民族文学创作的活力，开阔其视野；希望它能够以其本身特有的气质与特性进行这场对话，将本该属于自己的深厚的民族家园情怀，体现在文学的人文诉求与审美立场上，避免被其他文学异化和同化。在文学场域的对话中，不至于被另一方剥夺其话语权，压制得无话可说。

（三）超越与敞开的对话逻辑

反对汉民族文学中心论，并不意味着要以民粹主义取而代之。我们既然已经看到了汉族中心主义对少数民族文学入史所带来的负面影响，那就更要避免矫枉过正。少数民族有着自己特定的民族文化底蕴，其文学作品中必然蕴含着独特的精神气质和价值判断，是值得我们尊重理解的，并不需要将其完全按照汉民族文学的文学观念进行评论。这种理解甚至提倡，是对其主体性的尊重，也是中国当代文学对话的前提之一。但利益方面，要谨防民粹主义再次抬头，提防试图割裂少数民族文学与汉民族文学甚至整个中国当代文学的观点卷土重来。所以，我们应该超越这两种文化立场，避免汉民族文学中心化和民粹主义这两种倾向，在更高的立场上，在更为敞开性的文学高度上，进行深入的考察与评价。唯其如此，才是对话的正常进行模式，才能够对主体的价值和关系作出正确的评判与定位。

哈佛大学教授杜维明长期以来倡导一种文明的对话思想，用在对少数民族文学的研究中，也不无裨益。以他的观点，在不同文化、不同文明的对话过程中，参与者要不断培养自己的对话德行。简而言之，就是遇到对话中与自我有着差异甚至决裂性分歧的"他者"，要用自己不断提升的德行与之对话。① 对"他者"的态度从"容忍—承认—尊重—学习"的变化，对话者的德行也在不断提升，在这种提升中实现不同文化（或思想）

① 参见卢风《文化多元主义与后现代主义》，《吉首大学学报》2012 年第 4 期。

的"视域融合"。如果我们对少数民族文学的文学史选择与文学批评中，能够采取这一思想，相信会激发、鼓励少数民族作家的创作热情与积极性，也为汉民族文学圈的人认识少数民族文学提供正确的道路，两者的对话会更为温和而有效。况且，杜维明与金惠敏在对话主义上有着相似的见解，他们都主张，对话的初衷不是驳倒对方，使之放弃其文化而皈依我方，而只是寻求应对全球性危机的智慧，同时努力达成共识，以便协调共同的行动。① 这里或许可以概括为文化平等原则，这与前文说的，我们需要的"平等而合理"的价值立场与对话，不谋而合。

对于文学价值的批评与反思，不是简单的话语权力的更迭，而是需要重新对文学体系进行界定。在全球化的语境下研究少数民族文学，在中国当代文学场域中，研究与汉民族文学的对话问题，就是既要将少数民族文学个体纳入中国当代文学这一大系统中进行考察研究，又要尊重其独特的审美特质与存在价值。与汉民族文学在差异中共存，实现平等而合理的对话。

---

① 参见卢风《文化多元主义与后现代主义》，《吉首大学学报》2012 年第 4 期。

重构"巴别塔"的叙事

杨念泽

摘要：在后现代思潮着力于对崇高性和政治性话语及其实践的解构之下，基于区域性、自我性的政治伦理体系，面临着被怀疑和趋近于崩溃的危险。这种怀疑来自生存的人的个体，也来自全球思想伦理体系的融合性特质。在宏大性的政治体系和道德体系消解的趋势之下，产生了个体性的对于生存价值何在的追问，也可能导致个人价值在社会总体价值崩溃下的失衡。要解决这个关乎人类生存本体与社会总体发展的问题，就要寻求一种新的、带有建设性和发展性的普世价值体系。构建这个体系的一个基本问题，就在于如何重建一种可行的交互性对话体系。本文试图对这种对话所凭借的新方法、新体系进行理论上的探索与构建，在一定限度内，论证其可行性之所在。

关键词：后现代，跨文化对话，基督教思想，语言

一 对"巴别塔"故事的再解读

巴别塔的故事被记录于旧约圣经《创世记》第11章。人类想建造一座城和一座塔，塔顶通天，为的是"传扬自己的名"。按照《以赛亚书》的解释，"塔顶通天"乃是要达到神的座位之含义，建造巴别塔之举动，意即人类不要靠神，而要靠自己；世人的光景都是寻求自我、高举自我，而全然离弃神。我们可以认为"一样的人民"是属于人类原初形态的外表，而"一样的言语"则是归结于同构型的、相似的思维向度。应该说，无论出乎于神性的思维，还是出乎于原始犹太教对宗教的维护，这种思维

都是具有危险性的，具有触动信仰根基的危险的。当人类的言语无法沟通后，"这些人的后裔将各国的地土、海岛分开居住，各随各的方言、宗族立国"。①

对于人类能够建立巴别塔，至少是集体完成这个宏大计划的原因或前提，从经文中我们可以看出，是"天下人的口音言语都是一样的"②，也即人类能够进行无障碍的、本质性的交流和对话。可以说，没有交流和对话上本质性的共通，或是语言的本质统一性，也就没有达成一种共同性的交流和理解的可能性，也就必然不可能达成一种一致性的、共同性的意见。人类有着先验的罪孽，又具有共同的语言和对话能力，因此能够完成集体性的、有组织的背约、为恶甚至犯罪。那么，神将人类的语言打乱，使得人类失去互相直接的交流与对话能力，看起来是一种正确的、具有挽救色彩的行为。甚至可以说，使得人类失去原始的、普遍的交流对话能力，带有了避免人类共同集合、讨论并共同完成犯罪的可能性。

当语言和对话被打乱后，人类开始了以共同语言为维系的团体的迁移，这种迁移直接导致了后来的、具有严密层级性的社会组织或真正形态下的具有内部统一性的政治团体，或国家的早期产生。而在各自的集体内部，基于共同的语言与对话机制，围绕对于原始的、神性存在的方式或神性本质的理解，又会出现不同形态的、不同内蕴和不同信仰形式的宗教因素。对于这一点，我国明代伊斯兰教思想家王岱舆抱有一种"宗教同源"的态度，在他阐释伊斯兰教发生历史时，他认为伊斯兰教同样发源于"巴别塔"崩塌之后："伏羲与其语音同类者，相随迁于东土，故始重立文字……诸方虽离天房渐远，犹仿佛精英，惟事上帝而已，绝无二道。"③在此意义上，佛教所说"万法同源"亦有此含义存在。

巴别塔的故事所力图描绘的，是一种由原初性的、不分民族和信仰的全部人类之共同体，逐步分化并最终成为带有种族性、民族性和个体信仰性的民族的过程。在此角度上分析国家和宗教的历史，在一定向度上对早期人类历史发展进行了有益的解构。在对这个故事进行重新解读的过程之

---

① 《圣经》（和合版），中国基督教协会 2011 年版，第 10 页。

② 同上书，第 11 页。

③ 王岱舆：《正教真诠·清真大学·希真正答》，余振贵点校，宁夏人民出版社 1988 年版，第 74 页。

中，我们注意到，原初人类构造通天塔的行为——这在神的视角上是一种犯罪，其开始之原因与神终止其之方法，都与一个词语紧密相连，那就是"语言"。

具有相同的语言，便意味着对话和交流的可能性。而神终止这种犯罪的方法，也是以神赐的方式，"赐予"人类以不同的、在内部可以沟通，但对外隔绝的语言。这种赐予也直接导致了人类社会的分化。"语言失去同一性源头后，人类就只能处于自相矛盾、自我否定的混乱之中，失去了沟通的可能。"① 也就是说，自人类产生了不同的、彼此难以交流的语言之后，即使在以语言为区域核心的政治体制建立之前，"对话"和"交流"的可能性，就已经先验地被排除了。这种排除的一个直接体现，就是古代各区域性文明主体均具有的"圣地"或"圣城"观念。如阿姆斯特朗谈到古代巴比伦宗教发展历史时所说："他们相信巴比伦是圣地，是世界的中心，是众神之家，这个概念几乎在所有的古代宗教系统中都占有重要地位。"② 其余，如犹太教的耶路撒冷等，均代表了一种自原初、创世起，就带有的文化区域中心主义思想。应该说，产生这种思想，无外乎也是由于自原初时开始的，本质上对话的不可能性。

《圣经》中，对于巴别塔的故事的解读，仅仅是对人类社会语言、国别、种族等出现分野的解释的一个尝试，而且，这个尝试的理论构建更多的是在一种神性的角度之内进行。无论我们是否对这个故事予以接受，至少我们必须接受这样一个事实，这种分化已经产生，而且经历了人类社会形态在漫长时间内的发展过程，各个国家、民族、宗教的分化已经在人类社会中具有了完备的体制，且形成了具有完整的、带有各自主体性的历史，这已经是一个无须多言的事件。那么，我们必须分析，语言和交流体系的分化，是否真的弃绝了人类共同进行有组织性的背约与犯罪的可能性；构建巴别塔的失败，是否在疏离的对话与交流的隔绝之中，给人类带来了应有的福音，也即，在基于语言的本质性无法沟通的前提下，带有区域性的政治伦理体系及其所构建的对话与交流体系，是否真的隔绝了人类原初的罪孽，为人类社会的发展带来了建设性的推动。

---

① 北村：《今时代神圣启示的来临》，《大家》1996 年第 1 期。
② ［英］阿姆斯特朗：《神的历史》，蔡昌雄译，海南出版社 2013 年版，第 15、16 页。

二　后现代视域下，对于区域性政治伦理体系之再审视

无论对人类语言体系的分化这一事实是否来自"巴别塔"体系的崩塌以及对这一现象的真实性承认与否，我们都必须看到，自人类"成为人类"后，全球各区域内的文明体系和社会结构就呈现了差异性，即使是坚信进化论或无神论的人们也如此理解。如果我们在此暂时将神性这一超验性主体以及其所维系的理论体系暂时都放下，以实证的、自然的或是唯物哲学的角度审视这一现象的话，那么我们就会发现，世界性范围内的早期人类，或是猿人，其"生活"的方式都是趋近或相同的。而这种同构性开始进行分化，即开始出现劳动的分工和原始性社会的分工，马克思主义认为是因为劳动的不断进行和劳动自身的复杂化："人的劳动在改变其身外的自然的同时，也改变着他的自然。"[1] 如果我们从这一理解，即劳动决定论的角度出发，那么我们依然可以认为，劳动首先产生了人类早期社会中的分工，而在此基础之上，要维系这种分工层次的稳定性，行之有效的语言和对话体系，就必然在这个具有原始聚合性的区域之内被构建起来，最终完成由区域内成员能够准确理解其含义的话语和由话语构成的、带有表意性的交流体系对原初的，由手势等肢体语言所构成的交流体系的替代。这种完整的、在区域内部可以通行的交流体系与对话体系，构成了人类社会最初的身份体认系统，也为日后的区域性政治体系的建立，创造了前提。

对于区域性政治体系建立的思考，第一个问题应该在于：构成这一区域的人群具有一定的共性。构成这种共性的首要点，应该不是共同的血缘及建立于其上的身份认知——至少在原初之时是如此的。因为，无论从神性角度还是从理性的进化论角度看，至少它们都承认人类的起源是一个点，即神创或进化的链条。血缘的关系，从本质上是一种伦理和其所代表的体系所构建出来的，因为从生理学的成果来看，血缘关系只是一种自然的、生理的关系，是偶然的、非主体意志的生理机制的产物，是 DNA 结构下的一种本能行为，在这个基础之上，一切的思想体系、政治体系及伦

---

[1] 《马克思恩格斯全集》第 23 卷，人民出版社 1972 年版，第 202 页。

理体系才具有了产生的根基和产生的可能性。[①]

这种区域性的政治体系，对内必然显现为最大的建设性。但在对外方面上，在人类社会早期区域政治体系构建时，则鲜明地体现出了排斥的属性。这个倾向在对中西古代历史典籍的考察中，均可以找到典型的文献例证，如中国传统文化中素来存在的"华夷之辨"，"中国有礼仪之大，故称夏；有服章之美，谓之华"[②]。这是从仪式、服饰等文化的外在表现来试图区分"华夷"之分野，也是基于这种分野，试图树立己方文明的先进性和超越性。西方犹太教传统内，也有对雅各布与神的使者角力得胜，为神改名为以色列，并逐步使得以色列民族成为神所拣选的唯一民族的叙述。这当然更是在一个超验的、神性的向度之内，对区域的民族、政治体系的确认的表现。

无论是基于典章制度及文化的外在形式，还是基于某种神性的、超验的力量，这种对自我本体所存在的区域的先进性的确立，都是一种带有主观性的判断。对于一种文化或一种区域政治制度的优劣或先进性的评判，只可能产生于区域主体间的相互交流之中。即在一种动态的、历时性的、历史发展的角度上，将这种文明的产生、发展过程及其影响，进行全面而复杂的比较。这种判断如果仅仅发生于区域内部的政治主体或生活于区域内的人员的视角内，是不具备真正的比较条件的，尤其是在人类社会的早期。

当一个区域的政治体制及与其相配合的附属性体系被构建完成后，就必然要产生一个问题：对于非此区域内的民族及其建立的体制的探索。这种探索的目的是功利性的，也是现实性的：为己方争取更多的生存空间及生存资源。伴随这种探索而产生的实践，反映于历史的角度上，就是各个国家、政权之间，不断地进行的冲突或战争。这种征服与控制，其实质并不是如部分历史学者和人类学学者所认为的，是文明之间的相互交流或对话所产生的。恰恰相反，这些历史事件的发生，是基于文明之间的本质性的难以对话、难以真正交流。当我们提到"先进文

---

① 《血缘亲情的伦理学认识》，转引自百度文库 www.wenku.baidu.com。

② 《左传》定公十年，《春秋左传正义》卷 56，中华书局影印本《十三经注疏》，第 2147、2148 页。

明"对"落后文明"的征服时，实质上站在了一个主观的视角之上，至少是经验地对一个文明或一个政治体系的价值作出了判断。

　　当历史时间来到现代与后现代的交界之处时，这种征服性对话的实质和操作方法，开始转向为对基于己方的文化思想之下的、带有文化核心性的政治体制和实践方法的有意识输出。在第二次世界大战结束后，对于两次世界大战产生背后的思想价值体系的反思，与对第二次世界大战后两级格局及冷战态势之下所产生的国际关系的思考中，部分思想家甚至将这种有意识的输出定性为"文化帝国主义"。"只要承认全球编码者与地方解码者分别都是有限的文化个体，承认他们各自作为民族的存在，那么就势必存在'美国化'或'文化帝国主义'。"

　　如果说，这种输出的外在的目的或是表象，在于克服因世界大战所造成的、对于之前的业已形成的价值体系和信仰体系的崩溃，转而构建一种新的带有普世性的政治和伦理体制，但究其实践和产生的效果来说，其本质依然是基于个体的、对于己方所构建的政治伦理体系的推销，其目的依然是功利性的。这种以功利性的方式达成功利性的目的的方式，能否真正解决因缺少真正的、可行性的对话体系而造成的，不同人种、不同民族间的矛盾与冲突呢？

　　在《世界伦理构想》一书中，汉斯·昆认为，这种价值输出性的对话，产生的结果与其原初的目的性之间，恰恰是一个南辕北辙的过程，是"灾难性的错误发展"。他分析了多种"没有前途的口号"，如对国家社会主义理论和实践，其认为"它们只会引起人民的失望、听天由命、被剥夺行为能力，直至对国家的极度的恼怒"[1]"想通过国家控制的分配机构来实现平等的愿望不过是对现实视而不见"；作为与东方政治体制实践相反的美国式的"新资本主义"，其评论则是"随着旧的假想敌人形象逐渐消失，传统上作为美国国家宗教的反共产主义已经失去了其基础，不仅在军备方面，就是某些美国政治家也需要改变思想""西方是否能解决自己造成的无从估量的经济上、社会上、环境上、政治上与道德上的各种问题"。[2]

---

①　［瑞士］汉斯·昆：《世界伦理构想》，三联书店 2000 年版，第 8—10 页。

②　同上书，第 117—140 页。

那么，在无数的实证性的或是说发生过的事实之基础上，反观近现代历史上，各种自体性的政治理论实践的效果，并检讨其所产生的影响，无疑就具有了后现代性的视角。对于这些政治实践和政治理论，进行一种后现代性的解构，首要的方法或是角度，就是消解其被各个区域之内所赋予的，一种人为性所构建的崇高性或是其所宣扬的普世性向度，而是单纯地分析其对世界所产生的影响。这是一种超越了区域、意识形态和主观价值构建的视角。一切带有着自体性目的和价值追求的对全球性对话的追求，其本质为人类带来了什么？在此基础上，还要反思，这种区域性政治体制之下的，至少是从形式上追求一种全球对话的努力，其价值向度何在。

汉斯·昆认为，这种所谓的“对话”的最终结果，是“这一进步社会正受着自我毁灭的威胁”。在后现代性的世界格局之下，如果每一个区域性的政治体系，都坚持己方所推出的价值体系的正确性，并在当前的信息化、媒体化和国际交互化格局内，意图树立其价值体系的普世性，那么必然会导致一种更加深化的甚至是达到交流空白的境地。在世界各民族、各政治体制的差异性这一前提下，尤其是在相对于古代世界，全球个体人类对知识的获取与积累增加的情况下，任何树立区域政治体制与思想的普世性的实践，都将遭到更深刻、更严苛的思考与指责。换而言之，在目前的世界社会体制之下，即使是以武力的方式强制地推行某种由区域性而至普世性的伦理价值，也不会得到大多数人的认可。在目前每个区域政治的思考中，甚至将他者的伦理思想，作为一种隐性的侵略方式，加以防范。而对这种他者思想的输入，甚至被部分区域作为严厉批判的对象，大有动辄得咎之嫌。同时，这也导致了更多的区域政治体制，走上了本质上的封闭性之路，这从根本上说，依然是来自一种真正的、普世性的交流体制的构建的缺乏。而这种缺乏，最终导致的，则是在这个看似以新的媒介沟通，具有更大的开放性的世界的本质性的更深的区域的个体封闭性。封闭的更激烈结果是本体性的难以理解与相互敌视。相对于显性的、外在的世界性问题，如军事、环境等，这难道不是其根源，也是需要解决的更重要的问题吗？汉斯·昆提出“没有一种世界伦理，人类则无法生存”，那么，这种世界性伦理的构建，其本质内涵，难道不是要重建一座巴别塔，呼唤一种普世性的、真正的全球各区域间的、切实可行的对话体系吗？

三　后现代视域下全球对话的实质及可能性分析

在后现代的视域下，任何现存的，或即将出现的思想及政治伦理体系构建方法，都摆脱了一种现代性的，自出现开始，就被近乎于狂热地崇敬与无条件地虔信。也就是说，在后现代思潮的影响下，一切理论自出现开始，就要经受一种以批判的眼光与怀疑的思维所进行的审视。那么，当一切崇高性或先验性的思想理论体系的合理性与合法性被消解后，我们所思考的这种对话体系，其根源应该在何处？或者说，从何处开始？

综合前文之论述，首先，也是应该在本源上被排除的一种思考方向，就是通过现实性，基于各个政治区域和各种语言之间的，在体性的交流与对话。因为，从基督信仰的角度来看，人类的语言是因太初的犯罪与不敬虔，而为永恒性的、超验性的神所永久变乱，无论这种变乱的本意与实际效果之间存在何种的差距；从实证的角度出发，自笛卡尔等人的主体性哲学在西方成为显学后，以自然人或区域政治体系为主体，以唯我性为思考问题的第一位格，那么在交流过程中，基于主体思想与经验理性的出发，如上文所说，也必然导致根本的无法交流与更大的误解。即使将解决方案的求索投射向后现代的视角，我们依然无法得到所要的、真正的答案。后现代性思潮的一个重要理论源头，即索绪尔的符号学中，相对比较重要的一个理论，即"能指"与"所指"间的关系。在"能指链"的运行过程之中，主体性与客体间的交互发展，最终取消了本体上的、内涵的主体性。当主体与语言、能指与所指的关系发展到这个地步时，实质上是将语言这一重要对话主体和交流主体的能力范围进一步含混，最终的结果是"代他人言说而不能自己言说，或言说自己"。不仅基于后现代主义的理论，即使是诉诸后现代性理论所产生的实际效果，无论是如部分文艺理论学者所概括的"平面、无言、断裂、混乱"等特质，还是反观在后现代思潮之下所盛行的、全球性的文化现象，如朋克、地下摇滚等，其最终的效果并不是达到一种交流与对话下，文化与社会、人类之间的相互和解，恰恰相反，这些带有着自我狂欢性的活动以及其产生的效果，从反面证明了，基于后现代主义的试图进行对话的尝试，并不能完成全球对话的使命，在某个角度上只会与其初衷背道而驰。因此，在后现代性视域之下，结合对一切试图构建全球对话体系尝试实践效果的分析，就必然要引向对一种至少在理论向度上可行的、带有建设性的新的全球对话体系的构建。这个体系的构建，必然要由现存的政治体制出发，对这种体制的内涵和发展过程进行一定的梳理与反思，最终得到带有超越性和建设性的理论体系。

一切的政治制度或思想，其合理性，必然在于首先要从根本的、核心的人性角度出发。也即，这种制度首先要对人类所最具有的、最根本的人性有所承认，并加以保护。这也是伦理学的最基本、最核心问题：对于人，究竟应该拥有什么，才能使得其得到"人类"的族群体认感，从而使得其摆脱名义上的、概念上的"人"，而成为真正的人。那么，我们必须思考，什么才是真正的、本质性的人性。

人不应该非人性地、纯粹本能地、"野兽般"地活着，而应人性地——理智地、真正地、人道地活着。在这一点上，我们可以从《联合国人权宣言》及宪法学的基本理论上加以证明。

《宣言》的第一条如是说："人人生而自由，在尊严和权利上一律平等。他们赋有理性和良心，并应以兄弟关系的精神相对待。"① 随后，又规定了有关人类所具有的、最基本的权利的内容，如生命权——"人人有权享有生命、自由和人身安全"、公民人身权、在法律运行中所具有的基本的诉讼权、人身权利等。应该说，这些权利是来自人性的最基本的诉求，也得到了广泛的、带有普世性的，由世界各区域政治团体的承认，并由各国宪法以立法的方式加以基本的维护。

那么，在消解了区域政治思想的权威性与崇高性之后，当我们试图分析，这些政治思想所具有的、共同的能够得到承认与遵行的基础时，会得到一个带有真正的、普世性因素的关键词，即人性。如果我们回溯到巴别塔的故事时，同样可以得到这个结论：神以其权能所变乱的，仅仅是人类的语言和对话之能力，但并未使得人类的基本人性有所变动——人类依然是带有原罪而生，并具有着在善与恶、得救与沉沦之间进行选择的，具有自由意志的生命，这也恰是人类能够得到神恩拯救之

---

① 《联合国人权宣言》第一条，转引自周叶中《宪法学》，高等教育出版社 2011 年版，第241 页。

唯一的可能，在这一点上人类是具有超越了语言与对话能力欠缺的向度的。作为新教理论基础的"因信称义"说，也在一个角度上阐释了这个道理。

如果超越宗教的、神性的信仰体系，而将视域推广至去宗教的、整体的世界角度，这一观点仍具有一定的理论和实践价值。这种价值被承认的先决条件，是承认一种普世的、具有共同性的本源的人性之相似。这种承认，是对人性的多维度承认，即承认人性有向着普遍的、超验性的善的发展可能，也承认人类自身所存在的恶的可能性。这种方法势必也要引向另一个问题，即在人性这一向度内，究竟何为"善""恶"？这是一个价值判断的问题，必然具有多元的答案，需要基于一种神性和世俗性的双重向度，去进行判断。但至少，这种普世承认的人性，应保证人类所共同要求的，生存和体认的要求。对这种人性的厘清，需要从宗教、政治、伦理等多方面进行思考，也是要建立后现代视域之下的全球对话所必须解决的，一个长期的问题。正是这种普世的、基于人类自身体认与人类种族确立本质所要求的人性，在超越了语言和对话机制基于政治区域性团体局限的前提之下，为我们探索新的、具有普世性向度的全球对话机制，提供了一定的思路以及操作的可能性。正如《世界伦理构想》一书中所提出的观点——"没有一种世界伦理人类则无法生存"。因此，在这个视角下，我们可以说，在后现代视域之下，全球对话的实质，应是基于普遍人性的，一种超越了对话可能性的更高层次，在人类普遍认同的道德与基本行为准则之下的，精神层次上的交流与对话，而探索普世人性的内涵，则是完成这种新的对话体系的唯一方法。只有在这个层次之上，人类才能真正地重构巴别塔，完成再次的、真正的交流与全球的对话。

四　在普遍人性的探索中走向新的全球对话

在后现代主义视域之下，如上文所言，"语言"这一交流主体已经失去了在前现代阶段所具有的，一种价值意义或是价值内涵的深度。当更多的人已经体会到，在语言构架下的一切受造之物，或是"语言的乌托邦"，只能导致一种主观性的过分想象，或是一种缺乏价值深度的、语言无限增值的"聒噪"状态①之后，任何在前现代或是意识形态笼罩下的，基于语言对话前提的"交流"，在本质上不仅不能为人类生存以及现世的政治体制及全球安全等关系人类基本价值诉求的问题提出解决方案，反而会使得人类走入一种更加深重的、混乱的、迷惘的虚无主义之中。如今人类自身生存所面临的精神信仰危机、全球性问题等，可以说都与此有着深刻而密切的联系。在如今"球域化"潮流已经不可避免，以及新媒体使得世界信息交流速度加快的前提之下，要解决上面所说的一切问题，就必须在认清"语言"体系这一人类自产生后，就开始广泛运用的交流方法，在本质上的无法交流性，而去构建一个新的、具有实际性和操作性的、在全球化视角之下的交流体系。普世人性，这一被广泛论述，但并未被完全厘清其本质的概念，在这一体系的构建之中，理应被重新，并深入进行思考，最终，在其基础之上，构建一个实际性、可操作性的、新的交流体系。只有这样，才能够实现全球的、超越区域政治体系思想、排除"己方性"的、能够解决全球共同面对问题的交流对话体系。对这一体系的探索，是我们应该不断坚持的，也必将取得重要的成果。

---

① 参见北村《今时代神圣启示的来临》，《大家》1996 年第 1 期。

全球化语境与中国文学的民族性

——兼评金惠敏《全球对话主义》

赵　菲

摘要：本文从三个方面对金惠敏先生《全球对话主义》进行评析。第一部分作内容的梳理与整合，即"全球性"是对"现代性""后现代性"的扬弃，"全球对话主义"是对"自我"与"他者"关系的整合。第二部分根据全球对话主义理论，对中国文学在全球化语境中的民族性问题进行探讨：中国文学首先要悦纳"他者"文化，这体现为对他者文学的尊重与接纳，对全人类的终极生存关怀，对关乎人类存在本真状态的包容与博爱。从文学理论与文学批评的角度来说，应当接受吸纳世界上新的文体形式和研究理论，也就是作者所提倡的"学术国际化"，然而也应当注意到两个问题，即中国文学要向世界展示什么，以及他者经验是否适用于本民族。第三部分则是对全书作一总体的评价：金惠敏先生《全球对话主义》无疑具有高度的学术价值和理论深度。然而笔者认为，作者对"民族性"的态度始终是矛盾的，这在他的书中亦有较明显的体现。这或许是本书的一点缺憾。

关键词：全球对话主义，中国文学，民族性

自 20 世纪 90 年代以来，全球化作为一个学术和社会的话题逐渐开始进入学者的视野，随即以一种逐渐升温的态势被越来越多的人认识和研究。人们开始清楚地认识到，在全球化大潮的趋势下，任何国家、任何文化都不能孤立于世界之外而不受影响和冲击。全球化已经悄然改变了人们的精神向度和存在处境。面对这样势不可当的全球化浪潮，人们应当如何认识、如何应对、如何融入当前环境，成为一个普遍性话题。而对历经数

千年发展而始终闪耀着独特魅力的中国文学来说，同样不能免于全球化浪潮的冲击。而中国文学的鲜明民族特质，也在全球语境中悄然发生着变化。

迄今为止，关于全球化问题的讨论已深入人文社会科学领域的方方面面，然而这些研究有不少是停留在对表面现象的理解和把握上，是实用主义的，却没有真正深入本质存在的层面。这就容易导致话题的讨论流于表面、肤浅，也将很快使人厌倦，而不能够从根本上把握全球化的本质问题。

金惠敏先生的著作《全球对话主义：21 世纪的文化政治学》超越了当前学界全球化研究的局限，从哲学的高度对全球化进行研究与概括。在当前关于全球化研究的著作中，能够达到哲学高度的并不多见。而这也是金先生著作的独特学术价值所在。借助金先生的理论，我们也可以试图探讨在全球化语境下，中国文学及其民族特质应当何去何从。

一

本书名为"全球对话主义"，金先生认为全球化语境下的存在应当处于一种相互交流、相互对话的状态。所谓全球对话主义是包含了两个方面。"全球"或"全球性"是对话的一个方面，具有共同性、普遍性、话语性的意义趋向；而对话的另一个方面则是参与对话者的不可通约性或他者性。也就是说，对话的双方或多方首先是存在差别的，它们互为对方的"他者"。而这差异性是对话的前提和条件。只有存在差异，才有对话的必要。同时，凸显的文化间的差异、距离和冲突也使人们认识到自身的文化局限，因此产生了借他山之石的愿望，也就是对话的冲动。而对话的结果是，由于交流和借鉴，每个主体都不可避免地烙上了他者的印记，进而改变自身，发展成一种新质的文化。而这样的文化之间则带有共通之处，且在进一步的对话中产生相依共生的趋向，但又不会完全一致。可以说，这是"对话"的一个悖论，文化既有一体化的趋向，又能够各自保持独立。然而就是在这样的悖论下，"对话"才可以永葆生机与活力，从而可以持续进行，永无终期。

全书的核心问题是对"现代性"与"后现代性"，"主体"与"他者"的关系讨论。作者将文化研究分为两种模式，即"现代性"文化研究和"后现代性"文化研究，并提出了超越这两种模式的第三种模式，即"全球性"文化研究模式。其灵魂是扬弃了现代性与后现代性哲学的"全球对话主义"哲学。全球化既是现代性的，也是后现代性的，也就是说它同时超越了现代性与后现代性。作者自始至终都没有给"现代性"和"后现代性"下一个定义，然而他却通过对西方学者关于现代性与后现代性论述的评判，得出了对这一概念的认识。现代性是对主体的强调，是主体意识的觉醒，是对自我身份、自我价值的确认与认同。"文化帝国主义"的论调在一定程度上正是现代性的。它是指强势文化通过征服与重组弱势文化，从而形成某种单一的"帝国"文化。这个征服与重组的过程，正是不断自我实现的过程，也是对主体性不断强化的过程。而"后现代性"则是对现代性的解构，是"他者"在对"主体"的映射中进行抵抗，并不断消解主体性的过程。是否承认主体性是现代性与后现代性在哲学上最基本的分野。而作者所提出的"全球性"文化模式是对现代性与后现代性的融合，强调了"主体"与"他者"的互动关系。在对话中，"主体"不停地被"他者"所消解，被"他者"丰富和更新，从而形成一个新的"主体"。而这一新的"主体"又将进入新的对话中去，如此循环往复，永无穷尽。然而，主体与他者的对话并非能事先控制的，事实上，若是强调对话的可控性，便是过于强调一方的主体性，也就陷入了"现代性"的窠臼之中。用伽达默尔的话来说，就是"越是一场真正的谈话，它就越是不怎么按着一方或另一方对谈者的意愿举行，因此，真正的谈话从来就不是那种我们意愿举行的那种。……在一场谈话中没有谁能够事先就知道将会出现什么样的结果"。① 这也就是吉登斯所说的"失控的世界"。

那么，应当怎样进行"对话"？对待"对话"的态度又应当是什么？作者通过对伽达默尔哲学解释学所倡导的对话本体论来论述怎样对待"对话"：一方面是与传统对话，而另一方面是与他者对话。它既可以是纵向的一个传统内部的古今对话，也可以是横向的异质文化间的对话。现

---

① Hans – Georg Gadamer, *Gesammelte Werke*, Band 1, Tübingen: J. C. B. Mohr (Paul Siebeck), 1986, S. 387.

代性从某种意义上来说是对传统的断裂。然而我们依旧归属于我们所反叛的传统，所以便不能够在传统之外展开对传统的批判。因此与传统的对话实际上是对自我的理解。而与他者对话，他者作为主体的映射与参照，将主体与他者之间的差异进行认知与放大，从而认识到主体的局限性，进而确认了对话的必要性。《真理与方法》中关于翻译的论述恰恰也说明了这一点。即文本的可翻译性，常常是我们自己的文化编码系统，而其不可翻译性则是起于那不接受此编码的他者文化的他者性。也正是由于这不可翻译性，让我们意识到主体与他者的差异。① 例如中国古典诗歌虽然在文本上可以被翻译为他国语言，但其中意象及其背后的文化含义、意境、"韵外之致"等文化因素却难以在翻译中体现出来，具有不可翻译性。而这也恰恰是中国古典诗歌与外国诗歌的差异，并无孰优孰劣之分，只有差异与对话。因此，最好的态度是虚席以待他者，不断在自我确证中与他者对话，在对话中赋予自身以生命力："凡对话或交往之进行，必涉及两个前提性假定：第一是对自我身份及其特殊性的确认，第二则是对自我之局限的意识从而对他者的开放。"②

作者主张，中国作为全球性大国，应当为"全球意识形态""全球知识"做出贡献，而不应当仅仅以守持"中国特色"为满足。甚至声称："强调特色，实际上就是在国际话语体系中的自我边缘化。""'中国后殖民主义'一日不予清算，中国便一日无缘于全球性大国。"③

二

在激烈的社会历史动荡下，20 世纪的中国文学完成了由古典性向现代性的转变，而随着 20 世纪 90 年代以来关于"全球化"的讨论愈演愈烈，中国文学的世界意义，以及中国文学该怎样融入全球化这一系列问题，也逐渐为人们所开始重视。事实上，"世界文学"的概念早在 19 世纪即被歌德提出，随后的马克思、恩格斯从经济和世界市场的观点出发，

---

① 参见金惠敏《全球对话主义：21 世纪的文化政治学》，新星出版社 2013 年版，第 24 页。
② 同上书，第 79 页。
③ 同上书，第 3 页。

在《共产党宣言》中非常明确地论述了"世界文学":"民族的片面性和局限性日益成为不可能,于是由许多种民族和地方的文学形成了一种世界的文学。"① 他们将"世界文学"看作无数的民族和地方克服了自身的民族性、局限性而形成一个新的共同体,具有了一个"世界文学"的新身份。然而这种说法与共产主义一样,是一种尚未确定的理想化状态。作者在深入分析了"世界文学"概念的纰漏,并将吉登斯、罗伯逊、汤姆林森等人的理论加以批判性整合之后,提出了以"全球文学"取代"世界文学"的观点:"'全'已经包括了'世界',而'球'则呈现出立体的、动感的、旋转的、解中心的趋势,这样的'全球'就是我们全球化时代的文学特征。"② 所有民族的或者地方的文学都将介入"对话"的环境中,与"他者"互相改造、互相融合,形成一个新的主体。那么,历经数千年发展、具有鲜明的民族色彩的中国文学,在全球化的大环境下应当采取什么样的应对态度?在《全球对话主义》这本书中,我们将得到一些启示。

从主题思想与意识形态的角度来说,应当表现为民族文学内容与意识形态的全球化。中国人的思想与意识自鸦片战争以来发生了根本性的变化,由固守自我的小格局转而被迫面向世界,最终主动地将自己纳入世界文明的体系,加入全球对话的语境中。根据作者的观点,作为"主体",首先要接受"他者",进而与"他者"相融合。这在文学的意识形态性上体现为对他者文学的尊重与接纳,对全人类的终极生存关怀,对关乎人类存在本真状态的包容与博爱。

从文学理论与文学批评的角度来说,应当接受吸纳世界上新的文体形式和研究理论,也就是作者所提倡的学术国际化,即国际意识:"我们提倡的首先是一种国际意识,一种积极地介入国际的意识,一种对人类文化前途有所承担的意识。有了这样的意识,即使做最本土的事情,我们也是惦念着它的越界的即国际的意义的。国际化是中国学术界的责任。"③ 而对"他者"文化的吸收也导致中国文学审美范式的转型,新形式新流派

---

① 《马克思恩格斯选集》第 1 卷,人民出版社 1995 年版,第 276 页。
② 金惠敏:《全球对话主义:21 世纪的文化政治学》,新星出版社 2013 年版,第 55 页。
③ 同上书,第 103 页。

层出不穷，文坛进入了极为活跃的状态。

　　然而作者似乎忽略了两个问题，即中国文学要向世界展示什么，以及他者经验是否适用于本民族。

　　尽管作者一再声称全球文学并不意味着否认民族性，然而却又声称民族性仅仅作为对话的前提而存在。而且从作者的论述重点来看，作者更倾向于强调要有世界眼光，以开放心态接受他者文化，而不应固守民族性、特殊性："弱者，你的名字曾经是女人，现在是'特殊性'。"[①] "强调特色，实际上就是在国际话语体系中的自我边缘化，是封建时代的小女子作态，大丈夫不为也。"[②] 或者说，民族性是从属于全球化的存在。这或多或少也受了作者一力反对的"文化帝国主义"的影响。他更多的是在强调文化的接受和输入，却或多或少地轻视了"主体"应当向"他者"输出什么，或者说以什么形态呈现在世界面前。这输出或者呈现的，就是被作者所忽视的"民族性"。对于中国文学来说，其"民族性"就应当是具有鲜明中国特色的文学形式、文学韵味，以及融会在其中的民族品格与民族精神。这样的"民族性"并非是一成不变的，而是在国际对话中不断被赋予新的世界意义，却依旧保持独特民族魅力的特质。作者在文中一直在反对一个概念——"回到主体"。并指出"回到主体""在文艺学上就是要求我们回到古典文艺学传统"。[③] 事实上，"回到主体"就意味着回归古典传统这一说法是不严谨的，这里的主体可以是古典文艺传统，也可以指中国当代文艺学理论，或者更加宽泛地说，是指中国的文艺理论，也就是发展至今，在"失控的世界"中顺其自然地与"他者"对话并自我改造后形成的中国意识形态。没有固定不变的主体，每一个主体在与传统和他者之间的对话中都发生了变异，但这一主体依旧是具有民族性与特殊性的。这恰恰是我们要呈现给世界的。

　　在接受过程中，作者认为，在当下的中国文化语境下，对待他者的态度应当是"拿来主义"：不应固守特殊性，而是应当以海纳百川的胸怀一切为我所用。我们固然应当认可作者的世界性眼光，然而我们也应当注意

---

① 金惠敏：《全球对话主义：21 世纪的文化政治学》，新星出版社 2013 年版，第 97 页。

② 同上书，第 3 页。

③ 同上书，第 99 页。

到,"他者"文化可以学习借鉴,但并不能盲目应用。不是所有的外来理论都适用于对民族文学的阐释。譬如对中国古典诗歌的鉴赏,运用西方理论固然可以提供一种新思路、新方法,然而就其精神内核而言,中国古典诗歌却是东方化的,西方理论是无法真正深入达到其精神本质的。因此,如果试图以西方理论来鉴赏中国古典诗歌,难免会给人一种不伦不类的感觉。作者在书中提到"可翻译性与不可翻译性"的问题:文本的可翻译性,常常是我们自己的文化编码系统,而其不可翻译性则是起于那不接受此编码的他者文化的他者性。也正是由于这不可翻译性,让我们意识到主体与他者的差异。事实上,可翻译性是一种文化的全球意义所在,不可翻译性则是其民族意义所在。若以"他者"文化来解读民族文学中的"不可翻译性",显然是不恰当的。

三

金惠敏先生《全球对话主义》无疑具有高度的学术价值和理论深度,这一方面体现为本书所具有的深厚的哲学意义。作者高屋建瓴,以超越性的视角和高度、世界的眼光与胸怀,从哲学高度上对历来学者对全球化的研究做了一个整合,并提出了自己的理论观点。在全球化研究领域提出了方法论的指导。本书将"全球性"作为一个扬弃并整合了"现代性"与"后现代性"的全新哲学范畴,认为"全球性"是一个不断流动、不断变化的相互对话的球域性存在。这就从哲学的高度将理论建构起来。可以说,没有哲学的介入,任何话题的讨论都不能深入问题的本质中去,也不能给问题提供一个根本的指导性解决措施。而作者能超越学界目前纷繁复杂的研究,将理论提升到哲学层面,这一点在人文科学的研究领域中是十分难能可贵的。我们需要的正是这样一种理论、一种眼界、一种态度。

另一方面则是对第一手外国文献的运用。作者在书中运用了大量外国理论文献,尤其是第一手文献资料。作者以开放的态度批判吸纳了外国理论,并将之应用于著作,而事实上在全球化研究这一领域,外国学者的确有中国学者所不具备的独到之处。尽管我国学者也重视国外文献,但很多时候是由他人译介而来,对其精微之处并不能得心应手地阐释与运用。而作者却能够利用自身优势,掌握第一手资料,无论在广度还是深度上都能够深刻地挖掘出各理论的重点与精微之处，并进行比较和剖析。这也给予了我们方法论上的启示。在对"现代性""后现代性"等理论中，作者很少作出自己的阐释或者下定义，而是在对国外学者观点的评判中传达出自己的看法。这正是作者匠心独具之处，巧妙地避免了观点的片面性。然而这也造成了一定的弊端，各种理论纷繁复杂，作者将此大量罗列，仅仅在评价中间或穿插着给出自己的观点，往往令读者对哪些是作者自己的主张，哪些是作者引用他人的理论感到困惑，增加了理解的难度。

然而我们应当注意到，作者对"民族性"的态度始终是矛盾的，这在他的书中亦有较明显的体现。全球化浪潮下的民族性是一个不可忽略的问题。作者并没有对此作出合理的解释。尽管作者一再声称"在一个全球化时代，我们既无法坚守地域性，也不能以全球性完全吞噬地域性"。①但文中还是时常可以见到诸如"今后一位学者要在中国立足，他必须首先是国际学者。简单地说，要么闻名国际，要么默默无闻，因为只有一个学术界，即国际学术界"。②"弱者，你的名字曾经是女人，现在是'特殊性'。""强调特色，实际上就是在国际话语体系中的自我边缘化，是封建时代的小女子作态，大丈夫不为也。""对'民族性'的张扬，其结果当然不会是对'民族性'的坚守和发扬，而是对'文化帝国主义'性质的'世界文学'的抵抗。就像这样的'世界文学'之不可能一样，'民族文学'也将成为明日黄花。一切文学都将进入我们的'全球化'之中。""'全球化'将宣布民族文学的终结，同时'一个世界文学'的终结。"③等等的武断论断。由此可以看出，作者对民族性、特殊性似乎是持排斥态度的。然而作者在书中又在大力提倡"拿来主义"："见得多了，有了比较和选择，就可能在与他者的交往中发现自身的价值。"④那么这也就是说，对话的目的在相当程度上是为了发现自我价值。那么对自我价值的强调是否又回到了民族性？作者并没有对此作出正面回答。或者说，作者本人对民族性也有着一种矛盾的态度，这或许也是一点儿缺憾。

---

① 金惠敏：《全球对话主义：21世纪的文化政治学》，新星出版社2013年版，第3页。

② 同上书，第102页。

③ 同上书，第56页。

④ 同上书，第100页。

全球化与文化权利

马凯盈

摘要：随着经济和社会的发展，全球化现象对现代人的影响不断增强，"全球化"一词受到了人们的广泛关注。在全球化得到认可的同时，"反全球化"群体也开始出现，他们认为全球化带来的灾难远大于益处，全球化的进程应该得到阻止。其实，反全球化也是全球化的产物，它不过是全球化的另一种表现形式。然而，反全球化的出现却给我们带来了有关全球化的思考。面对全球化这一不可逆转的潮流，我们在文化方面更应当注重文化权利的保护，将全球化发展为全球对话，坚决抵制全球一体化，不断加强文化上的自我认同感，并积极促进传统文化的转型，使我们的文化可以借助全球化得到更好的发展。

关键词：全球化，文化权利，全球对话主义，传统文化

20世纪90年代以来，"全球化"逐渐引起我们越来越多的关注，直至今日，随着社会的发展，它甚至开始影响我们日常生活的方方面面，并掀起了很多学者的研究热潮。

其实，全球化并非出现在20世纪90年代，它的形成过程可以追溯到几千年前。早在公元前200年，古希腊历史学家波利比奥斯就提出："以前，世界上发生的事情相互之间没有联系，从此，它们之间相互依赖。"13世纪的时候，很多商人开始了大陆之间的咖啡买卖，随后，香料、茶叶、贵金属等的交易也开始形成，此时，地区间的关系由封闭变为联系。在19世纪之前，人们对全球化这一概念依然是无意识的，而全球化的发展也大多是全球各地区间经济活动的往来，但事实上，"全球化"不仅是经济方面的，还包括科技、政治、法制、管理、文化、思想、国际关系等

各方面。20 世纪 60 年代，加拿大传播学家马歇尔·麦克卢汉（Marshall McLuhan）在《理解媒介》中首次提出"地球村"的概念，他在对媒体的研究中预言人们的交往方式以及人的社会和文化形态将会发生重大变化，这种观点被很多人认为是全球化理论的萌芽。然而，随着全球化的不断发展，一些人开始认为全球化是弊大于利的，随之而来的是"反全球化"力量的形成。

一　"全球化"还是"反全球化"

2000 年 4 月，联合国第七任秘书长科菲·安南（Kofi Annan）发表了《千年报告》，报告认为："很少有人、团体或政府反对全球化本身，他们反对的是全球化的悬殊差异。第一，全球化的好处和机会仍然高度集中于少数国家，在这些国家内的分布也不平衡。第二，最近几十年出现了一种不平衡现象：成功地制定了促进全球市场扩张的有力规则，并予以良好实施，而对同样正确的社会目标无论是劳工标准，还是环境、人权或者减少贫穷的支持却落在后面。更广义地说，全球化对许多人已经意味着更容易受到不熟悉和无法预测的力量的伤害，这些力量有时以迅雷不及掩耳的速度造成经济不稳和社会失调，人们日益焦虑的是文化完整性和国家主权可能处于危险之中。甚至在最强大的国家，人们不知道谁是主宰，为自己的工作担忧并担心他们的呼声被全球化的声浪淹没。"

1999 年 11 月，美国西雅图世界贸易组织部长会议召开，与会人员想要制订新的多边自由贸易谈判计划并对此抱有极大希望，但事实上，这种做法不仅引来了与会国的南北国家分歧，而且引发了群众的反对示威游行。自此，反全球化的浪潮不断兴起，并呈现愈演愈烈之势。在西方媒体与公众的争论中，"反全球化"与"反经济自由化""反资本主义"（anti‑capitalism）"反全球经济""反自由贸易""反美国化"等提法差不多。西方把那些质疑和反对正统的"经济全球化"意识形态，反对推动经济全球化政策的行为都无端地描述为反全球化。① "反全球

---

① 参见刘曙光《全球化与反全球化》，湖南人民出版社 2003 年版，第 35 页。

化"这一词语的出现过程无从考证，它只是西方主流媒体的简单臆断。

在国内，学者对待全球化的态度也不尽相同。一些学者认为，全球化是时代发展的产物，它带来了世界格局和人类发展的极大变革，旧的格局被改变，全新的经济、政治、文化格局正在迅速形成。它既是一种宏大历史的展现，又是极端私人化的体验。① 而在 1848 年的《共产党宣言》中，马克思提到："过去那种地方的和民族的自给自足和闭关自守状态，被各民族的各方面的互相往来和各方面的互相依赖所代替了。物质的生产是如此，精神的生产也是如此。各民族的精神产品成了公共的财产。民族的片面性和局限性日益成为不可能，于是由许多种民族的和地方的文学形成了一种世界的文学。资产阶级，由于一切生产工具的迅速改进，由于交通的极其便利，把一切民族甚至最野蛮的民族都卷到文明中来了。它的商品的低廉价格，是它用来摧毁一切万里长城、征服野蛮人最顽强的仇外心理的重炮。它迫使一切民族——如果它们不想灭亡的话——采用资产阶级的生产方式；它迫使它们在自己那里推行所谓文明，即变成资产者。一句话，它按照自己的面貌为自己创造出一个世界。"② 书中所说的"世界的"其实就是全球化，而作者认为全球化的出现是资本主义发展的产物。因此，许多受马克思主义影响的学者对待全球化的态度是认为全球化是人们的美好想象，它表面上是积极的，然而在想象的背后，它很可能带给人类巨大的灾难，甚至需要人类为之付出极大的代价。

针对以上两种有关全球化的观点，本文作者认为不能一概而论。全球化的确给人类的日常生活和社会发展带来了一些麻烦，例如 1997 年的亚洲经济危机，美国金融家索罗斯使量子基金进入泰国，使得固定汇率制度被泰国政府废除，进而爆发了泰国经济危机。而全球化的发展促使发生在泰国国内的经济危机向其周边国家扩散，进而演变成整个东南亚地区的经济危机。这次经济危机的严重后果是亚洲经过十年的重建，其经济才恢复回十年前的水平。又如，全球化带来了文化后殖民主义，

① 参见［英］安东尼·吉登斯《超越与左右》，李惠斌、杨雪东译，社会科学文献出版社 2000 年版，第 4 页。

② 《马克思恩格斯选集》第 1 卷，人民出版社 1972 年版，第 254 页。

西方凭借其强大的种族优越感企图控制并颠覆古老的东方文明，而媒介的发展恰恰对这种控制和颠覆起到了促进作用。再如，资本的全球化催生了生产的全球化，跨国公司的产生使得商品的生产过程不再在同一个地方完成，发达的资本主义国家掌握着占有大部分价值的核心技术，而广大发展中国家则只能依靠出卖劳动力来获取微薄的利润，无形之中便加剧了世界发展的不平衡性。然而，不可否认的是，地球村的出现使得地球上任何一个地方发生的事情都会影响到其他地方，虽然影响的方式、程度、好坏可能不尽相同。而且，全球化也给人类带来了极大的好处：首先，生活上的便利。便捷的交通工具、发达的通信技术为我们与外界的联系创造了更多更便捷的机会，使得我们可以去国外旅游、学习，也可以在家中收看美剧、韩剧等电视节目，收听 VOA、BBC 等电台广播，开阔视野的同时丰富了知识。其次，虽然经济全球化促使了发达国家谋取更多利润，但它同时也使发展中国家增加了就业岗位，促进了其产业结构调整，在一定程度上有利于世界经济的发展。

其实，"反全球化"也是一种全球化。总体而言，"反全球化"不过是少数受害群体对全球化的无力反抗，而全球化的潮流是不可逆转的。但是反全球化的出现也给我们带来了启示，那就是面对全球化，我们应该如何保持自身的文化权利已成为全球化发展过程中的重要问题。

二　全球化与文化权利

全球化给文化的发展带来机遇的同时，也带来了挑战：一方面，全球化有助于文化的传播，丰富了文化多样性，也促使了多元文化的发展，增强了文化之间的交流，不同的文化群体开始出现；另一方面，全球化的发展可能会带来文化的同一化，而跨国公司的出现也可能会给弱势文化带来消极影响。面对全球化可能会对文化发展带来的消极影响，我们应该开始注重文化权利的保护。

（一）什么是文化权利

文化权利是通过历史、传统、语言、宗教信仰和社会实践来反映的，它需要被用来维护文化同一性并将其传承下去造福子孙。① 文化权利的含义有两层：一是公民通过文化活动获得的利益，二是指一个国家的文化在国际上的权利，而全球化中的文化权利主要指后者。文化权利兴起于第二次世界大战之后，兴起的原因有以下几种：一是后殖民国家在去殖民化的过程中产生了强烈的文化认同需求，摆脱殖民统治而获得独立的国家将争取文化权利看作对抗西方殖民统治的方法，文化权利的获得在早期去殖民化运动中占有重要地位；二是随着大众传媒的兴起，"世界文化"等观念随着消费文化的兴起和媒介产业化合并的推进而出现。文化权利的保护是尊重和认可文化多样性的表现，也是维护人权、实现公民基本政治权利的表现，需要个人、国家，甚至国际社会的共同努力，其间可能需要经过一个漫长的过程。

（二）保护文化权利的方法

1. 拒绝全球一体化，坚持全球对话

全球化代表着文化普遍性的发展趋势，而全球一体化则是对这种普遍性的深化，文化的一体化必然会给各国各地区的文化留存与发展带来不利影响。对此，我们应该采取的态度是拒绝全球文化一体化而选择"对话"的方式。虽然对话这种形式与全球化的自身发展特点是相悖的，但是，我们只有采取对话的方式，才可以在文化全球化的进程中保持立足点。

学者金惠敏首次提出"全球对话主义"的观点，他在 2013 年年初出版的《全球对话主义：21 世纪的文化政治学》中写道："绝非危言耸听：'中国后殖民主义'一日不予清算，中国便一日无缘于全球性大国！成为全球性大国需要'全球对话主义'。"② 中国是文化大国，具有悠久的文化历史和深厚的文化积淀，需要进行"全球对话"，然而，其他国家也需要"全球对话"。我们知道，第一世界与第三世界文化的关系即是中心文化与边缘文化的关系，也是主导与被主导的关系。相对于第一世界文化，第三世界文化占有较少的话语权和较低的地位。美国人弗·杰姆逊在后殖民

---

① 参见［新加坡］阿努拉·姑纳锡克拉等编《全球化背景下的文化权利》，张毓强等译，中国传媒出版社 2006 年版，第 166 页。

② 金惠敏：《全球对话主义：21 世纪的文化政治学》，新星出版社 2013 年版，第 3 页。

主义批评中对第三世界文化进行了研究，他从马克思主义理论出发，分析得出第三世界文化还处于被动接受地位，他们的传统语言文化和意识形态都面临着被改造和被转型的危险。于是，杰姆逊期望第三世界文化能够进入与第一世界文化"对话"的状态，充分展现其原有的特点，并从真正意义上推翻第一世界的文化统治霸权。在印度，电视 1959 年才出现，当时覆盖范围仅在新德里周边 40 公里之内。而随着时间的推移，印度的电视普及率迅速提高，印度最大的国家电视台全印电视台从 1995 年起开始为外国观众设立专门频道——DD - India，该频道通过不断发展，现已覆盖美国、加拿大、欧洲，甚至东非地区，使印度的经济、政治和文化得以传播。2000 年 3 月，DD - India 正式更名为 DD - World，如今，它已成为印度与全球其他地区进行对话的一个重要途径。此外，印度的统一在很大程度上依靠了文化的发展。我们知道，印度文化的核心是宗教，在印度的历史中，基督教、伊斯兰教曾受到印度人民的广泛信奉，所以印度文化在一定程度上保留了外来文化的影响，而印度教的包容性和稳定性又使得印度文化得以向周边民族地区广泛传播，进而促进了印度的人口规模和疆域面积的扩大。

最后，在全球对话的过程中，我们应该警惕"文化部落主义"与"文化霸权主义"两种错误倾向，既不能过分吹捧自身文化的独特性，否定文化普遍价值的存在合理性，也不能无条件地全盘西化，顺从文化霸权主义的统治。而对于第一世界国家，也应减少其文化优越感，从"高台"上走下来，认真倾听来自第三世界文化的声音。第一世界文化和第三世界文化在保持自身文化权利的基础上，平等地进行文化交流与对话，才是现今对待文化全球化的正确态度。

2. 突出文化个性，增强自我认同

文化个性的出现是文化生存发展的必然结果，文化个性问题的凸显实际上是全球化时代人类生存危机、文化危机和民族文化间性问题的表现。① 伴随着全球化的发展，民族文化危机开始显现，不同国家、民族间的价值观冲突不断加深，而文化的本质中的复杂性和变动性决定了这种文化冲突的必然性。所以，如何增强文化认同以避免文化冲突已成为一项重

---

① 参见陈文殿《全球化与文化个性》，人民出版社 2009 年版，第 66 页。

要的研究内容。

　　提到文化个性，我们不得不想到文化共性。它们是文化性征的两个层面，既互相对立，又相辅相成。文化共性表示文化的普遍价值，是各种文化中相一致的部分，而文化个性则表示文化间的差异，代表着文化的特殊性。要想保护文化权利，突出文化个性、增强自我认同感的做法必不可少。同样是在印度，虽然 CNN（Cable News Network）、BBC（British Broadcasting Corporation）等一度受到当地人民的追捧，但 Zee TV、Door-darshan 等电视台现已占据新闻方面的主导地位，出现这种现象的原因除了外国电台无法播报印度本国新闻之外，还有媒体所使用的语言问题——印度国内媒体大多使用印地语或其他印度当地语言进行文化传播。可见保持文化个性不仅是全球化进程中保护文化权利的方法，也是发展本民族、本地区文化的重要手段。

　　然而，在重视文化个性的同时也应注意从实际出发。马来西亚在其取得独立时确立了马来语的国语地位，随后政府又不顾社会各界的反对，将马来语确立为公立学校中的唯一教学语言并将其大力推广。虽然这种做法的出发点是为了推动马来人教育的发展，并以此来保护本民族文化权利，可事与愿违，此举给马来西亚的文化带来了很大的消极影响。一方面，它阻碍了学术的发展，很多学术书籍被翻译成马来语出版需要几年时间，而在此之前，其中的知识就已过时；另一方面，英语在马来西亚仍是商务语言，而马来语的国语地位使得很多民众因为英语学习的缺失而无法进入信息世界。因此，在突出文化个性的同时也不应忽略本国本地区的实际情况。

　　3. 顺应全球化发展，促进传统文化转型

　　全球化给各国各地区传统文化的发展带来冲击的同时，增强了各国各地区对传统文化的保护意识，也促进了其转型速度。虽然传统根植于过去，但也必须经历现在并面向未来。回顾历史，菲律宾文化的产生受到了来自土著居民、西班牙人和美国人的影响，不仅如此，菲律宾人的价值观和生活方式也是各种来源的混合体，这就使得菲律宾的传统文化面临着被遗忘和被同化的危险。于是，菲律宾政府为此做出以下努力：在全球化发展中保护和提升本国语言的多样性；加强对民族文化的保护，促进民族文化的丰富和发展；保护和弘扬历史文化传统，促进艺术创新。此外，菲律宾国家文化艺术委员会还创办了"文化传统学校"，使得青年人可以在此向老者学习文化传统，并举办丰富多彩的节日庆典活动。

在中国传统文化中，"和而不同"一直是重要精髓。"和"与"同"二字的意思表面看起来似乎相同，但其实是不同的。"和"代表了不同文化间的和谐共处和矛盾各方面的相互作用，"同"则指文化间的统一，代表了文化的一致性。"和而不同"表达了不同文化意识形态之间的关系应该是互补的，而不是相同的。理性在西方文化中占据主要地位，而中国传统文化中，道德所占比重更大。在全球化背景下，西方文化中所推崇的"物理学"与中国传统中的"伦理学"发生了碰撞，而它们之间却又可以相互补充，这就要求我们将传统文化进行转换，使其适应现代化的发展。从中华文明历史进程演进来看，中国传统文化是以《周易》文化为中心发展出来的儒、道、阴阳、法、名、墨、纵横、杂、农等文化。[①] 由此我们可以得出，中国传统文化本身便具有包容性和开放性，这也就为其转换提供了可能性。那么，传统文化中的哪些内容可以实现现代转换呢？学者孙熙国、刘志国认为，自强不息的奋斗精神、厚德载物的仁爱精神、爱国爱民的集体主义精神、明道正义的治功途径、信以待人的处世原则、推己及人的忠恕之道和乐行忧违的人生境界可以实现转换。而实现转换的途径需遵循以下原则：尊重中国传统文化的主体性，坚持全球化视角，自觉接受马列主义领导，并通过大量的实践来检验转换途径的正确与否。

全球化的出现带给我们的不仅是挑战，还有机遇。因此，文化的发展要紧跟时代潮流，同时，注重保护本国本地区文化权利，在与其他文化对话的基础上突出文化个性，在全球化进程中促进传统文化的转型。

---

① 参见孙熙国、刘志国《全球化与中国传统文化的现代转换》，山东大学出版社 2009 年版，第 5 页。

全球对话主义眼光下实现中国梦
之文化复兴的思考

梁　盈

摘要： 中国面临着全球化的机遇和挑战，中国梦的实现要在对全球化进程的参与中完成，中国文化在全球化中，一方面受到全球化现代性的影响，即文化帝国主义的冲击，另一方面又与世界他国进行着主体之间的交往。我们要建立民族文化的主体性，但又要以全球对话主义的眼光来指导这种文化主体性的建立，破除中西二元对立模式的观念，正确认识自我与他者的关系，实现主体与主体间平等的对话。

关键词： 全球对话主义，文化，现代性，后现代性，他者

实现中华民族的伟大复兴是全中国人民的梦想。经历了自鸦片战争以来旷日持久的斗争，我国终于走出了半殖民地半封建社会的阴影，找到了社会主义的发展道路，开始了民族发展、富强的伟大征程。这一过程在艰辛中走来，并在希望中持续。在新的历史时期，"中国梦"有了新的发展契机和实现可能，同时也面临着以往未有过经验的历史境遇，面对时代对我们的挑战，矢志不移的决心下，我们更需要的是理论和思想上对认识时代、了解情势的支撑，一种哲学高度的指导在此显现了其必要性。中国自改革开放以来面临的一个重要问题就是全球化的问题，这一包含经济、政治、文化等多方面内容的世界历史进程，以其迅猛发展的势头将我国卷进了其发展的浪潮中。可以说，我们面临的全球化是一种历史的必然，融入其中也是我们即便不情愿也必将进行的最优选择。其一，中国无法逃离全球化的裹挟，这是作为开放社会所必须接受的现实，也是基本的国际意识

的指向所在。其二，中国需要在全球化中求得发展，全球化将促进我们与世界的对话，给我们带来发展契机。其三，全球化也内在地寻求世界各国的共同参与，中国对全球化的参与是实现全球对话多元性的要求，也是破除中西二元对立所必需的因素。

　　我们自近代以来最伟大的中国梦就是实现中华民族的伟大复兴，在这一复兴目标下，文化的复兴则是我们当下追求的重要方面。我们已经实现了民族独立和人民解放，实现国家富强成了最现实的要求，而富强不仅是经济上、物质上的富强，更包含文化软实力的强大。全球化的语境下探索发展文化的出路，我们不仅要认清我们的文化本身所具有的特性，更要认清全球化之于我们文化的影响。我们在事实上实现了民族的独立，但某种程度上来讲在文化上却并非拥有完全的独立性，缺乏强势的主体性力量使我们在身临全球化的过程中存在被"对话"的隐患。于是考虑到全球化现代性，之于我们的影响，和我们文化处于后现代性状态的现实，为实现中国梦之文化上复兴的伟大目标，我们要进行的是对后殖民主义的清算下，民族文化的主体性建设，并以全球对话主义的发展眼光，寻求与世界文化的和谐对话。在此，全球对话主义的哲学性理论对中国文化在全球化语境下生存和发展可以给予有效的指导。

一　从全球化看中国文化的处境

　　对于全球化的性质，金惠敏先生在《全球对话主义》一书中给予其一个哲学高度的界定，即将之看作一个兼有现代性与后现代性的复杂过程。在这一概念中，对全球化的阐释既超越了现代性，又超越了后现代性，"全球化既不简单地认同现代性，也不那么肯定后现代性，而是站在它们之间无穷无尽的矛盾、对抗之上，一个永不确定的表接之上"。① 现代性与后现代性是正确认识全球化所必须把握的两个维度。

　　全球化的现代性方面，表现为西方世界有将其文化、制度推广至全世界的企图，并且实现了一定程度的实施，也就是文化帝国主义。这种文化帝国主义强调了以美国为中心的西方国家的主体性，在这一观点下，认为

① 金惠敏：《全球对话主义：21世纪的文化政治学》，新星出版社2013年版，第5页。

西方的强势文化能够征服其他弱势文化，实现文化的单一性发展。无论文化帝国主义是否具有主体性的某一民族或国家甚至国家集团有目的的计划，我们不得不承认的是西方主导的文化帝国主义在全球化进程中存在的事实。西方的资本主义制度在全球相当大的范围内，尤其是发达国家中确立，西方的文化也历时性地不断传播并通过发达的多种媒介手段共时性地渗透着全球。正是其在全球中占有的话语的霸权地位和经济发达的事实，给了西方推行其文化帝国主义计划的理由和自信。日裔美籍学者弗朗西斯·福山的历史终结论甚至以为西方的资本主义自由民主制度和市场经济便是人类政治历史进化的最高形态。我们无意在此争论资本主义制度的优越性或不完善，在这里我们要探讨的是文化帝国主义确实存在，并且对中国造成了历史的和当下的影响，中国梦的实现不仅不能忽视文化被影响的事实，更应该正确看待并积极寻求破解其消极一面的方法。

　　全球化的后现代性批判了现代性的主体性哲学，是"去主体化"的，抑或是拥有一种主体的不唯一性。全球化的后现代性研究反对文化帝国主义的观点，认为文化帝国主义的计划终将破产，全球化必将超越现代性而具有后现代性，同时，这种后现代性又是现代性制约下的后现代性。全球化的完全后现代性是一种理想化的模式，主体的消亡，他者之间的全面融合在目前的现实中并没有发生，只能说我们所见的趋势为每一个文化主体的相对独立与他们之间的相互作用、相互依赖，世界是多元主体化的。如果说现代性中的主体带着足够的自信推进自己的文化霸权，那么后现代性则体现为主体对自身的解构和与他者之间复杂的融合。作为在全球化浪潮席卷下的主体，中国如何在全球化的现代和后现代语境中确立自己的民族文化身份，破除被主导的尴尬地位，实现和世界的平等交往，首先要进行的是文化主体性的建设，然后才能真正有效地进入与他者正常对话的结构中。但事实总是没有设想的那么简单易行，建设文化的主体性和实现与他者文化的对话并不是一个因果联系明确的单向运动过程，两者的进行确有一定的前提性和必要性联系，也就是我们承认想要平等对话，就要先确立主体，但事实上我们却无法控制两者交互发展的现实，动态复杂的文化交往使得我们无法有备而来，只能迎刃而上。

　　正因为全球化既有现代性又包含后现代性，并且其二者的混杂关系是复杂的，于是我们与他者相遇的形式也是复杂的。一方面西方作为具有主导全球化力量的"他者"对我们民族的"自我"进行了冲击，我们的"自我"作为主体之一参与到全球化当中并与"他者"发生碰撞和连接。我们需要"自我"，却不能固守"自我"，我们需要建立自我的主体性来反抗文化帝国主义的冲击，但又要实现自我与他者的"协商"。我们寻求的特殊性必须是普遍性中的特殊性。我们的文化要求得在全球化中的发展，就是要求得自我与他者对话的平衡，中国梦之文化的繁荣，不仅期盼自身文化的强盛，更应该在自身确立稳定的民族文化身份后自觉参与与其他主体的对话，进入"主体间性"中改变他者也改变自身。在此重申，中国面对的不是要不要进入全球化的问题，而是在现代资本主义的国际体系中我们一直身在全球化中。我们面对的是西方文化的持续渗透和平等对话的持续呼唤。虽然我们不能将全球化的现代性进程与后现代性进程截然划分，但总的来说，中国文化在全球化中的发展，应是一个由现代性走向后现代性，最终超越现代性和后现代性的过程。

二　全球化语境下中国文化发展的应对策略

"全球化本身即意味着文化冲突。"[①] 我们的历史境遇和现实境遇都显现出文化遭到过或正在遭到冲击的局面。首先是历史上西方文化和我们本土文化的冲突。中华民族自鸦片战争以来一直受到西方的文化冲击，西方列强通过军事打击、经济入侵等方式，将西方文化灌输到中国本土文化中。我们虽然最终没有成为列强的殖民地，但在半殖民地半封建社会的持续过程中，民族文化显然和西方文化发生了强烈的碰撞。在对这一文化的传播、融合过程中，中国的民族文化虽受到了打击，但也正是在这种条件下我们找到了新的发展思路，以马克思主义为思想纲领引导中国革命走向成功。从文化冲突的积极影响上讲，中国在封建社会没落时期受到外来文化思想的冲击是一种拯救，更深远的意义上，这也是我们通过文化间的相互关照来正确认识本土的、民族的文化的途径。所以对于文化冲突要放置于历史的情形下思考，文化冲突甚至是文化的单向突进有时未必是坏事。然而另一方面，在新的历史条件下，当我们意图全面发展本土文化之时，

---

① 金惠敏：《全球对话主义：21世纪的文化政治学》，新星出版社2013年版，第79页。

文化帝国主义指涉下的文化输出之于我们呈现的色彩却是危险的。也许我们并未觉得民族文化遭受到了极大危机，但是潜移默化中，西方的思想、制度、经济意识、生活理念等文化内容却随着历史的步伐直至当下持续着对国人心理的"殖民"。文化后殖民对我们不只是一个学术概念，我们的现实经验提醒着所有人，强势的西方文化正在无意识中改变着国人的心理结构。西方文化的传播从有益到有意识逐渐变了味，无论这种单向的文化流动是否全球化进程中的历史必然，我们为了自身主体性的健康，都需要破除后殖民文化带来的不利因素。

（一）对后殖民主义的清算

文化中的后殖民因素是我们建设强有力的文化主体性所必须排除的杂质。在此需要留意的是，并不是要剔除那些西方文化和我们民族文化交流时有益的互补性内容，而是针对影响我们民族文化根基的、扭曲思想观念、歪曲价值判断的那一部分。排除对制度文化的妄加评论，我们关注的重点在于改变人们生活方式和思考方式的娱乐文化和消费观念等内容。历时性的西方文化流入在此不再赘述，当下仍然存有并持续渗透的共时性西方后殖民文化才是清算的重点，而此处媒介的力量成了焦点。

"媒介是'文化帝国主义'或'文化全球化'最重要的推动力量之一。"① 正是全球范围内科学技术进步下媒介的发达促进了全球化的进行。取消时空隔阂的现代媒介让信息传递变得更为快速便捷，文化输出的方式、效率都发生了突飞猛进的发展。作为商品的媒介遵循利润追求的原则，以自身的利益追逐需求力图打破国界壁垒。这样，通信技术的发达就为文化的传播打开了通道，西方文化的现代性扩张由于媒介的难以控制而大有势不可当的姿态。在经济实力和科技水平不对等的情况下，媒介所传达的信息量也往往是不对等的。来自美国的大片、节目等娱乐内容让国民为之欢欣，正如赫胥黎担心的我们最终会毁于我们热爱的东西② 一样，我们的民族文化惧怕的正是工业文明对本土文化的冲击。我们对西方文化的热爱会一定程度上冲淡对本民族传统的情感，那些一直渗透进来的西方观

---

① 金惠敏：《全球对话主义：21 世纪的文化政治学》，新星出版社 2013 年版，第 29 页。
② 参见［美］尼尔·波兹曼：《娱乐至死》，广西师范大学出版社 2009 年版。

念借由输出国经济实力的支撑，让我们目光逐渐偏离了本民族的文化。由此，我们可以得到的启发在于：限制西方文化经由媒介的传输，从而破除文化后殖民的桎梏，而这也正是我们目前的行动所及之处。但事实上一味地阻挡并非绝佳手段，为与之配合，建设民族文化的主体性，从我们民族文化自身获取力量才是最具操作性和合理性的选择。

全球化的现代性中，西方文化以其主体性向弱势文化施压、扩张正是源于自身的强势，可见我们与之对抗的有效方式便是实现本土文化的自立自强，以我们的主体抗衡其他主体。破除后殖民文化影响需要民族文化的主体性建设，对文化帝国主义的反叛同时也促进着主体的建设。而一力阻挡西方帝国主义文化的入侵不能作为提高我们文化主体性的唯一手段，我们不能单一排斥强势主体对我们的施压，还应该从自身寻找进步的力量。面对西方的强权、共时性的文化扩张，我们不应该将西方国家，尤其是美国作为追寻的目标，而应该回溯到历史中寻求帮助，从自身传统中发现转机——这需要的是我们与传统的对话。

与传统实现对话，就要先认识传统。而"对传统的理解说到底就是一种自我理解"①，我们首先要理解我们所谓的传统的本土文化指向怎样一个界定。通过回溯历史，可以见出我们的民族文化实际上是一个融合多元因素在内的杂交文化，我们在历史中实现的与少数民族、外国等他者的文化交流造就了一个丰富的民族文化体系。这就是说在与传统的对话中我们早已实现了与他者的对话。这将是对一个主体化过程中存在的隐患的破除。即过于追逐民族的主体性，极易走向自我中心化，从而造成主体的固守自我甚至对他者新一轮的后殖民。我们与西方文化的"他者"早已对话的历史事实，消解了中西完全的差异性和对立性，从而防范了我们以自身主体性对抗西方主体时上升为对西方的全面拒绝，切断主体间正常的对话，造成无法进入全球性对话的行列的困境。

于是，我们通过认识西方之于我们的文化后殖民，并寻求以主体性来对抗的方法，得出的最终结论不仅仅是消除后殖民的文化因素，根本的还在于破除后殖民的观念。"所有'后殖民'都与一种中西二元对立模式相

---

① 金惠敏：《全球对话主义：21 世纪的文化政治学》，新星出版社 2013 年版，第 23 页。

缠结"①，破除后殖民才能在把握主体性时不固守自我，才能真正参与全球对话。破除后殖民不是要忽略西方之于我们的入侵，而是从观念上抹消中西方不可调和的对立。崇洋媚外的心态不利于民族文化主体性的建设，但中西二元对立模式的思想更容易将民族文化主体界定在偏狭之处。我国文化主体性的软弱使得我们无法以平等的姿态向西方主体彰显真实的自我，于是自身成了西方人眼中想象的东方，由此失去了自己本该拥有的文化立场，我们在西方眼中成了猎奇的对象，成了可按想象进行渗透的对象，可以毫无畏惧对其表现出敌意的对象。但是通过强调绝对的中国文化主体，并以此坚持对西方的抵制就能改变我们的文化形象吗？不，我们因此造成的后果将不只是和西方对话的机会的丧失，而是永远在全球对话的门外徘徊。

防止以西化中和强求以中拒西都是我们建立在中西二元对立思维模式上的僵化思想，绝对的主体意识带有的强烈排他性，我们可以拒绝被不良因素渗透，但是我们不能阻隔对话。在全球化的文化交流场域中，即便对话本身应该是无前提的，但进入对话却是有前提的，就在于破除中西二元模式的对立。我们需要放弃自我绝对的特殊性意识，从而打开真正对话的眼界和渠道。这是我们的观念问题，在此观念烛照下，引导我们进入与世界对话的应该也必然是全球对话主义的理念。

（二）寻求全球对话主义的发展眼光

在全球化中实现中国梦之民族文化的复兴，就是要在全球化的语境中彰显我们的文化主体性地位，但我们的主体不应是作为强势文化而存在的，我们的目的是作为主体进入世界的对话圈子当中，拥有平等对话的权利和彰显特殊魅力的资本。当我们确立了或者说正在不断建设自身的民族文化主体之时，我们自身的欲望不能止步于在全球化中处于文化的顶尖而将核心价值观推广，那将使我们带着有偏见的眼光站到与帝国主义同性质的立场上，真正值得我们文化主体追求的应是与他者"和而不同"的对话。

鉴于全球化之现代性和后现代性交杂的特质，我们主体进入全球对话

---

① 金惠敏：《全球对话主义：21世纪的文化政治学》，新星出版社2013年版，第90页。

需要对全球化进行一定修正，打破西方文化帝国主义对世界文化的主导形势，并以身作则地与他者平等对话，在此基础上实现对现代性和后现代性的超越。我们应该正确对待自我与他者的关系。首先，他者必须存在。我们的文化主体进入全球语境，不是寻求和世界一体化，也不是旨在彰显自己的独立性。全球对话主义给我们的启示在于，将他者作为他者实现主体间的对话才能实现真正的全球对话。"全球化可以被更准确地描述为以地域性为其根本的各种文化之间的主体性竞争过程。"[①] 对于我们来讲，世界上的其他文化即为他者，与世界的交流要求我们承认其他文化的主体性，这是进行对话的先决条件。其次，与他者对话没有具体目的上的前提，但是要坚持态度上的前提，即求同存异、和而不同。世界上的各种文化主体需要的是对话而不是同化，我们一方面要关注自身文化主体，强调民族性和本土性，另一方面也要避免文化帝国主义化。所以最后，也是最需要阐明的事实是，我们的主体性是通过与他者的对话真正建立起来的，要承认自我与他者之间的相互作用。文化交流必然伴随着文化之间的相互影响，"'他者'一旦进入对话，就已经不再是'绝对的他者'了"[②]，民族间的改造将会是历史的必然。"作为整体的世界就是一个反思性对话者的世界"[③]，作为对话者之一，全球化带给我们的反思即在于从"他者"身上寻求自我的内在超越。他者作为主体性存在有能力改变他者，同时自身也有被改变的可能。"自我"即是"他者"，我们正确认识他者的同时也要努力看清"自我"，在与"他者"的对话中把握文化产生、融合中的发展动向，以此实现全球对话主义的真正要求。

综上所述，全球对话主义的理论给予中国梦在文化复兴方向的追求以哲学高度的指导：实现中华民族文化的伟大复兴，要在全球对话主义眼光下，正确看待全球化的现代性与后现代性，要考虑现代性之于我国文化的影响，又要立足"后现代的现代化"的事实，在建立民族文化主体性的同时，解决好他者和自我的关系，解决好中国与世界的关系，完成主体与主体的对话，由此上升到民族文化发展的新高度。

---

① 金惠敏：《全球对话主义：21世纪的文化政治学》，新星出版社2013年版，第78页。
② 同上书，第20页。
③ 同上书，第43页。

介入媒介中心

——对当下文化生活的若干思考

张 洁

摘要：本文试图从历时和共时的角度来探讨媒介的中心地位，一方面，电子传播媒介挤占了文学在现代生活中的空间而逐渐占到主流地位；另一方面，电子传播媒介存在媒介霸权的问题。从外部来说，以图像构成的电子传播媒介和语言文字文本共同构成了人们精神生活的不可或缺的部分，两者不存在取代与被取代的问题。从内部来说，电子传播媒介还要有一个经济霸权制约下的强势媒介和弱势媒介的更新问题。

关键词：主流，边缘，霸权

一

传统的文学文本（包括书刊、报纸等）在人们（以士大夫等为中心的读书人）的文化生活中一直占据着中心地位，正如尼古拉·尼尔佐夫在《什么是视觉文化》中所说的那样，在传统社会，"世界被理解为一部书"。直到新技术革命时代的到来，被高科技负载的新产品的出现，使得图像文化参与人们的文化生活有了可能，电子传播媒介（包括手机、平板电脑、微型电视、手持阅读器等）以外形上的小巧易携带、存储信息量大甚至逐步发展到取代纸质文本的中心地位，迫使传统意义上的纸质文本被挤到一个相对尴尬的发展境地。

就文学文本来说，在更为便捷、快速、高效的阅读工具面前，文本遇到了自身发展的瓶颈。不论是纸质文本，还是下载到各种高科技电子产品

（手机、MP4、手持阅读器）的文字文学，语言是构成它们富有意义的生命，"文学构成的最重要的元素就是语言，只有抓住了语言，才可能回到审美，回到艺术和想象，也回到文学的自身"。[①] 因为语言这样一种特殊而又重要的因素存在，再由于语言自身并不是万能的，使得文学文本在被日益边缘化的今天暴露了自身局限：一方面，由语言文字材料构成的文学无法通过文本阅读来实现在目不识丁的人群中流通，即便这些人通过一些其他的途径（比如教受、听说的形式）领略了这样一些文本，也很难真正把握这些文学的实质内容，而且，对于受过高等专业教育训练的读者和普通读书人来说，对文学文本的阅读接受也必然不会处在同一个水平。无论怎样，语言设置的障碍，使得读者在对同样一个文本实施解读行为的过程中存在领悟理解的层次问题。另一方面，构成文学作品的文字符号在整体语境中被赋予的特殊意义具有一定的"自指性、曲指性、虚指性"[②] 的特点，除了需要拥有丰富的知识积累和储备外，它还需要读者发挥充分的想象力、理解力和情感力。这种解读文本的方式总不及由线条、色彩、构图等所构成的电子传播媒介来得更为直观和形象，它是一个"你演我看"的过程，对视听不存在障碍的人来说，几乎人人都可以参与，人人都可以不假思索、不费心劳神地去接受。

　　不论是纸质的阅读行为，还是电子阅读行为，在以文字构成的文学阅读生活中，有很多国内外的专家、学者、大学教授在一些学术会议、文化讲坛等多种场合中表现出对当下文学阅读生活的忧虑，他们通过调查问卷、实地访问、统计数据等各种方式对当下的文化生活进行了科学系统的分析。他们认为在电子传媒，特别是视听影视普遍发展的现代社会生活中，当下跟过去相比而言，很多人并不参与文学阅读生活。在一份《大学中文系学生文学阅读调查》的统计分析资料中表明了这种不是很令人满意的文学阅读现状：

　　"我们有一个调查选项'文学阅读在您的日常生活中的位置'，只有22.1%选择'大部分业余时间在阅读'，绝大多数人选择的是'会拿出一

---

　　① 文桂良：《话语与生存——解读战争年代文学（1937—1948）》，上海世纪出版集团2007年版，陈思和序，第5页。

　　② 参见王汶成《文学语言中介论》，山东大学出版社2002年版，第167—183页。

定时间来阅读'占 60.2%，15.9% 的人选择'偶尔阅读'，1.8% 选择'几乎没有文学阅读'。结合另一个调查'每天阅读文学作品的时间'，选择'2 个小时以上'只有 23.3%，63.8% 的人选择'30 分钟到 2 小时'，还有 12.9% 的人选择'30 分钟以下'。"①

随着人们物质生活和精神生活的极大丰富，随着高科技给人们带来极大便利的同时，文学生活反而不再是人们丰富自身精神生活的第一选择。在文学生活中，不论是从生产、阅读、接受、消费等各个环节，职业对文学生活的影响显得至关重要。大学生作为一个在文学生活中具有充分代表性的群体，他们的文学世界在整个社会生活中就显得具有代表性和典型意义了。学生是各个社会群体中专业学习、创造、接受、评论文学数量最大的群体，他们平均的文学生活连日常生活的一半都不到，其他社会群体的文学阅读状况就可想而知。

当然也有专家教授提出异议，就文学阅读生活而言，他们提供了一种更为乐观的看法，他们认为在地铁站、公交车等一些公共场所有很多青年人手持电子阅读器、手机或者其他电子阅读工具，他们也在参与文学生活。但是这里有一个问题，就是严肃文学或者说纯文学与流行文化、通俗文学的问题。结合青年人的文化积淀、心理认知、价值取向，他们所进行的文学行为是有选择性的文学行为，很多场合下，严肃文学或者说纯文学阅读并不在他们的选择之列，流行文化、通俗读本、武侠玄幻等这些具有浅显易懂、娱乐搞笑、故事情节和节奏性强的文化生活才是这一群体普遍的选择。这些通俗读本并不能达到像高雅文学、精英文学那样的阅读效果，在引人沉思、增强对人对世界的认识和把握的深度上大打折扣。更何况这些群体仅仅是特例，因为更多的青少年将这些电子科技当成打电子游戏、听流行音乐的工具，与文学文本的阅读无关。

主流媒体话语的媒介偏向在一个国家内部存在霸权主义，在不实行资产阶级自由民主制度的国家，电子传媒的生存考量在很大程度上并不是依据市场来评定，而是由是否符合国家主流意识形态来制约的。在我国，以图像为主的电子传播媒介（电台等）在进行文化传播的过程中，不仅要

---

① 贺仲明、王世诚：《当前社会文学生活调查研究会议论文集》，山东大学当代中国文学生活研究中心，2013 年 10 月 19 日。

追求收视率，还要接受国家意识形态的监督和指导。这跟文学创作不一样，文学要采用什么样的方式、风格去表达，以及所要表达的内容和题材，所要表达的效果更多的是一种个人行为，这种个人行为大体上来说游离在意识形态、读者反应等因素之外，有的作家（如乔伊斯之流，近一点儿的如张悦然"写作只为稀释寂寞"，不要求读者数量）并不要求自己的作品能被读懂。由此看来，不受外在强制力条件约束的文学文本是一个更个人化、更复杂、更贴近本质的东西。

面对同样一个文本，为了更好地符合主流意识形态和造成更好的社会影响，以电视、电影为主的电子传播媒介需要对文学文本进行整理和删改。而电台在播放根据同一个文本进行改编的电视剧的时候，为了达到上述目的，不惜消解了作品中的深刻复杂的意义。在毕飞宇的著作《推拿》中，作者深刻揭示了推拿中心老板沙复明身上的两重性——推拿中心的老板沙复明作为一个盲人，他与张宗琪合开了一家盲人推拿店来维生，体现了特殊群体自尊、自强的一面；但他同样也是一个人，他向往"美"并渴望占有这种"美"（例如对店里年轻漂亮的盲大夫都红的追求）。同时，他身上也有作为老板的精打细算、自私猜忌等心理阴暗面。文本深刻地揭露了沙老板身上道德和人性的深刻复杂性。而电视剧《推拿》则将文本中所显现的那个人性复杂的沙复明塑造成了一个符合主流道德标准、盲人模范这样的一个光芒万丈的人物。电视剧甚至将沙复明追求年轻漂亮的都红改编成沙老板爱上形貌丑陋、身材臃肿、懦弱、离过婚还带着一个小男孩的中年妇女崔云。这种被高尚道德催生的选择和安排，以臣服于观众的期待心理特意营造了一出道德上的滑稽剧。当然，媒体总是热衷或乐此不疲地去播放一些类似白马王子、水晶鞋这样身份对比强烈的"童话现实剧"，来追求一种高收视率，本应无可厚非。另外，电视剧《推拿》将会审时度势、见风使舵的前台高唯塑造成了一个一板一眼特别可爱的小女人形象，并给她安排了一场新鲜甜蜜的爱情。剧本增加了更多"戏"的成分，对人性复杂度的表现就格外不足。对于普通大众来说，剧本的这种安排更符合看众心理，人物性格单一化、故事结局的大团圆也更能迎合普通大众内心的诉求。又例如在都梁所著的《亮剑》文本中对政治动乱、是非颠倒的"文化大革命"有更为惨烈的表现，对特殊年代的国家干部的遭遇有更为客观的描述，结尾以李云龙将军选择自杀的方式捍卫了一个军人钢铁般的意志和尊严，塑造了一个高大伟岸、令人振奋又催人泪下的革命英雄形象，创造了一个在相对和平年代的英雄悲剧，彰显了作品所要捍卫的"亮剑精神"。但是在电视剧剧本中，各种因素叠加在一起导致这一段岁月没有被演绎。再如都梁所著的《狼烟北平》对政治禁忌十分敏感的十年动乱干脆轻描淡写，一笔带过。

话说回来，在现代社会中，电子传播媒介也许代表的是一种更为前卫、更加自觉的文学消费方式，它更易于被监督，与群众的接触面也更加广阔。但是它的日益主流地位并不会取代文学的存在。它更多涉及的是发展的问题，对文本存在来说并不会形成致命的影响。从技术层面来说，语言不可能完全被色彩、线条与构图等取代，"语言是思维的直接现实"（马克思语），语言影响人们的思维，人们的思维同样也离不开语言，当然也就离不开文学。另外，几千年来读者对世界的认识了解和把握是通过文本进行的，人们潜意识中的阅读行为还是通过文字构成的文本来进行的。而且在通过电子媒介发生的阅读行为中，以青少年为主，把它当成一种具体的阅读方式还要因人而异，它的主流地位并不能说明它已经彻底覆盖了所有的阅读群落。再者，人们日益崇尚健康安全的生活方式，电子媒介的一些辐射性强、容易让人疲劳、定期维修或更新换代等缺陷使得很多人在选择文本的时候更倾向于纸面阅读方式，传统的纸面阅读仍然具有市场。还有一个更为客观的事实在这里，文学文本的出版并没有呈现一个缩减的态势，特别是文化产业的兴起，文学生产和消费在现代生活中呈现出增长的趋势，"这首先是由现代社会消费社会的性质所决定的。如果说前现代社会是物质消费为主的社会，那么在现代社会中，精神消费、文化消费所占的比重则越来越大，有时更成为物质需求的重要推动力量。"①

与其说电子媒介的兴起导致了文学阅读的不景气，或者说电子媒介以形象直观的表现方式消解了文学文本的中心地位，不如说电子媒介和文字文本两者互相体现和弥补了对方的不足，它们一道成为当下人参与文化生活不可缺少的工具。

---

① 马睿：《反思边缘化，介入当下性——当代中国文学理论的前景》，《文艺评论》2004 年第 2 期。

二

以电视、电影等视听艺术为主的电子媒介的发生和兴盛，使得它们日益成为人们日常文化生活中重要的组成部分，但是"把媒介作为一个文本，其阅读须接受经济强力的决定性制约；媒介的出现总是盛装着如前所谓的'强势幻相'"。①

坚持历史唯物主义和无产阶级党性的意大利思想家安东尼奥·葛兰西提出文化霸权以后，依托高科技的电子传媒，特别是代表官方主流意识的媒体利用政治权力、经济物质上的优势所产生的媒介文化，当然也存在一个媒介领域中的"霸权"问题。葛兰西认为，"文化霸权是一种必不可少的思想文化统治方式。在当前的民族文化交往中，文化霸权是指国与国之间、民族与民族之间的思想文化价值观念的强加行为，是一种文化强权，文化殖民，只要拥有经济强势而又企图把自己的思想文化意识强加于人的国家和民族，就会产生文化霸权，就会使其他民族文化受到伤害"。② 利用电子媒介进行潜移默化的渗透，进而影响人们的价值观念和现实选择，甚至能通过强大的说服力和骗术来操控人们的日常行为。葛兰西的文化霸权理论在现代社会显得格外客观实际。

在全球化大发展的现代社会，不同国家之间采取了一些更加开放、更加自由的政策，使得各国媒介在宣传不同国家文化的同时，纷纷打上了鲜明的民族意识和国家观念。这些媒体最大限度地利用本国强大的经济实力和政治地位来进行文化渗入，以求得更多自觉认同。这种传播策略，特别是西方国家所实施的文化霸权政策，造成了全球跨文化传播格局的失衡局面。经济实力强大的国家牢牢地控制住了大众传媒的主动权。美国大片的制作和传播处于一个自由的状态，这种状态使得它们更为自觉地去图解本国的价值观念和生活方式。个人英雄主义与正义感，追求人的自我价值实现在人性中往往具有普遍性，这种普遍人性的标准使得美国大片在现代各

---

① 金惠敏：《全球对话主义：21世纪的文化政治学》，新星出版社2013年版，第54页。
② 张莉：《后殖民话语与文化霸权——美国电影〈MuLan〉解读》，《黄河科技大学学报》2007年第4期。

个国家人民的文化生活中扮演着重要的角色。当美国大片铺天盖地地涌向全球文化市场的时候，人们不由自主地发出焦急的感叹："世界上的电影院都是美国的大使馆！""好莱坞已经征服了世界！"美国电影的全球战略对 20 世纪 90 年代以来的中国电影也是个不小的冲击。"经济转型期的中国电影，也在 90 年代忍受着最大的阵痛：直接面向市场的各个制片厂家，大多无力招揽观众，因而陷入不能自拔的财政困境和信誉危机。尤其在 1995 年开始的'十部大片'引进热潮中，中国民族电影几乎只能在电影票房的微小缝隙中寻找出路。"① 这些感叹形象准确地说明，拥有强大的经济实力和政治势力的超级大国利用裹挟着自我意识形态和价值观念的电影媒介对人们进行文化渗透所达到的效果，远比装备精良的军事武装、新锐高摧毁力的电子科技要强大得多。美国著名的传播学者赫伯特·席勒在《大众传媒与美利坚帝国》一书中矛头直指美国，言辞犀利，提醒我们注意美国大片在全球肆意传播的表象之下所潜伏的美国文化帝国主义的全球扩张策略。

退一步讲，如果这种霸权策略的实施更多的是一种体现美国自我的行为，我们不应对此过分指责的话，那么，美国的媒介对"'他者'文化进行歪曲、改写和丑化，从而将他国文化置于一种'被看'的地位，使他国文化日渐丧失主体个性逐步边缘化甚至异化，最终自觉臣服于美国文化的统治"② 的这种行为，恐怕就难辞其咎了。美国一些动漫（《功夫熊猫》等）对我国传统的价值观、国家精髓进行了一番彻头彻尾的形象颠覆和肆意嘲讽，还有一些灾难片（《2012》《后天》等）对"中国制造"表现出极大的不信任和恐慌，塑造了一系列的超人英雄形象（《钢铁侠》《灵魂战车》《绝世天劫》《独立日》等）表现出美国对不遗余力地实现个人价值观念的崇拜，而这种个人主义恰恰与我们始终强调的集体主义、国家观念格格不入……

媒介霸权在现代社会大行其道，对经济实力和政治势力较弱的发展中国家来说，无论是对发展本土特色的文化软实力，还是对发展本国的经济（电影大片中所宣扬的服饰、车辆、食品、科技等），还会对弘扬本土的

---

① 李道新：《好莱坞电影在中国的独特处境及历史命运》，《当代电影》2001 年第 6 期。
② 张露：《美国电影的文化霸权透视》，《时代报告》（学术版）2012 年 3 月（下）。

传统价值观和生活方式，发展本民族的产业甚至是维护本民族的意识形态等现实生活的各个领域都会带来灾难性的后果。

事实上，在全球对话主义大的浪潮中，任何负载主流意识形态观的霸权策略都是无效的，一方面，网络等现代化工具的普及，使得人们可供选择的电影日趋多元化，来自世界各国的优秀电影可以通过各种便捷的途径被获知；另一方面，观众群体特征更加明显也更加庞大，人们在选择影视剧方面的观念发生了变化。第三个原因就是近年来数据统计美国电影票房的连续下降所难以遮蔽的美国电影产业的衰颓趋势。对于中国本土电影来说，近年来我们的电影制作除了考虑电影艺术的因素之外，越来越考虑观众需求，甚至在电影结束后会有专门工作人员负责采访和反馈电影播出效果，同时，电影制片人在制作电影的时候还会自觉地去接受外国电影的技巧等，增添新科技，吸收国际大牌演员〔《金陵十三钗》中演员克里斯蒂安·贝尔（Christian Bale）〕等来为自己的影片造势。中国本土电影渐渐复苏了，甚至国内外专家学者纷纷表示中国电影发展的"黑马时代"已经到来。下表展示了自 2011 年到 2013 年我们国产电影票房成绩比较好、投入产出比高的国产中小成本电影。①

片名	类型	导演	主演	成本（元）	票房（元）
《武林外传》	古装喜剧	尚敏	姚晨、沙溢、闫妮等	1700 万	1.96 亿
《将爱情进行到底》	浪漫爱情	张一白	徐静蕾、李亚鹏等	3000 万	2.7 亿
《观音山》	爱情	李玉	范冰冰、陈柏霖等	1200 万	7000 万
《失恋 33 天》	爱情喜剧	滕华涛	文章、白百合	1500 万	3.6 亿
《人在囧途之泰囧》	现代喜剧	徐峥	徐峥、王宝强、黄渤	3000 万	12.66 亿
《笔仙惊魂》	惊悚片	关尔		300 万	2400 万
《孤岛惊魂》	惊悚片	钟继昌	杨幂、陈小春	800 万	9000 万
《快乐到家》	喜剧	傅华阳	快乐家族	1200 万	1.27 亿

---

① 参见尹鸿、雷建军《近期中国内地电影市场的"黑马现象"》，《当代电影》2013 年第 7 期。

续表

片名	类型	导演	主演	成本（元）	票房（元）
《中国合伙人》	创业片	陈可辛	黄晓明、佟大为、邓超	7000万	5亿
《致我们终将逝去的青春》	爱情	赵薇	赵又廷、韩庚、杨子姗	4000万	7.1亿
《北京遇上西雅图》	爱情喜剧	薛晓璐	吴秀波、汤唯	2800万	5.1亿
《厨子戏子痞子》	战争喜剧	管虎	刘烨、张涵予、黄渤	3000万	2.7亿
《分手合约》	爱情	吴基焕	彭于晏、白百合、蒋劲夫	2000万	1.9亿

　　结合上表，无论是较之前国产电影的国内票房成绩来看，还是就国产电影海外捞金的状况来分析，近几年国产电影可谓"名利兼收"。据相关媒体统计，在动漫领域，虽然不能超越日本、美国动漫所占领的绝大多数市场份额，但是国产动漫似乎也流露出复兴的苗头，例如王川导演的《魁拔》第一部仅2013年6月2日一天网上点击量近百万，第二部2013年6月3日，票房突破2000万元（M1905电影网新闻）。在新的形势下，中国电影也迎来了发展史上的第一个小高峰。

三

　　从历时和共时的角度来探讨媒介的中心地位，在全球对话主义的浪潮中，在市场经济高速发展的现代社会，对于人们的文化生活来说具有重要的意义。

　　一方面，电子传媒作为新兴事物在当下人们的文化生活中挤占了文学的主流空间而占有优势，采用新的媒介所产生的文学作品从一个角度来看，或许可以代表文学未来的发展趋势。除去商业操作的因素，在现代社会生活中，人们接受新的思想、认知新鲜事物大部分是通过网络等电子传媒来获取的，搜寻网络等新的电子传媒几乎成为人们日常生活中不可缺少的一部分，它们极大地便利和丰富了人们的日常生活；但这并不意味着新的电子传媒能真正取代传统文本在人们文化生活中的重要地位。人们通过新的电子传媒来阅读大部分来说还停留在粗略浏览的层面，要实现真正细读，主要还是需要借助传统意义上的纸质文本。另外，就实际操作层面和人们的阅读心理来说，你可以捧一本书当作茶余饭后的消遣，但是你很难说服自己抱一台电脑来阅读。或许，这也是那些为什么出色的新媒体写作最终还是要回归纸质文本、结集出版的原因。

另一方面，电子传播媒介存在媒介霸权的问题。从外部来说，以图像构成的电子传播媒介和语言文字文本共同构成了人们精神生活的不可或缺的部分，两者不存在取代与被取代的问题。从内部来说，电子传播媒介还要有一个经济霸权制约下的强势媒介和弱势媒介的更新问题。全球对话主义提供了一种新的思路，在这一浪潮中，越来越多的民族国家意识到呼唤一种新的公平公正的对话秩序的执行显得尤为重要，各国的平等意识、参与热情日益高涨，给媒介霸权带来严重的冲击。经济实力较弱，政治地位较低的民族国家利用新的电子传媒实现从边缘走向中心也未必不是一种可能。

浅析媒介在全球对话中的渠道作用

李 欣

摘要：随着全球化的深入发展，用现代性和后现代性的概念已经无法处理和解释当前面临的一些复杂困境，全球化的阐释兹待重新说明。而金惠敏教授提出的"全球性"，恰是用全球关联的思维方式、与时俱进的理念为其理论、胸怀、眼界，超越"现代性"或"后现代性"的文化政治研究的"全球性"概念，正可以解释瞬息万变的现实世界。除了"全球化"一词，全球对话主义理论最重要的是"对话"概念。而无论是内自省的古今对话还是与他者的对话，都需要某种方式和渠道。内省对话的结果需要渠道广而告之，与他者对话本身就必须借助渠道完成，而媒介恰好符合对话所需渠道的特点，也正肩负着全球对话的渠道责任。本文将通过媒介在文化帝国理论、全球对话主义理论中的一些作用，浅析媒介在文化发展、研究中不可或缺的作用与地位。

关键词：全球化，对话，媒介，大众媒体

目前全球化的历史过程，正是人类文化不断提高其内在的文明总量的过程，也正是人类文明不断减少其外在的文化差异的过程。不同文化圈之间的影响和渗透并不总是单向的。你中有我、我中有你的双向交流，无论对东方人还是对西方人来说都是一件好事，它纵然不能增加已有文化圈之间的差异并突出其特色，也能使各国原有文化形态更加丰富，从而享受更高质量的文明。因此开展不同文化之间的互动和交流，维护世界文化的多样性，增进各国人民之间在文化上的相互理解、相互尊重、和睦相处和共同发展，为建设和谐社会、和谐世界做出应有的贡献。

在全球化的社会中，不同文化背景、不同文明理解下的人该以一种什

么样的方式交流，不同文化会走向怎样的发展方向，哲学家认为"对话"是重要的渠道之一。而如何对话，与谁对话，便成了另一个衍生出的议题。这种对话既可以是在一个传统内部的古今对话，也可以是与另外一个陌生文化的对话。无论是自省的古今对话还是与他者的对话，都需要某种方式和渠道。

随着大众媒介影响力与日俱增，日益渗透社会组织和社会生活的各个领域，媒介改变着我们对世界的认知途径和体验方式，改变我们的思维逻辑。媒介利用它的影响力改变我们的意见并影响社会变化。在如今这个媒介化的时代，大众传媒飞速发展，无论是社会组织还是个人，从信息交流到文化沟通方面都对大众传媒产生了高度依赖。当人们被媒介所主宰，媒介信息就重构了真实体验，媒介就创造了一个生活的"拟像"。

一　现代性、后现代性与全球化

如果说现代性是一个产品生产的商品化、机械化、技术化和市场关系的爆炸过程，后现代社会则是"内爆"，意义坍塌或内爆为一大团混沌物，高雅文化和低俗文化、现象与实在等一切传统的二元对立，其间的边界被悉数清除，大众传播媒介一马当先，滚滚生长出的拟像铺天盖地，形成一个比现实更现实的超现实（hyperreal）。[①]

当来自笛卡尔以来的主体性哲学作为现代性代表，遭到以胡塞尔所提出的"主体同性"概念和哈贝马斯由此所发展的"交往理性"等后现代性的质疑批判后，在哲学领域，对现代性主体哲学的批判，超越了现代性的"后现代性"意识成了哲学家研究的热潮。但是随着社会的不断发展，哲学家不断发现用现代性和后现代性都无法完全解释目前面临的社会。因此一个新兴的哲学概念，"全球化"逐渐成为哲学领域的一个新的研究热潮。

此"全球化"是哲学概念中的"全球化"，不再是地理意义中的全球，是用全球化关联性的思维方式、与时俱进的理念为其理论、胸怀、眼

---

① 参见［法］让·鲍德里亚《象征交换与死亡》，车槿山译，译林出版社2006年版，第107页。

界，超越了"现代性"的文化研究或"后现代性"的文化研究。全球化时代的文化研究必须与时俱进地被翻新，而不是综合和超越了现代与后现代性哲学的"全球文化研究"或"全球性文化研究"。那么全球化，作为一种新的哲学则既坚持现代性的主体、理性、普遍、终极，同时也将这一切发于与他者、身体、特殊、过程的质疑之中。①

二　文化帝国、全球化与对话主义

（一）文化帝国与全球化

与"全球化"思潮相对应的另一个概念就是文化帝国理论，全球化的出现和研究几乎完全推翻了文化帝国的设想，在文化研究中掀起一场新的革命。

谈起文化帝国理论，自然少不了它的创始人汤姆林森，汤姆林森在其《文化帝国主义》中，将文化帝国主义分为四个层次或途径，即媒介帝国主义、民族国家的话语、评判全球帝国主义的话语和对现代性的批判。帝国主义，一般会被认为是来自政治、经济、军事领域的侵略和殖民主义。帝国主义的主要特征一般被概括为用垄断代替了自由竞争，其被认为是现代战争的根源。但是事实上帝国主义不仅仅是一整套政治、经济、军事殖民现象，它同时还是一种思维习惯、一种文化概念。所以随着他国的一些思维方式的不断进入，各国的思维方式、生活习惯、文化观念都开始受到其他外来文化的渗透。由此，一些学者即提出了文化帝国主义的概念。

然而就在学者认为，媒介帝国主义是未来发展必然的一种趋向，强势、独占媒介资源的国家或地区一定会建设出"文化帝国"的时候，各种媒介突然的激增和媒介使用的便捷性，瞬间颠覆了文化帝国的美梦。

媒介传播已经渗透到了人们生活的方方面面，左右着人们的行为方式、思维习惯，渗透到每个国家原本的文化习俗中，媒体对人们生活影响不容忽视。汤姆林森的著作中也提及了媒介帝国主义和文化帝国主义将用一种"同一性"来代替"自由性"和"创新性"。但是观察现阶段的全

---

① 参见金惠敏《全球对话主义：21 世纪的文化政治学》，新星出版社 2013 年版，第 5、6 页。

球文化发展，虽然要承认有一定的文化霸权的存在，却没有出现如汤姆林森所预言的那样的"同一性"占据统治地位的现象。那么，是什么样的力量使得媒介帝国主义和文化统治并没有形成，反而出现了一种新的更为自由的、双向的甚至是多向的文化疏通方式？

第一，因为文化本质所导致。文化未停止过流动，文化"们"总是在碰撞，在裂变，在融合，在寻找新的融合。今日所有的民族文化都不是天生独一的，就连民族本身也并不是单一来源的。不过，全球化则使这一古老的现象以其从未有过的速度和规模向我们呈现出新的迫切性和问题性。

第二，媒介渠道异常迅速发展，使信息交流十分频繁的新媒介时代到来。人们利用新的媒介手段和技术使信息的传递更加便捷、迅速，这非但没有形成媒介帝国主义的垄断和文化帝国，反而更好地促进了信息文化的交流与互融，甚至促进了"全球化"的发展，"地球村"就这样一砖一瓦地建立着。

（二）　全球化与对话主义

在全球化的社会中，不同文化背景、不同文明教养下的人该以一种什么样的方式交流？不同文化会走向怎样的发展方向？经过众多哲学家的探索，"对话"成了全球化中的重要交流手段方式。

如何对话，与谁对话，便成了另一个衍生出的议题。

伽达默尔认为：虽然我们能够说我们"举行"一场谈话但是越是一场真正的谈话，它就越是不怎么按着一方或另一方对谈者的意愿举行。因此，真正的谈话从来就不是那种我们意愿举行的那种。总体观之，更正确一些的说法是，我们陷进了一场谈话，如果不是这样，那也可以说，我们被牵扯进了一场谈话。在那儿一个词如何给出另一个词，谈话如何转折如何继续进行和结束，这当然完全可以有一种举行的方式，但是在此举行中对谈参与者与其说是举行者，毋宁说更是被举行者。在一场谈话中没有谁能够事先就知道将会"出现"什么样的结果。①

然而在金惠敏的《全球对话主义》一书中，更简洁地解释了与谁对

---

① 　参见金惠敏《全球对话主义：21 世纪的文化政治学》，新星出版社 2013 年版，第 25 页。

话的问题。他认为，一是与传统对话，现代性从某种意义上说总是表现为传统的断裂，对传统的拒绝和否认，而由现代性回归传统，以及在"效果史意识"中复活传统，但更意味着一种深刻的自省意识。二是与他者对话。文本在存在的意义上与我们自己相通，如"文本间性"或"主体间性"所提示的，而它同时又是一种异在。因此，对话既可以是在一个传统内部的古今对话，也可以是与另外一个陌生文化的对话。

（三）不同文化间的对话的现实意义

目前全球化的历史过程，正是人类文化不断提高其内在的文明总量的过程，也正是人类文明不断减少其外在的文化差异的过程。不同文化圈之间的影响和渗透并不总是单向的。你中有我、我中有你的双向交流；无论是对东方人还是对西方人来说都是一件好事，它纵然不能增加已有文化圈之间的差异并突出其特色，也能使各国原有文化形态更加丰富，从而享受更高质量的文明。因此开展不同文化之间的互动和交流，维护世界文化的多样性，增进各国人民之间在文化上的相互理解、相互尊重、和睦相处和共同发展，为建设和谐社会、和谐世界做出应有的贡献。

以中国儒家哲学为中心的东方文明、以基督教为核心的西方文明、以伊斯兰为领导的文明，正在逐渐成为目前世界相对发展迅速的三大文明。而目前世界的冲突也多数来自这些文明间的不相容性，而借用全球化的哲学概念和对话的渠道意义，如何使不同文明共生相处，正是目前一些学者努力的方向。很多中国学者最近几年正在谋求促进不同文明甚至是不同宗教信仰下的对话，其中以在山东举行的"尼山世界文明论坛"为代表的不同文明对话，正成为一些世界级学者期望以对话方式促进多元文明共同发展的平台。

三　媒介在全球化中的作用

除去文化自有的"碰撞"、融合等特征外。媒介的外力作用也是促成全球化发展的另一个重要因素。从媒体诞生到现今的全媒体信息化时代，媒体在社会生活中扮演着愈加重要的角色。从狼烟传递信号到互联网信息共享，媒体所承载的信息量和与人类生活的密切程度在不断增加。媒介被赋予了更多的社会责任，媒介已成为社会生活中不容忽视的一种力量极。在西方权力研究中，媒介被称为立法、司法、行政外的"第四权力"，在社会生活中发挥着重要的力量。

（一）媒介与全球化

随着大众媒介影响力与日俱增，日益渗透到社会组织和社会生活的各个领域，媒介改变着我们对世界的认知途径和体验方式，改变着我们的思维逻辑。媒介利用它的影响力改变着我们的意见并影响社会变化。在如今这个媒介化的时代，大众传媒飞速发展，无论是社会组织还是个人，从信息交流到文化沟通方面都对大众传媒产生高度依赖。当人们被媒介所主宰，媒介信息就重构了真实体验，媒介就创造了一个生活的"拟像"。

在原子化的社会关系下，大众媒介是使人能察觉到一个社会整体的主要管道，媒介其实已经扮演了一个管理者的角色。因此媒介帝国的建立，大的跨国媒介集团的建立，就成了文化帝国主义建立的首要途径。但是这种媒介帝国主义和文化帝国主义的论断也有着其不可忽视的局限，即忽略了文化自身的共融性和互相性，同时也忽略了新媒介出现后，交流的不可封闭性和平民化。面对现在这个媒介迅速发展且不断更新的媒介新时代，人们不断地探讨，更好地进行国际传播，利用新的媒介手段，充分展现各国的文化魅力、生活方式、思维结构，兼收并蓄，使得世界文化形成一种"自由性""创造性"的新环境。

但在现实中，国际传播的功能被有些国家误解了，这些国家认为"传播就是力量""消息就是权力"。他们要做的不仅是宣传自己，创造有利于自己的国际环境，而且以掌握国际传播的管道和流通工具为目的。在有些国家看来，如果能做到控制传播管道和流通工具就对自己大大有利，否则便大大失利。在他们眼中，谁掌握控制了国际传播，谁就能控制世界，统领世界。与此相反，哪个国家失去了控制本国及世界传播的能力，便只能屈服于他国之下。

媒介作为一种信息的载体，它本身所具有的影响力、权力和效果都受其承载信息的制约。但是媒介形式的不同也制约和要求信息要适应媒介载体。这是一种双向的关系。随着新的媒介形式的不断涌现，人们的信息接收习惯、信息获取渠道、信息内容获取都开始产生或多或少的变化。新媒介形式也影响和改变着国际传播的态势与趋向。媒介在国际传播中起着日趋重要的作用，国际传播除去政治色彩的时政硬性消息传播外，多数是对本国自己的文化、生活的一些宣传。而文化本身具有很强的包容兼蓄性，文化之间会不断地彼此融合然后形成新的文化和思维方式。如国外一些发达国家纷纷设立孔子学院，孔子的儒家思想已经越来越多地被外国人所接受。国外设计师的作品中也越来越多地体现出中国元素的存在和中国韵味。

（二）媒介与全球对话的相互作用

媒介正在肩负着全球对话的渠道作用。"不止是一幅图画，其意味总是不那么明朗，当代新媒介公司更是直接地要求打破国家限制，以实现'无疆界的电视节目'，变'国民'为'网民'，为消费者。媒介全球化的宏大目标被标榜为增进不同文化、不同社会间的相互理解和信任，实现全球人民不分种族、信仰、国籍之享有平等和尊严。"[1]

就近二十年的媒介生态环境而言，随着科学技术的日益革新，技术因素这一子系统迅猛变化，媒介形式开始多元化，信息流动开始迅速化，信息传授者间的交流开始便捷化。以媒介生态学的角度分析，当政治、经济、文化等因素在社会系统子环境中处于相对稳定的状态下，技术因素则因其日新月异的变革特性，成了媒介生态环境系统的活跃因素。随着科学技术水平的不断提高，新的媒介形式不断涌现，媒介已经不再是曾经高高在上遥不可及的事情。媒介的发展使得全世界的联系变得立体化、实时化。媒介的发展促成了全球各文化间对话的实现，就中国社会而言，伴随中国对外开放，西方文化不断进入中国市场，中国元素也正逐步融入西方社会，中国文化正在世界文化市场上绽放光彩。世界文化正走向国际化、自由化、包容化，没有一种文化可以用"同一性"占据世界文化巅峰，各种文化都将自由地、创新性地发展。

而在这种种对话和交融中，虽然媒介为全球化发展提供的仅仅是渠道作用，但是按照编码解码理论，媒介在传输过程中也加入了自身特色的编码，各种文明也用自己的方式解码，或许会出现信息差距，但是媒介作为

---

① 金惠敏：《全球对话主义：21 世纪的文化政治学》，新星出版社 2013 年版，第 29 页。

渠道的作用，必须受到重视。"历史地看，媒介权力首先只是在政治的层面展开，是单纯的政治权力，其目标是历史的和谐，方式是以斗争产生基于正义的和谐；后来媒介权力也开始在社会的层面展开，又成了社会权力，其目标是社会和谐，方式是以团结产生基于和谐的正义；至于，媒介权力作为文化霸权，则是在全球过程中产生的。"① "伊尼斯从历史分析中认识到，每当引进新的技术发明，由此而产生的全新的服务环境，就会使社会经验发生大规模的重新组合。"② 伊尼斯认为不同类型的媒介突出不同性质的知识，不同性质的知识适合不同的阶层和群众掌握。

全球对话的需求是文化与文明发展路上的必然趋势，当现代性与后现代性都不足以解决目前社会的哲学问题的时候，全球化应运而生。随后学者开始探讨全球化中不同文明、文化之间的交流方式——对话。那么这种对话的需求则是媒介技术自身发展之外的，另一个促进媒介创新的因素。

让目前世界上所存在的不同文明、文化在一个共同的时空内进行对话，是一个基本难以实现的幻想，那么怎么实现必须进行的对话，就需要一个作为对话介质的渠道存在，而媒介尤其是大众媒介天然地拥有这样的能力。媒介也正是各方文明、文化主体善于运用的渠道，因此在全球对话的需求下，媒介也借助这一特点获得发展，当然也包括媒介地位不断被重视。

（三）新媒介加速全球对话发展

美国学者尼尔·M. 波兹曼在 1968 年将媒介生态学作为一门独立的学科进行研究的时候，就主要集中在媒介技术对人类文化的影响和塑造上。麦克卢汉曾经设想过未来人们将生活在"地球村"，信息将使世界各地频繁往来。伴随着科学技术的日益革新，媒介形式开始多元化，信息流动开始迅速化，信息传授者间的交流开始便捷化，"地球村"的设想早已成为现实。而这些都根源于技术的不断发展，技术为公众接触媒介提供了更多的渠道和便利条件。90 年代美国学界提出了"公民记者""公民新闻"

---

① 谢立文：《媒介权力论：结构/精神/目标》，武汉出版社 2011 年版，第 52 页。
② 麦克卢汉：《序言》，参见［加］伊尼斯《帝国与传播》，何道宽译，中国人民大学出版社 2003 年版。

的新的追求，而信息技术的发展、移动互联网、移动终端让人人都是"公民记者"的时代已经到来。

随着科学技术水平的不断提高，新的媒介形式不断涌现。媒介已经不再是曾经高高在上遥不可及的事情，媒体人也不再是编辑部内、电视里、收音机里遥不可及的文字、影音、声音了。媒介成了我们随时随身携带的生活常用工具，普通群众也可以参与媒介产品制造甚至成为信息发布者。这一系列的改变都归因于技术革新，但是这一系列的改变都对媒介发展，媒介信息传播、媒介环境甚至是人类生活的社会环境带来超越性的变革和改观。同样，这些媒介手段渠道的出现，对于国际传播而言也意义深刻。

新媒介正不断成为全球对话的利器，而未来，我们可以预见，科技之光将永远照耀，随着未来科学技术的不断发展，技术将为公众提供更多的便利，为媒介带来新的突破发展，媒介也必将为"全球对话主义"发挥更多的作用。

全球对话主义与外国文学的终结

张同胜

摘要： 20 世纪的外国文学，以翻译、绍介和评论为主要内容，从而形成了一种"译介评"的研究模式。这种模式以"洋为中用"的拿来主义为研究观，是一种以自我为中心的单向度的封闭孤立的研究范式。2011 年 8 月召开的"'文化转向'与外国文学研究"全国学术研讨会标志着我国外国文学研究的文化转向，而这种文化研究虽然掺杂着现代性研究模式和后现代性研究模式，但由于全球化的进程，从而使得以"全球对话主义"为灵魂的全球性文化研究成了事实；于是外国文学从此走向了终结。

关键词： 全球化，全球对话主义，外国文学，终结

一　问题的提出

在发达的现代科学技术特别是通信、交通、网络等媒介技术的支持下，人际交流与对话成了一个谁都无法回避的生存论问题。理论研究者将如何回应这一个具有时代性挑战的问题呢？"对话的对话"（潘尼卡语）恐怕是回应这个时代性挑战问题的实践方式之一。

随着经济的全球化和互联网、手机、QQ、微信等第二电子媒介技术的广泛使用，我们已经逐渐进入了全球化时代。在全球化时代，电子媒介、数字媒介以及飞机、高铁等便利的交通使得人与人之间的交流和对话具有了即时性和"趋零距离"（金惠敏语）的特点。因而，全球公共空间为彼此之间的交流和对话提供了前所未有的便利条件。全球化，是一种无

限的对话。① 但这种对话，既不仅仅局限于现代性的对话，又不仅仅局限于后现代性的对话，而是超越了现代性和后现代性的全球性对话。从这个角度来看，全球化的时代又是"全球对话主义"（金惠敏语）的时代。

在人类的历史上，不同的时代，有着不同的时代性问题，因而便有不同的因这些问题而引起的学术研究导向。在"全球对话主义"的时代，在文学艺术终结的时代，中国的外国文学又是如何的呢？

二　全球对话主义

对话是作为主体的人与人之间的一种关系，是人类存在的一种基本方式。"作为一种生活方式、一种教育类型、一种论述策略、一种影响极为深远的独特文体，'对话'是人类探索真理以及认识自我的有效途径。"②

马丁·布伯认为，真正的对话在于"从一个开放心灵者看到另一个开放心灵者之话语，唯有此时，真正的共同人生才会出现"。③ 而巴赫金则认为，对话理论是一种行为哲学，对话是一种普遍存在的现实事件。④ 众所周知，哈贝马斯关注的是"交往与对话的伦理学"⑤，他的目标是"想引入一种交往行动理论，这种交往行动理论解释一种批判社会理论的规范基础"。⑥ 既然对话是一种存在，那么全球化语境中的对话又是如何的呢？金惠敏先生的"全球对话主义"理论对这个问题作了哲学的回答。

金惠敏先生认为，全球对话主义，本质上是本体论的对话主义。⑦ 在全球化的对话过程中，它超越或扬弃了现代性和后现代性，是以一种新质

---

① 参见金惠敏《文化帝国主义与文化全球化——约翰·汤姆林森教授访谈录》，《陕西师范大学学报》2012 年第 6 期。

② 陈平原：《大学何为》，北京大学出版社 2006 年版，自序。

③ 马丁·布伯：《人与人》，张健等译，作家出版社 1992 年版，第 32 页。

④ 参见《巴赫金全集》第 4 卷，白春仁等译，河北教育出版社 1998 年版。

⑤ [英] 威廉姆·奥斯维特：《哈贝马斯》，沈亚生译，黑龙江人民出版社 1999 年版，第 40—62 页。

⑥ [德] 哈贝马斯：《交往行动理论》第 2 卷，洪佩郁等译，重庆出版社 1996 年版，第 506 页。

⑦ 参见金惠敏《别了，中国后殖民主义——于会见艺术的后现代崇高及其世界主义意谓》，《艺术百家》2012 年第 6 期。

的生成之"全球性文化研究"模式面貌在世的。① 新质之所以在对话中生成，主要是由于"'他者'一旦进入对话，就已经不再是'绝对的他者'了，对话赋予'绝对的他者'以主体性的维度"。②

主体性哲学尤其是自笛卡儿以来的主体性哲学，就是我们通常所谓的现代性。而"后现代性则是胡塞尔意识到主体性哲学的唯我论缺陷之后所提出的'主体间性'概念，是后来为哈贝马斯由此所发展的'交往理性'"③；那么，全球化与现代性和后现代性究竟是一种什么样的关系呢？

金惠敏先生通过对英国伯明翰学派文化研究之现代性研究模式与汤姆林森、贝克、温特等学者的文化研究之后现代性研究模式的梳理和解析后得出如下结论："'全球化'是一种新的哲学"，即"全球对话主义"；"全球化作为一种新的哲学既坚持现代性的主体、理性、普遍、终极，但同时也将这一切置于与他者、身体、特殊、过程的质疑之中。或者反过来说，全球化既不简单地认同现代性，也不那么地肯定后现代性，而是站在它们之间无穷无尽的矛盾、对抗之上，一个永不确定的链接之上"④，"全球化，作为'全球对话主义'，将既包含了现代性，也开放了后现代性，它是对二者的综合和超越"。⑤ 这个科学的结论，是我们全球性文化研究的指导思想。在这一思想的烛照之下，我们来探讨外国文学的前景。

三　外国文学的终结

（一）外国文学研究范式

中国的外国文学，包括对国外民族文学的翻译、绍介和评论等。

1. 翻译

外国文学与翻译文学一方面有着明确的区分，另一方面它们又有着密不可分的联系和关系。在大多数时候，外国文学是以翻译文学的面目出现

---

① 参见金惠敏《走向全球对话主义——超越"文化帝国主义"及其批判者》，《文学评论》2011 年第 1 期。

② 同上。

③ 同上。

④ 同上。

⑤ 同上。

的。然而翻译，按照伽达默尔哲学诠释学的观点，"一切翻译就已经是解释（Auslegung）"①，而解释是包含应用因素在内的一种新的意义生成，是一种创作。从这个意义上来说，外国文学作品的中文译本，其实是属于国别文学即中国文学的范畴之内。而我们通常所谓的"外国文学"，在实质上也就是对外国文学作品的翻译、介绍和评价罢了。正如王守仁先生所言，"总体而言，二十世纪我国的外国文学研究还处于草创和准备的基础阶段，大量的工作是翻译介绍外国作家作品"。②

清末民初，梁启超提倡翻译政治小说，目的是为了通过新小说以新民，是为了"开启民智"，"改良群治"。③ 林纾"迻译泰西过百种"，被称作"百部虞初救世心"。"鲁迅、瞿秋白、茅盾、巴金、郭沫若等，也都是从'感时忧国'、传播先进思想、建设新文化、改造社会的明确目的出发，从事文学翻译活动的。"④

鲁迅认为五四文学革命的发生"一方面是由于社会的要求的，一方面则是受了西洋文学的影响"。⑤ 鲁迅在《应〈京报副刊〉的征求"青年必读书"》的"附注"中论读书："我以为要少——或者竟不——看中国书，多看外国书。"⑥ 鲁迅在《现今的新文学的概观》中又说："倘要比较地明白，还只好用我的老话，'多看外国书'，来打破这包围的圈子……多看些别国的理论和作品之后，再来估量中国的新文艺，便可以清楚得多了。更好是介绍到中国来。翻译并不比随便的创作容易，然而于新文学的发展却更有益。"⑦

茅盾翻译的文学作品既多又广，如他翻译了 50 多位短篇小说家的作品、13 个作家的戏剧等。⑧ 除了译介，茅盾对外国文学也做过一些研究，如写了《司各特评传》《大仲马评传》《欧洲大战与文学》《匈牙利文学史略》《俄国文学研究》《新犹太文学概观》和《希腊神话与北欧神话》

---

① ［德］伽达默尔：《真理与方法》，洪汉鼎译，上海译文出版社 2004 年版，第 496 页。
② 王守仁编：《终结与起点——新世纪外国文学研究》，译林出版社 2002 年版，"序言"。
③ 梁启超：《论小说与群治之关系》，《新小说》1902 年第 1 期。
④ 孟昭毅、李载道主编：《中国翻译文学史》，北京大学出版社 2005 年版，第 619 页。
⑤ 鲁迅：《且介亭杂文》，《鲁迅全集》第 6 卷，人民文学出版社 2005 年版，第 21 页。
⑥ 鲁迅：《集外集拾遗》，《鲁迅全集》第 7 卷，人民文学出版社 2005 年版，第 260 页。
⑦ 鲁迅：《三闲集》，《鲁迅全集》第 4 卷，人民文学出版社 2005 年版，第 140 页。
⑧ 参见王立明、白秋菱《茅盾与外国文学简论》，《辽宁师专学报》2009 年第 6 期。

等。茅盾认为翻译外国文学的根本目的是要"疗救灵魂的贫乏，修补人性的缺陷"。① 他提出"该尽量把写实派自然派的文艺先行介绍"，并主张"选最要紧最切用的先译"，还广泛介绍世界文学潮流及其演变趋势。他在《〈小说月报〉改革宣言》中提出了绍介和研究外国文学的目的在于"介绍他们的文学艺术"和"世界的现代思想"，以创造出"在世界的文学中占一席地"的中国新文学。

其他人的翻译，不再一一枚举，他们要么全译，要么摘译、编译、译写和译评，但都有一个共同点，即"都有着明确的方向和目的"。② 何以如此？最主要的原因恐怕就在于翻译要"为我所用"或"洋为中用"。

20 世纪 50—70 年代，中国政府实行"一边倒"的外交政策，因而举国上下，译介主要是以苏俄文学作品为对象，尤其是以揭露、批判资本主义的批判现实主义和赞美、歌颂社会主义的文学作品为标的。"文化大革命"的十年，文学翻译的"政治挂帅"达到了极致：凡要翻译的外国文学，必须是"革命的""进步的"，并以"与我国友好的人民民主国家和民族主义国家的作品"为主，资本主义国家的译作，必须是"革命的、战斗的檄文"；总之，"这些译作明显地烙印着中国当时的主流意识形态"。③

新时期以来，对内改革，对外开放，翻译大潮澎湃，禁忌也较少，译介范围较广，苏联当代文学即"修正主义文学"作品也可以被翻译、绍介进来，欧美、亚非、拉丁美洲的著名文学作品纷纷被翻译为中文，从而落户中土。"世界上绝大多数国家的比较著名的文学作品，几乎都已翻译出版"，其中尤以"现代主义文学作品的译介"为突出。④

大致来说，20 世纪外国文学作品的译介，都是以鲜明的实用目的为其意图的，并以当时的主流意识形态为指导思想。而在译介前对文学作品的具体选择，本身也是带有目的性极强的意识形态性，即它是否能够"为我所用"是译介选择的政治标准。

20 世纪前期，译介是以"新民"为导向的；中期是以"人民性"

① 茅盾：《新文学研究者的责任与努力》，《茅盾文艺杂论集》，上海文艺出版社 1981 年版。
② 孟昭毅、李载道主编：《中国翻译文学史》，北京大学出版社 2005 年版，第 619 页。
③ 同上书，第 396 页。
④ 同上书，第 401—404 页。

"阶级性"和"民主性"为导向的；后期则是以"人性"为导向。但不管怎样，都是以自我为中心的"拿来主义"，极少有"送去主义"，遑论"对话主义"。

2. 绍介

对外国文学作品的绍介，包括翻译的前言、序或跋、出版商的广告以及教科书等，其中以学校的教材为主，因而下面主要简介带有浓郁意识形态色彩的外国文学史教材的编纂。①

文学在现代大学中的讲授主要是借径于文学史。"文学史之于文学也，犹地图之于地理也。"② 大陆中国的外国文学，作为一门学科，主要也是以文学史的面孔出现的："在解放前，一般都是讲英美文学史或者欧洲文学史；解放后，一般都是讲俄苏文学史。"在"文化大革命"中，外国文学"几乎被扼杀"；新时期以来，出现了几十种外国文学史教材。③

韦勒克、沃伦的《文学理论》认为，文学史的写作必须在一定的文学理论指导下，借助文学批评的观念来进行。外国文学教材的编纂，也是如此。在不同的历史时期，教科书编撰的指导思想都是当时的主流意识形态。外国文学的教学，实乃主流意识形态的体现和展现，如 1958 年批判"欧洲中心论"，人为地压缩欧洲文学的讲授课时。而中国高校所讲授的所有文学史中，"汲取进化论思想而建构起独具特色的进化文学史观，为文学史研究与书写提供了范式和样本"。④

下面以朱维之、赵澧主编的《外国文学简编（欧美部分）》为例，看一看官方审定的外国文学教科书所体现的外国文学研究观。

鉴于文学具有"思想教育作用"⑤，教材提出学习外国文学必须反对"盲目崇拜"和"全盘否定"，要以历史唯物主义为指导，"对文学流派、

---

① 参见丁欣《中国文化视野中的外国文学——20 世纪中国"外国文学史"教材考察》，博士学位论文，复旦大学，2004 年。

② 吴宓：《希腊文学史·第一章：荷马之史诗·附识》，《学衡》第 13 号，1923 年 1 月。

③ 参见傅加令《试论外国文学教材的体系》，《九江师专学报》1988 年第 4 期。

④ 朱德发：《进化文学史观与文学史研究实践》，《山东师范大学学报》2008 年第 6 期。

⑤ 朱维之、赵澧主编：《外国文学简编（欧美部分）》，中国人民大学出版社 1980 年版，"前言"第 2 页。

作家、作品作出实事求是的评价"①，同时"还要审查它们在今天对我国
读者可能产生的影响"，如对"欧美文学中常见的人道主义、个人主义等
思想观点"，"就必须历史地分析其阶级的、时代的局限性"②，从而实现
"我们学习和研究外国文学的目的"，即"洋为中用"。③ 教材的编排也是
依据这一目的进行的："着重阐述从文艺复兴时期开始的近代资产阶级文
学的发展，对其中成就较高，影响较大的批判现实主义文学又给以更多的
篇幅。"④ 欧美文学中的批判现实主义文学揭露和批判了资本主义社会的
腐朽和黑暗，从而可以让读者体会到社会主义的优越性，起到维护主流意
识形态的教育功效。这正如陆建德先生所说的，"我国五六十年代（甚至
直到七八十年代）在谈到'批判现实主义'作家时总要关心一下他们是
不是向读者指出或暗示出一条正确的（即与所谓的历史潮流一致的）阶
级斗争或武装革命的道路"。⑤

面向 21 世纪课程教材之一的郑克鲁先生主编的《外国文学史》以
"人学内涵"和人文精神作为贯穿文学思潮、作家作品的主线⑥。吴元迈
先生主编的《20 世纪外国文学史》5 卷（译林出版社 2004 年版）"或可
视作文学史'编写'的一个学术性终结"⑦，因为它是以"撰作"的面目
问世的。

3. 评论

有人曾说过，外国文学研究多是"一般评介"。这话听起来虽然逆
耳，却是难以否认的事实。"这种'一般评介'大多涉于应景之作，或是
纪念文字，或是配合外事活动，或是追赶时尚的社会热点的聚焦"⑧。这
是对外国文学研究一般性的概括。

---

① 朱维之、赵澧主编：《外国文学简编（欧美部分）》，中国人民大学出版社 1980 年版，
"前言"第 3 页。

② 同上书，前言第 5 页。

③ 同上书，前言第 3 页。

④ 同上书，前言第 8 页。

⑤ 姜岳斌：《中国学者谈"欧洲文学"研究》，《外国文学研究》2003 年第 1 期。

⑥ 参见张薇《一部外国文学史的拳头之作——评郑克鲁主编的〈外国文学史〉》，《外国文
学研究》2002 年第 4 期。

⑦ 叶隽：《从"编写"到"撰作"：兼论文学史的"史家意识"问题》，《博览群书》2008
年第 8 期。

⑧ 雷成德：《审视与希冀：外国文学研究》，《西北大学学报》1999 年第 2 期。

　　杨周翰先生曾指出中国比较文学其中一个源头"是用西洋输入的理论来阐发中国文化和文化"①，其实，中国外国文学也是这种情况。

　　外国文学的评论，基本上是俄苏文论或西方文论的注脚，或是印证其正确性的例证。宏观来看，这些研究论文或著述，不过是现实主义、浪漫主义、批判现实主义、现代主义、后殖民主义、文化批评、女性主义、叙事学、生态批评以及复调理论等的套用罢了。据调查，"正如大多数图书为外国学者的论著这个事实所显示的，国内学者的创新论著较少，文选或专史较多"，即"专题论著少而概论综述多"，这是因为"国内学者的研究视野和论证模式基本上还是因循外国学者的已有论述与发现，对文学作品的细读和文本分析有所缺乏"，从而"表明了学术创新度的明显不足"。②

　　外国文学的评论，其套路先是对外国文学作品的"社会背景、思想内容和艺术特征"的"三段论"评述③，后是对西方文论"你方唱罢我登场"的走马灯式的介绍和套用，即用中国的文学材料印证、说明西方文论的正确性，而真正的平等对话实在是凤毛麟角。

　　20世纪80年代中后期，借助于译介，外国新思潮的涌入带来了文学研究的"方法论"热，从而促成了学术探讨的大变革。外国文学搭起了一座沟通中外文学思潮和研究范式的桥，只不过这是一座单方向的桥罢了。

　　4. 外国文学的终结

　　20世纪90年代以来，西方的文化研究的议题便已经国际化了。而对西方文论研究亦步亦趋的中国终于以2011年8月22日至24日由中国社会科学院外国文学研究所《外国文学评论》杂志社与首都师范大学比较文学系联合举办的"'文化转向'与外国文学研究"全国学术研讨会在北戴河的召开为标志开始了外国文学正式的"文化研究"转向④。

---

　　① 杨周翰：《镜子和七巧板》，中国社会科学出版社1990年版，第7页。
　　② 江宁康、白云：《中国外国文学研究概况分析——基于CSSCI分析》，《重庆大学学报》2008年第4期。
　　③ 王捷：《文化学与外国文学研究》，《文艺评论》1987年第4期。
　　④ 参见舒荪乐《"'文化转向'与外国文学研究"全国学术研讨会综述》，《外国文学评论》2011年第4期。

西方的文学研究在实行其文化转向之际，哈罗德·布鲁姆在《西方正典》中认为美国大学的文学系"对西方文学的研究仍然会继续，但只会有如今的古典学系的规模。今日所谓的'英语系'将会更名为'文化研究系'，在这里，《蝙蝠侠》漫画、摩门教主题公园、电视、电影以及摇滚乐将会取代乔叟、莎士比亚、弥尔顿……曾经精英荟萃的主要大学和学院仍会讲授一些有关莎士比亚、弥尔顿以及其他名家的课程，但这只会在由三四位学者组成的系里讲授，这些学者类似于古希腊文和拉丁文教师"①。西方的文学研究走向了终结，而中国的外国文学研究也是如此。

当前一些学者呼吁外国文学"回归文学性""回归文学经典"云云，一方面说明了这些学者对外国文学的文学研究不再的焦虑，另一方面也表明了外国文学的终结或文化转型已经成为事实。

自 20 世纪初外国文学的产生以迄于今，外国文学为现当代文学的创作和研究做出了不可估量的贡献。在某种程度上我们甚至可以说，没有外国文学就没有现当代文学。正如王佐良先生 1989 年所说的，"40 年来，在外国文学领域内，我们取得了重大成绩。这成绩见于作品的翻译（如《外国文学名著丛书》），见于研究资料的编译（如《外国文学研究资料丛书》），见于大量论文的出现，见于新文论的介绍，等等"②；特别是新时期以来，成果更加斐然，譬如陈众议先生认为如果"没有外国文学作品井喷式地出现在我们面前，中国文学就不可能迅速告别'伤痕文学'，衍生出'寻根文学'和'先锋文学'"；如果"没有外国文学理论狂飙式地出现在我们身边，中国文学就不可能迅速摆脱政治与美学的多重转型，演化出无比繁杂的多元态势"③，等等。但是，在全球化的时代，那种"译—介—评"的研究模式已经完成了历史所赋予给它的使命。

（二）外国文学研究观

从以上外国文学研究范式的史略可知，外国文学研究观是一种以自我为中心的单向度的"为我所用"的研究观。

---

① ［美］哈罗德·布鲁姆：《西方正典：伟大作家和不朽作品》，江宁康译，译林出版社2005 年版。

② 王佐良：《加强外国文学研究之我见》，《外国文学评论》1989 年第 4 期。

③ 陈众议：《外国文学翻译与研究 60 年》，《中国翻译》2009 年第 6 期。

鲁迅先生对待外国文学的态度是"拿来主义"。在其《未有天才之前》中，鲁迅斥责了排斥外国文学的"整理国故"和"崇拜创作"论。从中可知，鲁迅采取的是一种"实用"的态度。

毛泽东主席主张"以中国人民的实际需要为基础，批判地吸收外国文化"①，对待"一切外国的东西"要采取"取其精华，弃其糟粕"② 的态度。这一主张和态度直接成为新中国外国文学研究者的圭臬。

从思维方式上来看，中国 20 世纪的外国文学研究是在一种非此即彼的二元对立模式中，他者仅仅是作为有所用而能为我所用从而才具有某些译介或研究价值而成为研究对象的。二元对立思维模式，只能使外国文学研究封闭孤立起来，自绝于马克思所谓的"世界史"，作茧自缚于一隅，因而形成了学者所忧虑的"失语"状态的现实。

今天，仍有学者认为，19、20 世纪是"西学东渐"的世纪，而 21 世纪将是"东学西渐"的世纪。③ 这种看法，依然是单向度的非此即彼二元对立思维方式的产物，并不符合全球化时代的现状，因为全球化使得 21 世纪成了一个双向的全球对话的世纪。全球对话主义在尊重不同文化的前提下，可以推动不同文化进行平等的对话，进行跨文化的沟通和交流。要而言之，从思维方式来看，外国文学也将从二元对立思维模式转向全球对话主义。从这个意义上来看，外国文学的研究观也走向了终结。

（三）终结

全球化的时代大潮，借助于电子媒介和数字媒介，滚滚而来，势不可当。新媒介使得"地球村"（麦克卢汉语）成了现实。在这压缩的时空里，外国文学固然不会消失得无影无踪，但是由于国际语言英语的普遍使用（网络文献资料以及 E - mail 英语的使用率高达 85%）以及计算机网络进入寻常百姓家，由于人们即使是远隔千山万水也可以即时性地便利沟通，全球性的直接对话成了可能，因而"以介绍、引入和传播国外的文

---

① 毛泽东：《论联合政府》，《毛泽东选集》第 3 卷，人民出版社 1991 年版，第 984 页。
② 毛泽东：《新民主主义论》，《毛泽东选集》第 2 卷，人民出版社 1991 年版，第 667 页。
③ 参见杨建《"东方文学"专家谈》，《外国文学研究》2003 年第 1 期。

学及文化，包括国外的价值观念和理论思想为主要任务的外国文学研究"① 便走向了终结。

海德格尔说过："我们太容易在消极意义上把某物的终结理解为单纯的中止，理解为没有继续发展，甚或理解为颓败和无能。"② 终结并不是结束、消亡或死亡，它同时意味着一种"转机"和新的"出路"。③ 文学的终结，指的是作为"特定的含义"之文学"在新的文化语境中发生转型，而不是宣布文学的死亡"。④ 理解"文学终结论"关键在于把握"文学"在哪一种意义上来说它终结了。米勒所谓的"传统意义上的文学"⑤ 指的是西方现代意义上的文学（它出现于 18 世纪中叶，是印刷文化的产物），如今它的确是终结了。具体到外国文学而言，其转机或出路就在于全球化时代，"中国学者应该积极介入国际理论争鸣，发出中国人的声音，与外来文化展开平等对话交流"⑥，即外国文学应该走向全球性学术对话。

四　面向一个新范式

全球化时代，学术不以人们的主观意志为转移也走向了全球化。从全球对话主义的视域来看，以对外国文学作品的翻译、绍介和评介等文学性研究为主要特征的外国文学走向了终结。那么，在全球化时代，外国文学新的研究范式会是什么呢？

全球化是"球域化"（glocalization）⑦，全球化是全球化与地域化的双向互动，"其核心动力学包含了普遍的特殊化与特殊的普遍化这一双重的

---

① 张弘：《外国文学研究怎样走出困惑？——和易丹同志商榷》，《外国文学评论》1994 年第 4 期。

② ［德］海德格尔：《哲学的终结和思的任务》，孙周兴编《海德格尔选集》，三联书店 1996 年版，第 1243 页。

③ 参见金惠敏主编《差异》第 5 辑，河南大学出版社 2008 年版，编后记第 304 页。

④ 王轻鸿：《文学终结论》，《外国文学》2011 年第 5 期。

⑤ ［美］希利斯·米勒：《土著与数码冲浪者》，易晓明，吉林人民出版社 2004 年版，第 73 页。

⑥ 王予霞：《外国文学研究中的文化身份问题》，《集美大学学报》2007 年第 4 期。

⑦ 参见金惠敏《作为哲学的全球化与"世界文学"问题》，《文学评论》2006 年第 5 期。

过程"①，全球化是主体间性的"无前提的对话"。②

　　兹维坦·托多罗夫在《文学在危难中》认为，"应该把作品置于一种开始于历史深处、我们每个人（无论多么渺小）都还在参加的人与人之间的大对话"之中。在全球化的时代，人与人之间的"大对话"，显然不可能仅仅局限于文学及其文学性的对话，而是涉及文化的方方面面。在这个时代，外国文学的出路就在于其文化研究。

　　文化研究，是跨学科、跨文化、跨民族和跨语言的整体性研究，是诸多关系的系统研究。正如程巍先生所言，"真正的文化研究意味着通过一个特定的文化文本重建一个特定历史时期的整体社会关系，换言之，文化研究不是一门有着自己特定研究对象的学科，也不是一种特定的方法，而是一种观察世界及其复杂关系的整体眼光，在它的透视下，文本内外显示出层层叠叠的相互关系"。③

　　周启超先生指出："长期以来，我们的外国文学研究习惯于从思潮入手，追问主义，不太关心支配着思潮交替的范式。由此导致我们的外国文学研究偏爱一味跟风，追求'接轨'，自主性缺失。外国文学研究的深化，要求我们守持自觉的'外位性'立场——高扬主体性，尊重差异性，追求对话性，着力涵养超越思潮更替而包容多种范式的眼光，着力培养沉潜于文本而建构作品的能力，着力提升由作品的文学世界而进入跨文化交流的学养。"④

　　外国文学为何进入"跨文化交流"？这是因为全球化时代的文化研究，与之前的国内文化研究相比已经发生了巨大的变化。正如金惠敏先生所言："文化研究已经从它的国内阶段发展到现在的国际阶段，因而也相应地提出了新的理论要求，换言之，国际文化研究应该有国际文化研究的理论纲领。如果以'文化帝国主义'论争为切入点，将文化研究分作

① Roland Robertson, *Globalization*: *Social Theory and Global Culture*, London: Sage, 1992, pp. 177 – 178.

② 金惠敏：《走向全球对话主义——超越"文化帝国主义"及其批判者》，《文学评论》2011 年第 1 期。

③ 舒苏乐：《"'文化转向'与外国文学研究"全国学术研讨会综述》，《外国文学评论》2011 年第 4 期。

④ 周启超：《思潮·范式·文本——对当代中国外国文学研究的一点反思》，《山东师范大学学报》2012 年第 5 期。

'现代性'与'后现代性'两种模式，分别考察它们的长处和短处，就能得出超越这两种模式的第三种模式，即'全球性'文化研究模式，其灵魂是扬弃了现代性和后现代性哲学的'全球对话主义'哲学。"①

由是推知，人文科学的未来也是如此。因为"人文科学的对象是说话的人及其话语，而说话人无时无刻不处在特殊、唯一而不可重复的环境之中，人有自己的立场、价值和审美观。总之，人有自己的主体性，而主体性是人之所以成为人的根本标志。人文科学的特殊对象'活生生的人及其话语'决定了人文科学要不断阐释他人的话语，理解他人的话语，和他人交流，也决定了人文科学的特殊方法——对他人话语采取对话态度，而不能采取对待不能言说、不能回答的客体的物化态度"。② 因而，人文科学的研究归根结底是一种对话；而在全球化时代，它便打上了时代性的烙印，即这种对话是以"全球对话主义"为其灵魂的全球性对话。

全球化时代人文科学研究的全球性对话从理论和事实上宣告了外国文学式的旧范式的终结，而其转机或出路，只能是"全球性文化/文学研究"。

---

① 金惠敏：《走向全球对话主义——超越"文化帝国主义"及其批判者》，《文学评论》2011 年第 1 期。

② 邹广胜：《中西文论对话：理论与研究》，商务印书馆 2011 年版，第 32—33 页。

编后记

丛新强

我们已经面对全球化的语境，而全球化的本质理应是"全球对话主义"。简而言之，"全球化"就是"对话"。从大处着眼，如金惠敏先生所言，中国作为全球性大国，应当为"全球意识形态""全球知识"做出贡献，而不是仅仅以守持"中国特色"为满足。过度强调特色，可能会形成在国际话语体系中的自我边缘化。而且有时候，所谓的"特色"也往往成为某种借口。从小处入手，就是要实现对自我的反思和对他者的尊重。或者对于个体来说，正如史铁生所言："上帝给我们空气是为了让我们呼吸，上帝给我们语言是为了让我们对话，上帝给了我们语言的差异是为了让我们沟通，上帝给了我们沟通的机会是为了让我们的心魂走出孤独、走向尽善尽美、使爱的意义一次次得到肯定。"爱与对话，恰恰是对孤独和不幸的否定。人文学科的使命，终究是人文关怀。对于民族发展和个体存在而言，"全球对话主义"理念可以提供思维转换的有效空间和解决问题的可能思路。作为一种开放性的理论话语，"全球对话主义"将越来越显示出其包容性、生命力和普遍价值。

之所以编辑这样一本小书，缘起于为研究生开设"人文科学方法论"课程时的思考。面对这样一门基础性理论课程，必须要阅读和细读的参考文献就有很多，金惠敏先生的《全球对话主义：21世纪的文化政治学》就是近期最为重要的一部。在讲授和讨论中，"全球对话主义"逐渐成为一个聚焦性的话题，于是初步有了一组相关文章。这对于我本人和学生而言，是共同学习和共同进步的过程，也是不断激发问题意识和寻找研究思路的过程。这个过程，其核心正是"对话"。在尝试编辑成书之时，金惠敏先生并不嫌弃本书之浅陋，又提供出自己的新作和国外著名学者的力作，高丽萍、徐晓飞、张同胜也慷慨赐稿，本书面貌因之而改观。金惠敏先生是我的博士后合作导师，我自以为对金老师的治学理路和学术思想有所了解，尤其是金老师学问的开放性和原创性使我钦佩。与金老师的每一次见面，都始终是高密度的学术话题。对我而言，虽相去甚远无法比拟，却感同身受心向往之，师生之情谊将伴随我终生。

做老师的最应该感谢的是学生，正是学生的倾听才满足了老师的表达。当今时代，恐怕没有哪一种角色能像学生一样必须去听，即便痛苦得不想听也不得不做出听的姿态；恐怕更没有哪一种职业能像老师一样必须去说，即便发现听者已经不再听了也依然在说，依然感觉良好地不仅说自己知道的，也想说自己不知道的，以显示自己知道得很多。其实说到底，这就是教育。感谢同学们，正是你们的听或者不听才成全了老师。感谢陈云昊同学在前期的稿件整理过程中的辛苦，感谢已经毕业并就职媒体的李欣同学的应邀写作。

特别感谢塞曼教授、霍农教授、米勒教授、汤姆教授，感谢湘潭大学罗如春教授、外交学院赵冰博士和济南大学高丽萍副教授的学术翻译。最后，再次感谢金惠敏先生的宽容和支持。

2015 年 11 月 8 日

于山东大学